U0023639

思想觀念的帶動者

文化現象的觀察者

本土經驗的整理者

生命故事的關懷者

心靈工坊
PsyGarden

Master

對於人類心理現象的描述與詮釋
有著源遠流長的古典主張，有著速簡華麗的現代議題
構築一座探究心靈活動的殿堂
我們在文字與閱讀中，尋找那奠基的源頭

關係的責任
永續對話的資源

Relational Responsibility
Resources for Sustainable Dialogue

by Sheila McNamee, Kenneth J. Gergen and Associates

席拉·邁可納米、肯尼斯·格根——編著

吳菲菲——譯

茵特崴創意對話中心
Center for Creative Dialogue ——合作出版

目錄

【推薦序一】

個體的問題，還是關係責任尚未建構的問題

吳熙琄（茵特森創意對話中心創始人）

　　二〇一三年四月，我參加了世界社會建構智庫陶斯學院（Taos Institute）在美國新墨西哥州的陶斯（Taos）城慶祝二十週年的大會，來自世界各地對社會建構投入的工作者都來參與這個讓人欣喜的大會。在大會上，我遇到了很多投入到社會建構理念實踐的老師與朋友們，其中一位就是身兼陶斯學院的副主席的席拉·邁可納米（Sheila McNamee）。當時的我想起多年前閱讀《關係的責任》（Relational Responsibility）這本書後，內心充滿的激盪和反思，尤其感受到席拉和第二作者肯尼斯·格根（Kenneth J. Gergen）透過本書對後現代的思潮做了一個從根本上的推進和衝擊。既然遇到了第一作者席拉本人，就更情不自禁地向她徵詢了對此書翻譯成中文的可能性，席拉當時的回應是樂觀其成，但她覺得當時世界各地似乎對她和肯尼斯·格根（Kenneth J. Gergen）出的另一本《翻轉與重建》翻譯得更多。多年之後，我在二〇一七年代表茵特森創意對話中心與心靈工坊共同合作，終於出版了《翻轉與重建》（Therapy as Social Construction）的中文版，雖然這本書在九〇年代初期也是我讀博士班其間極其熱愛的一本書，但對於將《關係的責任》翻譯成中文版之事則一直在內心惦記著，覺得這本書的中文版應該更能深化大家對於後現代的底蘊和世界觀，有更深入根本的探索和理

解，甚至達到充滿底氣的實踐。能為這本書寫中文序有種多年心願終於達到的欣慰，也感謝能代表茵特森創意對話中心再度與心靈工坊合作，共同努力推動完成此本書的出版工作。

　　將近二十年來，雖然我不斷反思關係責任的概念，透過席拉和肯尼斯系統性的拓展與鋪陳，讓我對關係的行動力有了更活潑的理解和參與。過去看關係是平面化的看，尤其會傾向於找出人們關係問題的出處，或是在關係中個人的限制和困難；現在反省過去的自己如何看待關係時，覺得許多地方還是不足夠的。如今我在自己的教學、諮詢、督導與組織顧問的工作中，會在關係責任的視野中，逐步去檢視人們是如何去建構此關係的？人們在關係中做了什麼會限制，甚至破壞關係？也就是不再以個人為思考的根本範疇，而是願意跳出個人的框架，去看就算在關係中的個人有差異，但當事人仍願意去努力為不完美的關係盡一份心意，去促成連結的關係，而非分化的關係，也更願意不理所當然地去看關係，進而為存在的關係做努力，也就是不斷為人與人之間關係建構的過程和方式做調整和改進。

　　許多基奠於後現代思維而發展出的後現代對話學派，也都在朝著人在關係中可以如何對話，不再以個人是問題的思路去前進。這裡會以後現代家庭治療五大學派為例子，來闡述這五大學派如何實踐關係責任的精神。這五大學派包括短期焦點治療、敘事對話、合作對話、反思對話和開放對話。

　　在短期焦點治療學派上，問題背後總會看到解決之道，超越當事人的問題標籤化，治療師會不斷在困難中看到人在關係中的希望和可能性。有困難的人們和家庭會不斷在此種視野的對話中前進關係。

在敘事對話學派上，不只看見人的問題故事會受文化脈絡影響，更甚者諮商師在諮詢關係中會不斷反思自己是個能在關係中開啓個案資源的對話，還是只是一個不斷在複製案主失敗的複製者。諮商師思考自己在諮訪關係中扮演著一個怎麼樣角色的觀眾，是一個願意欣賞案主的觀眾，還是一個在對個案吹噓的觀眾。這些重要敘事對話的反思，都是逐步從個人病理化的思維邁向個案在諮訪關係中可見的資源和希望、重視諮商師願意盡一己之力在信任的關係中不斷啓動案主更多的可能性。

在合作對話學派上，不只好好跟隨人們在困難中前進，而且諮商師會用心舖墊一種合夥人的關係，陪伴來訪者在尊重的關係中，和諮商師共創對來訪者有意義的知識建構，相信來訪者在不同的對話空間和對話關係中，對生活會有更多的理解和了悟，在此不斷好奇的過程中，來訪者的困難會逐漸消融，進而對生活的前進有了新的希望。在合作的對話中，無論案主的問題是什麼，都能在此合作的關係中被承接住，而且不斷往前。因此合作對話的合作關係是其對話的核心精神，人們在此合作關係中共同開啓關係的資源和流動。

在反思對話學派上，重視人在遇到不同挑戰時，如何在反思的對話空間和尊重反思的關係中共同進行對話。人們不再獨自面對困難，人們可以和反思諮商師共同探討人們發生了什麼事，雖然人們也可以獨自反思，但反思的精神是建立在反思的關係，人們不論自我的反思，或案主和諮商師共同的反思對話，都相信在反思的關係中，人們本身不再等同問題，人們在反思空間中，去反思問題、去對問題做理解和探索面對的方式，其中，去個人病理化的態度充分在反思對話的空間中呈現，也更加表達反思對話對於反思關係的看

重。

在開放對話學派上，重視有精神科症狀的患者如何在開放對話的空間中，和參與者（無論是患者的重要他人，或對話團隊）共同在尊重的關係中展開一系列關心和好奇的對話。此刻患者不再被視為停留在症狀的病人，而是在關係中症狀開始流動並受到不同的理解，患者和家人在此種「願意相信對話會帶來患者新希望的空間」中前進著。開放對話的理念也在實踐著即使在困難對話中，仍能融入關係責任的展現。當然開放對話也不限於只和有精神科症狀的患者與家屬工作，不同的系統危機干預也能將開放對話帶入現場，同時實踐著關係責任的精神和態度。

前面五個例子是關係責任的理念如何呈現在後現代家庭治療五大學派的精神和實踐中。目前關係責任的實踐不僅限於上述例子，它也逐步在不同領域引起關注，包括教育、企業管理、組織運營、衝突協商、社會福利、精神醫療、醫患關係研究、生活等不同領域。

另外，我也想從我們生活的角度去探討關係的責任，在我們的生活裡大都傾向於去看個人應負起怎樣的責任而要求自己、改善自己，或是要求對方應負起什麼責任去做出改變。這種基奠於個人應負所有責任的個人責任觀，或稱為個人倫理觀，的確有其重要性和價值，但我們真的可以只用這種思維來生活和過群體生活嗎？關係責任似乎是提供了我們另一條思路，進而可以透過對關係的反思，開發我們的關係資源和生活。

近年來我做了許多夫妻的訪談，印象最深刻的是這些我有緣進行對話的夫妻們一開始可能都會去述說自己或對方在關係中的困難、矛盾和衝突，但雖然自己或對方會去嘗試調整做改變，「卡住」卻是經常會出現的現象。作為婚姻家庭治療師的我在聆聽、理

解夫妻的表達後，我總是思考可以如何在夫妻的「關係」中工作，而非在夫妻的「個人觀」上工作。當我們有機會探索夫妻需要彼此如何進入關係、維護關係、灌溉關係，甚至呵護關係之後，似乎兩人原本的個人議題就自動得到了安撫與理解；夫妻如果能找到共處的關係方式，就能讓彼此滿足而安定。關係通常看不見也摸不著，但當它被關注調整後，在關係中的人們馬上就會感受得到。

面對孩子，是另個關係責任可以反思運用的領域。我們身為父母或老師的長輩們，傾向於去看孩子的問題在哪裡、孩子需要改變的是什麼。的確，孩子們要練習為自己負責任、面對自己、改善自己。在這種思維中，如果關係能夠被保護，也就是孩子在成長過程中，和長輩的關係是受鼓勵的、被信任的，那對孩子和大人的關係是有助益的；但如果重點放在以孩子個人為主，沒有考慮到孩子表現不好時與大人的關係可以如何進行的話，孩子們就必須獨自面對問題，失去被鼓勵的機會，進而削減孩子對自我的信心。這是對華人師長極大的挑戰，因為我們都希望教出「品學兼優」的孩子，但當我們的孩子不完美時，師長們可以如何在此挑戰中，仍然為彼此的關係做出反思和努力，進而更好地幫到孩子，實在很值得思考。

另外，在組織中，有主管與下屬的關係，昔日的管理學傾向於激勵員工完成任務，達到企業預定的目標。如果員工團隊沒達成任務，就會被視為是種能力不足或不夠盡力的缺陷，而被期待要改進。但如果能把關係責任的理念放在組織中，就可能會重新思考：怎麼樣的組織關係可以帶動更高的組織效率，做出全方位的探索與努力，也許這種概念對許多人是陌生的，但目前世界最新的管理思潮都在朝著這種關係性的組織（relational organization）前行。

　　本書兩位作者同時邀請 15 篇作者群對關係責任發出各自的想法，這 15 篇作者主要的專業以對話工作為主，也有些許的理論學家，大家發聲，包括質疑的想法，極其豐富。兩位作者再針對 15 篇作者的發表一一回應，是個開放勇敢的安排，讀者可以看到許多不同向度的思考，也可趁此看看讀者本身對關係責任的反思和感想是什麼。

　　最後我想說，關係的責任在後現代的實踐中已成為後現代重要的倫理觀，也就是在後現代理念逐步落實中，如何從個人責任到關係責任、個人倫理觀到關係倫理觀，已漸漸引起大家的關注、覺察與反思，如何在對話中實踐關係的責任是重要的努力方向。希望這本書的中文出版可以擴大大家對關係責任的認識、理解和實踐，進而自然融入到我們的生活當中，帶來更多關係的改變，創造更多的可能性。

　　在此也特別謝謝吳菲菲專業細心的翻譯，讓讀者有更好品質的閱讀。

【推薦序二】

等待讀者：起身對話，共舞關係責任的展演

林耀盛（國立臺灣大學心理學系教授）

　　《關係的責任：永續對話的資源》這本書是一場重要的對話錄，可以是一種眾聲喧嘩的擂臺示範，也可以是學術論辯的論壇展演。兩位主要作者（編者），席拉・邁可納米（Sheila McNamee）與肯尼斯・格根（Kenneth J. Gergen）在心靈工坊出版了《翻轉與重建：心理治療與社會建構》一書，格根也出版了《關係的存有：超越自我・超越社群》，或許讀者對他們的思路觀點並不陌生。本書重要的意義，在於兩位作者，以「身」「示」法的展演關係責任與倫理對話的歷程。當然，本書對他們觀點的諸位回應者，關於倫理、責任、溝通、對話等有不同的理解或側重面向的論述差異，這也是需要讀者細讀本書的環節。這樣的閱讀就不僅是作者觀點的單向度吸收，而是能深入其思辯過程的生活世界，而後，回到自身經驗的重新探索理解。亦即，閱讀本書不僅是共鳴，更是返響的旅程。

　　本書展演了思考作為論辯的歷程，當我們思考時，內在的論辯過程也在進行。然而，若沒有人與人之間的公眾對論，這個過程就沒有可能出現。換句話說，假若個體顯示出支持某一個立場的態度時，他不單被期望以合理思維的論詰為此立場辯護，他同時也需反思與這個立場相反的態度。如此，社會建構的策略不再只是一種宣

稱，而是一種日常生活的展演面向，是研究者如何來回論辯與討論探究事例的一種分析方式。

　　本書的立論，以質疑個人責任概念為始，透過個人道德的深思熟慮，提出在對談中創造契機，以利我們在龐雜且不斷變化的世界中同行並進。兩位主要作者試圖轉變責任的概念，使關係過程取代個人成為論述的核心問題。本書以邀請對話的實作法，取代異化、孤立模式，進入與意義的建設對話。本書共分成三部分，第一部分對關係責任進行了研究，然後分析了「兒童性侵」的一個具有挑戰性的案例研究。第二部分包含對作者提出回應的心理學、心理治療、文化研究，以及相關對話領域的學者、專家與實務者的評論、質問、案例探討和多重反應。本書兩位作者將這些對話，分類為三種回應方式：（一）共鳴和重述，也就是認同兩位作者一開始所寫的核心論述與後來增加的兒童性侵事件的討論；（二）從反對到理解，但以批判為主要表達模式；（三）平行說法，也就是離題、但能擴大意義的評論。第三部分是延續對話，也是作者對諸位對話者的回應，透過擴張與涵養，將關係責任原始概念及其實踐，重新強化，共創意義，並從對立到互相尊重差異。然而，就讀者而言，與其閱讀的是作者對回應性質意涵的模式歸類，不如直接參與作者的內在思考論辯，理解作者與這些不同角度的差異「他者」，如何在「納異」中對話，試圖進入「認同」的共創意義過程。這樣的以「身」「示」法的尊重他者的互為對話，是本書原出版於1999 年，距今二十年後的中譯本出版，所彰顯的重要意義。

　　對話，不僅在學術圈，也發生在國家政治、價值正義、傳播理論、社會場域、教育現場、文化差異、人際和群體溝通、組織制度、衝突管理，以及心理治療和虐待兒童案例等事件中。邁可納米

和格根展示的這些對談作法，都是從他們早先提到的內在他者、相倚關係、群體間的關係、總體關係這些論述發展出來。讀者即使過去對這些作者的相關概念或作法不熟悉，透過本書各章節的閱讀反思，也可獲得相關的內在資源，而後，啓動對話的意義共創。

邁可納米和格根認為：「意義共創就是對話過程，具有兩個轉化功能：一是轉變對話者對於有問題之行為……的理解，二是轉變對話者本身的關係。」由此，「在對話中共創意義」的概念，顯示意義都是在關係進行的過程中被建構出來的。「責任共有」的主張讓我們重新理解人類的行動意志，是無時無刻地在關係矩陣（relational matrix）中的互動與對話中產生。

然而，對話關係中，雖是「我們」的關係，但透過本書各章節的示範，主要是喚醒我們，破除個人對立於關係的二分法。「我們」的構成，不是單純的「我」與「你」（這樣仍是個人優先），而是「你」（作為一個他者）與「我」的對話關係取向，自我的角度是透過他者來觀看。自我是透過肯認他者的特異性，他者面向我而來，這是一種「面對面」的肯認他者的對話倫理。這是列維納斯（E. Levinas）的論點，在此簡略地說，列維納斯認為對他者負責的意識比自我意識更早出現，並且無涉理性與計較思維。它帶有一種向他人敞開的意願，視對方「面容」為一種無法視而不見的呼召而願予以回應。在本書的脈絡，可以這麼說，面容對我說話，並因而邀請我回應這一個關係。此關係與正在施行的權能或親疏遠近的關係排序並無共同尺度，而是一種懇求，為他者的關係責任召喚的回應。

若將本書回到精神病理學的討論，本書回應者提到《精神疾病診斷與統計手冊》（*Diagnostic and Statistical Manual of Mental*

Disorders, DSM）的問題，即使當時第五版 DSM-5 尚未出版，但本書提到「用來診斷個人並據以提供適當治療，是一回事；能瞭解整體精神醫學界在用疾病分類系統診斷個人並將之歸類時，如何造成個人的被汙名化以及社會價值的定於一尊，又是另外一回事。」的論點，至今依然需深思。DSM-5 若是與過去版本有著既延續又斷裂雙重關係的另種選擇，更關鍵是要分析「問題」，不是歸類「個體」。但這不僅是語言的翻譯政治，更涉及認識論的翻轉，為免陷入無政府主義狀態，需轉向關係中的對話。亦即「何謂病態心理」的概念生產，是攀附在各種社會關係中進行，醫藥、法律、親屬、社會福利、教育等體制的規訓，使被診斷個案有效地被控制在體制的秩序裡。但這樣的個人歸類系統，是遠離人們的道德衝突、人性悲劇的一套化約語言。透過本書的閱讀，可知「對話」概念至少含有兩個非常不同的意義：在知識層面上，它是指地位大致相當的人彼此理性地交換意見；但在另一層面上，它和合作（connectedness）及給予啟發（inspiration）有關。回到醫生與病人的不對稱關係，如何理解差異他者，並予以關係責任的回應，這樣的案例作為討論引子，是讀者透過本書的展示，可以進一步深思的課題。

　　這本中譯本的到來，不是邀請我們「進入」關係，而是讓我們理解我們「就是」關係。進入，是一個距離。就是，是關係一直都在，只是我們慣於個人邏輯疏於對話溝通而不覺察。本書的結論，是一個開端，「就是」指向一種「總是」的「終始」關係。在本書的最後一章，邁可納米和格根透過兩種方式，以擴充與豐富化方式回應評論者。第一，試圖進一步充實「共創意義」的概念和作法；第二，反思我們當如何做出回應以維繫對話。如何的反思

踐行路徑，就是打開未來性的開端。兩位作者指出我們面臨的挑戰是：如何把「表演」（performance）這個隱喻納入「以共創意義為責任」的說法中。「共創意義」涉及說話者的倫理責任、聽者的倫理責任以及與人合作時的倫理責任。

這樣的挑戰不是尋求認知邏輯的解答，而是回到科學與詩的共舞。科學與詩不是對立，而是一種生活投向。當科學與詩的關係進入對話，如何將共創意義之責任的身體動作面向展開，是需要打破傳統的學科分類。本書各章節的論點表演，都可看出不同風格的論述與回應「共創意義」的知行之路，顯示盡可能擺脫學術傳統約束的成果。當然，這是未竟的成果，並非終章，如何維繫不間斷對話的動能，等待讀者參與其中的表演，共創新局。

置身無人可迴避關係責任的多元化時代，我們可以演出的是透過閱讀本書的體現，搭建一個對話舞台。經由一次次地閱讀如反覆的劇場表演，讀者登上追尋回應各式生活挑戰的新身心關係的共舞平台。而後，開創實踐我們面對的生命共同體的關係責任。

序言
為書中的對話定位
Situating the Conversation

　　近年來[1]，「理論末日」的說法逐漸在知識界盛行開來。這個新說法所以會出現，主要原因是社會建構論（social constructionism）就語言與世界的關係提出了新的見解。幾百年來，人們一直認為學術與科學研究的最高成就就是提出理論。記錄個案、留意個別事實或描述個別事件是有必要的，但大家一向都相信：只有透過概括性的理論，我們才能將種種個別資料分門別類、納入既有系統、整合成新的系統、最終取得全面理解。透過理論所帶來的理解，我們才能持續創造更正確的理解和預測。克特・勒文（Kurt Lewin）說過一句名言：「沒有比好的理論更實用的東西了。」然而，今天的時代已經不同於往，學術對話也因此發生了改變。假如——如社會建構論現在告訴我們的——「外在世界」（what is there）和我們對之所做的記述之間並不存有神聖不可侵犯的密切關係（privileged relationship）[2]，假如任何事況都可能擁有數不清的描述和解釋方式，而且除了依據群體準則外，我們根本無從在這些方式中做出選擇。那麼，理論的功能何在？與其說理論可以反映世界真貌，不如說它是一個用語言建構的認知形式，讓我們用來假定世界的模樣。我們想邁向成果豐碩的未來，但理論對此並無法扮演發號施令的角色，因為它本身就無從得知自己如何或何時可以致用。理論已經失

去了它高高在上的特殊地位。

　　但不同於我們的一些同事，我們並不想以這個理由放棄理論。如果語言的意義必須透過對話關係才能取得（我們不久會論及這一點），那麼，理論仍可具有許多重要功能。例如，理論的討論可以結合不同研究領域、賦予世界可理解性，以及提供道德方向感。對參與同一理論之語言遊戲規則的人來講，他們可以感覺彼此隸屬同一個關係網。對社會研究者來講，語言以用為本的觀念（use-based view of language）可以提醒他們一件事：他們也是社會慣習作法（social practices）的創造者。不管在大學內或在大街上，語言都會建立社會／群體的作法。無論好壞，我們用語言一起做出事情，而對本書來講，「無論好壞」[3]這幾個字特別具有意義。我們有所不滿的是，社會研究不願跨越其框限去進入文化作法（cultural practices）中，卻僅僅擅長為同行蒐集這世界的資料並構思理論。在使用語言時，我們的目的僅在拓展專業關係，也就是說，僅想藉之來獲得長聘、升等、積分積點、獎項、研究獎助金、補助款等等。本書企圖直接跨越這些框限，以期能把多種對談作法（conversational practices）應用到現實生活中的人際互動上。當然，我們還是必須「做傳統要我們做的事」，為本書提供一個理論脈

1　譯註：本書出版於 1999 年。

2　譯註：Privileged relationship 原為法律名詞，指雙方建立在信任基礎上的關係，如夫妻、律師與當事人、神職人員與信徒、醫生與病人等，其彼此間的通信與談話在法律上須受到特權保護。

3　譯註：在本書中，「在對話中共創意義」具有正反兩個可能性，一是維繫對話，不斷擴大所有相關者的認知範疇；一是用語言建構出片面或偏頗的價值認知、意識型態等。

絡。如方才所說，我們的確認爲理論有其必要性，因爲它可以解釋我們爲撰寫本書所做的努力，並賦予這努力某種價值。不過，我們在此眞正想「餽贈」的東西倒不是理論，而是各種對談作法。理論可以激發想像力並助它展翅高飛，然而最重要的事情終究是：在飛走時，人是否在實際作法上擁有了更多選項？

　　本書也想回應另一個對話。這對話關注的是：道德責任和政治責任是否在學界仍佔有一席之地？更確切來講，它是我們經常聽見的一個批判，不時指責建構論學者犯了道德相對論的謬誤。一方面，由於社會建構論主張任何道德形式僅在其所屬的個別群體內具有意義，建構論者本身似乎就一無道德立場可言。另一方面，由於建構論主張語言和世界之間並不存有神聖不可侵犯的密切關係，因而任何團體若想指摘及抵制「眞實的」不公不義、迫害以及不容異己的偏狹心態，他們竟然發現，他們所倚賴的本體論基礎已被建構論移除殆盡。建構論者似乎不僅自己失去了任何立場，也抽掉了別人腳下的道德或政治立場。我們也許會說，這類批判有一部分出自誤解，因爲建構論並不企圖建立一體適用的倫理觀或政治觀。也許確實如此，但有誰願意站在別人的立場上來宣示自己的倫理觀和政治觀？建構論的倫理觀難道不會是另一種霸權主張？此外，或許建構論一點也不反對別人在批判不公不義時所據的道德立場——它只不過移除了一個最根本的立足點，讓人無法再根據那立足點去排除其他聲音、以獨白取代對話而已。但是，建構論的這些辯白最終仍嫌不足，也無從提出新的出發點和新的方向。在探討如何在對話過程中共創意義時，本書的目的之一就是在回應這些挑戰。

　　「在對話中共創意義」的概念，乃來自可能是社會建構論首要前提的一項說法：字詞的意義都是在關係進行的過程中被建構

出來的。事實上，所有被我們稱為真實及好的事情（如本體和道德），無一不是從人類的對話關係中產生。因此，若非以隨時都在進行的人類對話做為基礎，一切道德信念、是非觀念和社會願景都不可能值得我們用心爭取和維護。如我們在後面會指出的，強調個人責任的傳統——視個人為任何不幸事件的源頭而必須受到譴責——會對人類關係造成凍結效應。它通常會孤立、隔絕、最終消滅他者，因而走向意義的闕如。於此，且讓我們把注意力轉移到關係體如何共同建構意義的問題上——我們該如何重視、維繫和創造不同形式的對話關係，讓共可理解的意義（因而也包含道德認知）可以從關係中不斷重新萌生揚起？這是本書所要探討的責任觀，但在使用「責任」一詞時，我們並非在大聲宣稱個人對關係負有責任。如我們將指出的，個人只會對他們如何在關係中參與意義的建構負有責任。我們所說的責任並不是道德主義口中的一項美德，而是用來促進對話的利器。在進入對話時，這種責任意識能用各種方式支援意義的持續建構和更新，而非成為這更新過程的終結者。它的確會從悠久的個人責任傳統中取得道德力量，但在本書中，我們僅希望藉這力量去使我們發出的邀請更具有迫切性。關係成員的共同責任，是指一種共同努力，其目的在維繫某些必要條件，使成員們得以一起建構新的意義及道德認知。

　　現在我們要為本書的定位做最後一番努力。如果說語言會構成人際互動的樣態，那麼我們的書寫會創造出什麼樣的互動來？例如，我們的語言會暗中創造出知者與無知者、主動者與被動者、領導者與追隨者這些高下之分嗎？它會在作者和讀者之間拉出距離，還是會發揮縮短距離的功能？我們之前提到，本書將致力於對談作法的討論——尤其是心理治療、組織（公司）發展、政治、法律

制度，以及教育這些領域的對談作法，但也包含了日常對談在內，因為這也涉及如何在關係中共創意義。從這目標來看，我們當然有必要特別慮及上面的問題。

　　為達目標，在創造並架構本書的時候，我們期望它本身就是一個範例，可以用實際行動來範示意義是如何在對話中被建構起來的。既然我們的核心主題是關係中的意義建構，那麼，我們要如何書寫這個題目，並同時——在這題目的必然要求下——把維繫對話關係的不同方式上演出來？如我們曾指出的，「在對話中共創意義」所涉及的責任觀無關歸功究責，卻關乎如何用全然不同的方式參與對話、進而不斷創新我們的世界。作為意在兼顧實用及理論的學者，我們企圖容納不同對話者，而本書把這個企圖以不常見的形式呈現了出來。

　　在用最初兩章討論「在對話中共創意義」後，我們邀請了多種聲音加入我們的對話。在我們的擬想中，這些與我們主題相關的回應將能形塑、延伸、擴大或重導我們的「共創意義」責任觀。我們同時邀請了實務專家及理論學者來閱讀我們所寫的這兩章，並請他們想像一些可以延續這場對話的方式、而後把這些方式寫出來回應我們。我們鼓勵每個人在回應時盡可能擺脫學術傳統的約束。

　　在回應他們的評論時，我們額外加寫了一章（第三章），用以討論在我們看來很難處理、令人痛心的兒童性侵事件。我們拿這事件當做背景，試圖說明不同關係體如何共同建構了「兒童性侵」一詞的社會意義。第三章的加入，代表我們針對評論者的要求做出了直接回應。

　　他們與我們的對話都跟兒童性侵事件有關。我們把這些對話分為三類回應方式：（一）共鳴和重述，也就是認同我們一開始所

寫的兩章；（二）從反對到理解，但以批判為主要表達模式；（三）
平行說法，也就是離題、但能擴大意義的評論。這樣的分類使我們
得以用更專注的方式回應多種聲音——這些聲音雖然彼此有別，
但仍共具相同的特殊語言風格，並都提到我們最初討論到的某些重
點。在本書結尾，我們向同事們提出答辯，試圖從他們那裡取得更
深入見解，以期更能充實「共創意義」所涉及的責任觀。如讀者
將會發現的，這最後一章的確為我們起初的討論提供了更豐富的面
向以及更多的反思可能性。在這層意義上，我們不認為最後一章是
結語，卻認為它是一個起點。

在對話中共創意義

Relational Responsibility

第一章

邀請大家探討共創意義的責任說

An Invitation to Relational Responsibility

太初即關係。　　　　　——馬丁·布伯（Martin Buber）

　　只要活著，人都會遭遇煩惱、失望和痛心至極的事情。問題並不在於遭遇困難，卻在於如何回應它們，而最常見的即刻回應就是尋求修復之道。我們努力去確認原因，因為一旦確認原因，我們就能為採取行動取得正當理由——也就是說，只要能判定責任歸屬，我們便自認可以去告誡、糾正和懲罰他人。在本章中，我們要用批判的眼光去討論這種指定責任——也就是在人事現象中揪出誰該為某事或某種後果負責——的傳統做法。盛行的責任論述都把批評的箭頭對準個人，不僅把歸功究責的對象多設定為個人，也把糾正和修復的手段多施用在個人身上。如我們將要指出的，無論在思維或意識型態上，個人責任的論述（以及它中所能導致的行動）不僅偏頗，也無助於改進個人或群體的生活。我們在本書中曾抱了一個很大的期望，盼能擴大論述範疇並擴充與之相關的實際作法；我們打算針對共創意義所涉及的責任觀從其論述到實際作法提出全盤討論，用以擴大既有的傳統。

　　我們謙卑地往目標前進，但最後並沒有畢竟其功。我們一開始就發現，集合字句把它們縫合在兩頁沒有生命的書封之間，絕無可

能容許我們涵蓋所有問題的種種複雜面向，也無法讓我們帶著有生命力和有價值的看法進入實際作法的討論。因此我們的希望變得較爲謙虛：但願我們能在現有的意義系統中製造些裂縫（即使微乎其微都好），然後藉這些裂縫來啓動新的對話模式。萬一這些新的對話模式得以向外實踐於行動之中，那麼我們就能取得空間——即便是極小的空間——來改變文化生活的景觀。我們雖無法完成全部計畫，但我們並不感到失望。我們想要討論的全套過程在其本質上就沒有完成和結束的可能。即使我們能爲共創意義的責任觀提出某種影響深遠的說法，書中的對話仍將永遠具有開放性而無最終結論。

　　爲了讓讀者理解本書的特殊形式，且讓我們把它的思想源頭追溯到路德維希・維根斯坦（Ludwig Wittgenstein）的著作。他在一九五三年發表的《哲學探討》（*Philosophical Investigations*）對今天的學術界仍具有莫大影響力，其中最重要的一個影響是：他以語義從對話中產生的說法（use-embedded account of language）取代了語言爲圖喻的理論（the picture theory of language）。無論在學術界或在日常生活裡，我們都習於相信語言描繪了一個獨立於它之外的世界，認爲樹、花、希望、不公不義這些字詞全都出於我們爲探知客體世界所做的努力，並認爲：在用語言如此模仿世界時，我們也會發現神仙（精靈）、魔法和靈性力量並不存在[1]。然而，維根斯

1　譯註：語言爲圖喻的理論在此特指維根斯坦及其老師羅素（Bertrand Russell）在二十世紀初所提出的邏輯原子論（logical atomism），主張凡有意義的語言命題（proposition）都會對應於外在世界中的某個事實（fact）或物件／他者（object）。但維根斯坦在《哲學探討》一書中推翻了自己早年的這個看法，而以語言本於用的說法取而代之。

坦提出了新的看法：

> 如果用「意義」一詞來指稱與語言對應的事物，那我們
> 就誤用了這個字詞、就混淆了一個名詞的意義和以它為名
> 的某個事物。當 N. N. 先生死去時，我們說的是名叫 N. N.
> 的某人死了，而不是這名字的意義──若是後者，那我們
> 所說的話就會教人無從理解，因為：如果名字不再具有意
> 義，那麼「N. N. 先生死了」這句話就會完全說不通……
> 一個字的意義即是它在語言中的用法。（p.20c）

如能認為字詞意義是人際對話（social interchange）的副產品、
人是在參與不同語言遊戲時取得字義，我們事實上反而受惠較大。
樹木、花卉這些字詞的確能像嚮導一樣指引我們到世界那裡，但它
們的這種功能卻根植於文化生活所仰賴的的各種語言作法（語言遊
戲）上，比如人或物的指稱（references）、教導或命令他人、演講
或報告、讚佩他人等等。

這種「語言受制於用」的見解（use-governed account of langu-
age）大大改變了理論在人文科學（human sciences）[2]中的地位，也
因此連帶改變了本書的形式。傳統上，理論作品都必須經過檢驗，
不是被證明為真確，就是被證明為錯誤，而它的真確與否便決定了
它能否有用於社會。大家都相信，有效的行動──關係之改善、
治療方法之改進、公共政策效率之增加等等──無不源自正確的
理論。然而，如果理論只有在眾人對話時才會被發現有真錯之別，
如果理論的應用可能性只會在大家共商意義的過程中才會發生，那
麼，視正確理論為研究最終目標的傳統就只好被我們淘汰出局，而

未能主導本書的形式。

　　相反的，我們被促使從理論的可能用途——它如何將隱喻、故事和其他裝飾性語言組合起來並納入持續進行的文化對話中[3]，以及它能導出何種實際結果——來思考理論的問題。我們被鼓勵去建構可能成爲文化作法的理論，希望理論也能像理性辯論、道歉、握手和擁抱一樣，在生活多數情境中可以成爲受歡迎、具有功能的實際行動。在我們眼中，理論並不是較具知識、較客觀的人爲群體生活提供的處方單。任何理論都不過是一種語言資源，只會採納特定的行動方式而因此壓制其他方式。因此，核心問題或許應該是：理論改變時，何種新的關係世界會成爲可能？我們就是用這種精神來從事本書的編撰；我們在此將要針對這個問題提出假設、主張、描述和建議，但不會聲稱它們眞確無誤。我們只希望，這種特殊的安排可以擴大大家繼續對話的可能性。

　　維根斯坦也讓我們知道：如果字詞的意義是由它們在人際對應中出現的位置所決定，那麼身爲作者的我們，終將無法掌控書中所寫會具有何種意義或導致何種結果。我們傳達了何種意義以及這些意義後來會被如何運用，全都有賴某種補充形式（Gergen，

2　譯註：根據英文版維基百科的解釋，人文科學（human sciences 或 human science）以跨領域研究爲架構，藉自然科學嚴謹客觀的研究方法來探討人類的活動與經驗。所跨領域涵蓋甚廣，包括各類社會科學（人類學、考古學、大眾傳播學、經濟學、歷史學、人文地理學、法學、語言學、政治學、心理學、公共衛生學、社會學）以及基因學、演化生物學、神經科學等。

3　譯註：美國認知語言學學者 George Lakoff 在 1980 年出版的經典著作 Metaphors We Live By 中主張，生活（包括思想、行動、說話、甚至著書和從事研究在內）所賴的種種概念都是由文化中的隱喻、故事和其他裝飾性語言組成的。

1994），亦即他人的閱讀和回應行動，而他人的補充又會進一步形成我們所使用之字詞的用法和意義。因此，文本的意義「只有一部分是明確的，因而具有開放性，得以不斷獲得進一步闡明、被賦予更多意義……如此之發展促成了……各方言語的協商與互參」（Shotter，1993a，頁100）。因此，我們認為自己目前的討論基本上具有開放性——它不在表達那些藏於我們兩人主體心靈深處、讀者必須將之解放出來的思想，而在邀請大家為它補充意義。為使這邀請具體化，我們邀請了本書的其他撰寫者「和我們共舞」，之後我們會在本書最後一章延伸他們的意見，希望藉之進一步充實本章的討論。

　　寫出以上的概要後，且讓我們描繪一下我們打算行經的路徑圖。如我們將要指出的，視個人必須為其行動負責的傳統見解有很大的缺失。我們必須先面對這些缺失，然後再開始討論「共創意義」責任觀的可能性。我們認為，意義共創就是對話過程，具有兩個轉化功能：一是轉變對話者對於有問題之行為（過錯、失敗、罪行等）的理解，二是轉變對話者本身的關係。正如行為的意義會隨關係因子的排列組合 (relational matrix) 被建構起來而有所不同，對話者間的關係也不可能一成不變。在指出「共創意義」責任觀的一些思想淵源後，我們將闡述一組概念性說法，以之指出我們的討論方向。在試圖描繪這組概念後，我們會在第二章開始討論與之呼應的各種實際作法：這組概念能推動哪些作法？然後我們在第三章要說明這些作法在兒童性侵這種困難案件上能如何施展。

個人責任論的缺失

> 我們的自我必須死去，好讓我們重生於群蜂般的人群之
> 中，不再自別於人和自我催眠，卻既是獨立個體，也是關
> 係中人。　　　　　　　　　　——亨利・米勒（Henry Miller）

　　我們心目中的「個人」，一向僅與一個人的隨興作為，或他在
制度規範下採取的行動有關。用明確一點的話來說，由於受到希伯
來文化、希臘文化、啟蒙運動、浪漫主義這些不同但互有關連之文
化傳統的影響，我們西方人都相信個人是行動的源頭。講得更明白
些，我們尊崇一種被稱為「主體行動意志」（subjective agency）的
個人屬性；它存於個人內心，是一種個人稟賦、使他有能力斟酌及
掌握自己的行動。我們一般認為，個人就是透過其意識內的這個區
塊，來記取或感受外在事件及環境，並從事各種理性思考，如理解
事情、解決問題、擬訂計畫、有所意圖等等。在許多方面，我們認
為主體行動意志就是使人之所以為人的最基本要素，是人形成自我
認知和個人價值的基礎[4]。也正由於人人具有主體行動意志，我們
因此可以教化人心、獎賞或懲罰屬下、提供心理治療、在日常生活
中或在法庭上要求個人為其行為負責。一般的行為準則都認為個人
是社會之善惡問題的主要源頭。

　　這基於個人主義的傳統看法以及因它而被合理化的種種制度，

4　原註：讀者若想透過較正式的討論來了解西方人種心理學，請見 D'Andrade (1987)。

如今已令許多人生出反感，而本書的最初構想在很大程度上就是直接源自這種反感。反感的主要形式有兩種。一是：曾為「個人為行動源頭」之說辯護的學者日益覺得自己在思想上受到挑戰。長期以來，哲學家們非常不滿二元論的形上學（dualist metaphysics），而個人為主體的觀念就恰好源於這種形上學。不僅心物二元世界的劃分給大家帶來難題，幾百年來所有致力於「心如何反映物和如何肇始行動」的討論也都始終找不到答案。正如理查．羅提所言（Richard Rorty，1979），哲學論戰的歷史讓我們發現：「心反映物」的概念並不是人類生存現象中的一個本然事實，卻是一個被歷史環境塑造出來的傳統。因此，我們沒有必要去解決那些無解的問題；它們是文化所發明的東西，現在可以被束諸高閣了。

蓬勃發展的歷史研究和人類學研究也進一步鞏固了羅提的哲學結論（1979）。這些研究提出來的最重要主張是：被大家推定的主體行動意志，實際上是一個由時空因素創造出來的概念。正如歷史研究指出的，長期以來，西方人對心理世界所抱持的想法不斷有所改變。許多關乎人心狀態（如靈魂、歇斯底里等）的悠久信念正在失去可信度，而其他信念則幾乎已在文化意識中消失了蹤影，例如：阿卡迪亞園（Arcadia）、陰鬱人格（melancholy）、世紀病（Mal du siècle）[5]等等。此外，新的心理狀態── 如憂鬱症（depression）、專注力不足症（attention deficit disorder）、心神耗竭（psychological burnout）──也不斷進入文化的收支賬簿中[6]。同樣的，在人種心理結構這一方面，人類學研究發現極大的心理差異存在於不同人種之間，也發現不同人種對於心靈生命及其本質各自抱有不同的信念[7]。在佛教傳統中，用獨立、原始自成的人心來定義自我，就等於在掩蔽自我的真實本質，因為這一本質事實上並

不能獨立於某種無可言喻的總體之外。社會心理學家也為這些探討另加上一個重要面向。他們一方面指出，要在人心之內找到行動之源是根本不可能的事情[8]；另一方面，他們也詳述了互動的一群人如何歸功究責[9]。事實上，把社會之惡的源頭追溯到獨立個人的內心，這種作法一向只是西方人的偏好，因此理當可以接受批判與評價，甚至可以被我們拋諸腦後。

在這匯聚而成的不滿之外，我們還必須提到文學理論的一些重要發展。在二十世紀的大部分時間裡，文學詮釋的大部分理論都以個人主義為前提，而讀者的主要責任就是發掘「文本背後的作者」、作者企圖傳達的「真正」意義。這種在文字背後尋找作者用意的長期傳統，如今已經式微了。在受到歐陸符號語言學（semiotics）理論的啟發後，學者們日益關注的不再是作品如何展現作者的內在思想，而是作品如何展現文字、文類或文學傳統各自所屬的體系。在這情況下，作者對世界和自我所做的描述並非受到

5　譯註：原文將 Arcadia 誤植為 Acadia，在此予以改正。阿卡迪亞園是古希臘人所想像及嚮往的美好世界，象徵人類與大自然和諧共處的最高境界。此一想像後來成為西方文學和藝術的一個重要主題。陰鬱人格一詞為古希臘哲醫 Hippocrates 所發明。他認為人的體內有四種體液（血液、痰液、膽汁、鬱液），其中一種過多或過少會使一個人具有某種顯性人格和形貌（陰鬱人格即是鬱液過多所致）。此種說法（及其演變）可謂為西方心理學的濫觴，影響甚至及於二十世紀。世紀病一詞出現於十九世紀初，為法國文學家 François-René de Chateaubriand（1793～1848）發明的用語，用以描述當時年輕人在盛行之浪漫主義的影響下所表現出的一種頹廢美學和人生觀。

6　原註：參見 Harré (1979) 及 Graumann & Gergen (1996)。

7　原註：參見 Lutz & Abu-Lughod (1990)、Heelas & Lock (1981) 及 Shweder (1991)。

8　原註：參見 Gergen et al. (1986)。

9　原註：參見 Antarki (1981) 及 Harvey et al. (1992)。

世界本質或作者心靈的引導，卻是某種受制於文化生活和歷史因素的語言行為。作者無從任憑己意去表達自我，反而無可避免必須運用文化中的種種現成語義（forms of intelligibility）[10]。因此，文學批評者毋須探勘作者的心靈深處，卻應對文化內容的詮釋貢獻一己之力[11]。當然，個別作者仍可能創造出新的意義系統，但他們只能以文化作法某一領域之參與者的角色來完成這件事情。

這種種批判也影響了政治學的理論。從康德（Immanuel Kant）以降到羅爾斯（John Rawls），論及司法公義（justice）的自由主義哲學都以如下的個人主義觀念為其立論基礎：由於具備理性思考的能力，個人可以獨立於周遭價值觀、人際關係或群體影響之外。然而，正如山德爾曾經指出的（Sandel，1982），一個先於周遭價值觀、人際關係和群體而存在的個人，基本上徒具一副空殼。個人無法形成意義；若不曾內化群體所形成的字義，他根本無從在不相上下的利害之間做出理性選擇。自主的選擇並不自主，根本稱不上是選擇。

在重傷傳統個人主義的根基之餘，以上的思想批判也越來越不滿個人主義對社會所造成的種種影響。批判者特別關心主體行動意志這個觀念——視個人為社會的基本原子，因而也是道德責任的基本原子——如何影響了文化生活。打從一開始，視個人為行動之源的個人主義無可避免強調了個人是日常諸事的主角。個人因此擁有絕對正當的理由，可以僅僅關注他自己的主體之我——先關注一己的安危，繼而關注一己的目標、需求、願望和權益（這所有這些事項也可說是環環相扣的）。在達爾文適者生存論的撐腰下，在策畫任何行動時，我們最愛問的問題是：它會如何影響我？我會得到什麼或失去什麼？我們當然也該顧及他人，但之所以要顧及他

人，主要原因卻是害怕他人的行動會影響我們的個人權益。山普森視這種思維建構了「功能性他者」（serviceable others；Sampson，1993）。因此，思想開明的人雖會重視利他行動，但先決條件是這樣的行動必須爲他個人帶來有利的回報。克里斯多夫・賴許（Christopher Lasch）在《自戀文化》（*The Culture of Narcissism*，1979）一書中對個人主義所導致的「我最大」（me-first）態度給了一個可謂最嚴厲的譴責。賴許認爲，在個人主義的導向下，一切事情都失去了意義和價值：擁有情感關係和性關係只是爲了「讓我感覺快樂」，進行學術研究只是爲了「幫我取得生涯成就」，而選擇某種政治論述也不過是因爲「那樣我才會勝選」。

　　同時，個人主義的意識型態也讓人覺得自己基本上是獨立或孤立的個體。在個人主義信徒的眼中，每個人都是壁壘分明的個體，各過各的日子，各有各的生命軌道。我們永遠無法確定別人能否了解我們，因此也無從確定別人是否眞正關心我們。同樣的道理，一個閉關自守的個人也永遠無從確定他自己能否了解別人的想法、需要和感覺，因此他會自我克制而不願向他人投以過多關懷，更何況關懷他人還有可能限縮他自己的自由。羅伯特・貝拉等人（Bellah & others，1985）以及心理學家夫妻檔爾文・薩爾諾夫及蘇珊・薩爾諾夫（Sarnoff & Sarnoff，1989）都發現，社會制度和婚姻制度都因個人主義而岌岌可危。如果大家相信社會的核心單元是個人，那麼在定義上，一切人際關係都是非自然的、外加於個人身上的加工品，因而隱含如下的意義：人際關係必須被打造、被悉心照顧、被

10　原註：參見 Derrida (1976)。

11　原註：參見 Fish (1980)。

「努力經營」。一旦發覺這些努力需要耗時費心或令人不快，個人就會打算棄之於不顧，好讓自己回歸到本然的自主狀態，重新按照「我的方式」過日子。

批評者也關心個人主義對集體福祉造成的負面影響。蓋瑞特‧哈汀（Garrett Hardin）在一九六八年出版了一本經典之作，以之分析我們必須為個人理性付出的隱形代價。他證明了一件事：如果每個人在採取行動時都想最大化自己的利得、最小化自己的損失，那麼其後果必會為整體社會帶來災難。當今的環保危機就是一個唾手可得的例證：人人謀取私利，致使森林、湖泊、魚類都告枯竭，也使大氣層遭到了嚴重的汙染。在一九七七年出版的《公民衰微史》（*The Fall of Public Man*）一書中，理查‧山內特（Richard Sennett）描述了幾世紀以來公民生活（civic life）[12] 式微的情況，並指出：個人主義取向的心態使人不敢真誠待人、也不敢與他人交心，以致無法在大街上、公園內、眾人群聚的場合與他人自然往來，也無法用進退有節、不覺尷尬、心懷群體利益的方式發表言論。在他看來，公民生活已向個我化的、封閉的、自我防衛的生活方式繳械投降了。其他批評者（Sampson，1977，1981）則讓我們看到，個人主義的世界觀有系統地忽略各種人際組態 (social configurations)。高等教育漠視合作式的學習；企業訓練強調個人表現甚於團體表現；法院向個人追究責任，卻對與罪行無法切割、個人曾擁有的一切關係（social processes）視而不見[13]。

最後，我們必須質疑個人主義是否能把我們帶往安全的未來。正如阿里斯德‧麥金塔（Alisdair MacIntyre）曾指出的（1984），個人主義的信徒不可能自認有責任傾聽他人所說的正當理由。如果——依照個人主義的看法——個人有權選擇他自認正確並有益的

事情，那麼，任何反對意見都會成爲強加於他身上的挫折或干擾。傾聽「反對者」，就等於棄單一完整的自我於不顧。此外，當一方人馬要求另一方人馬爲行動之後果負責時，後者通常不可能相信前者具有正當理由，反而極可能猜疑前者志在自我宣傳、甚至充滿敵意。當反墮胎的社運團體譴責墮胎選擇權的擁護者、並認爲後者是殺嬰兒手時，後者絕不會因此自認罪孽深重，反而極可能發動猛烈的反擊炮火。事實上，個人主義只會在大相逕庭的道德立場或意識型態之間製造出無止無盡的衝突。如今，世界各文化間的接觸越來越頻繁，國際合作的問題越來越擴大，造成集體毀滅的武器也越來越精銳。在這樣的世界裡，個人對抗個人的個人主義心態極有可能導致重大災難。

「關係」一詞的共可理解之義

> 擅長描述主角如何磨鍊其自主之我的長篇小說家……如果突然不再相信「自主之我」這種事情，他要怎麼辦？
>
> ——蓋兒・高德溫（Gail Godwin）

---

12 譯註：指相對於個人私生活，個人在群體和國家事務中所扮演的種種角色。

13 原註：有好幾位作者已試圖越過個人主義的觀點，用關係的角度來探討教育作法（Giroux, 1993）、機構作法（Reed & Hughes, 1992; Weick, 1995）以及法律作法（Altman, 1990; Sarat & Kearns, 1996; Unger, 1986）。

　　前述的個人主義邏輯使日常生活充滿了無數使人痛心的行動、失敗、愚蠢、敵意、欺謊、不公平、暴行等等。基於一種從傳統繼承而來的習慣，大家傾向把這些問題不是歸咎於個別行動的人心，就是歸咎於集體行動的人心。但我們卻發現兩件事實：第一，任何可以合理化這一傳統的理論並不存在；第二，被視為理所當然的個人責任觀事實上助長了許多惡性的破壞作為。我們現在可以另有選擇嗎？與其說我們想完全放棄個人主義的傳統、想用新的一套說法來對抗傳統語言，不如說：如果對話既可以建構、又可以延續文化生活，那麼，我們比較想採取的行動當然是為傳統語言增加新的意義。用更明確的話來說，我們打算努力擴充多種既有的共識意義，用以導引、鼓勵或建議新的行動。因此，我們並不打算拋棄傳統，卻想擴充其內容[14]。

　　我們認為：在前述各種反個人主義的批判中，我們至少可以為一個重要的個人主義新義找到概念前提。更具體來講，前述批判多半強調了關係——親密關係、友誼、小組、社群、組織、文化——的重要性。透過不同的論證過程，它們都指出一點：我們的意義、理性判斷、價值觀、道德關注、動機等等都是在關係中發展出來的。從它們的主張中，我們或可發展出某些論述工具（discursive resources），藉把行動之源從個人範疇移轉到關係範疇。個人主體行動意志的描述及解說隨處都有人引用，關乎「自我」的論述也已成為整體文化可以理解的直白語言（literal language）。相反的，「關係」卻仍像是個人必須費心才能打造出來的身外器物。因此，我們現在的挑戰是：如何讓「關係」論述取得普遍的可理解性，使之也能像主體心靈的說法一樣，可因擁有這可理解性而具有文字說服力以及實際影響力？

　　我們要如何前去迎接這挑戰？我們以為，如果試圖盡一切力量來為「關係」精心擬出全新語彙，那會是錯誤的做法。全新的語言不僅會笨重到讓人難以操作，還會因為欠缺那些在使用中才會出現的意義，而無法在實際生活中發揮作用。相反的，最佳途徑當是延伸及擴大既有的論述主張。我們可以找到探討關係（相對於獨立自我[15]）之意義的論述傳統嗎？雖然這些論述的語言並不是文化主流，但它們還是有被找到的可能，因為在我們文化傳統的某些角落裡，的確有不少論述把「關係」當做單獨的研究項目。雖然我們可以選定某一論述，然後擴充它的主張和其實用性，但我們卻想採用別種策略：我們希望啟動一個可讓所有這類論述都能活躍起來的對話過程。也就是說，與其專注在某一關係論述上，我們寧可進入一個**探討多種關係論述的對話過程**。我們認為，在探討關係之多種面向的對話過程中，對話者的關係也會發生改變。在這裡，先讓我們思考一下四個已成趨勢、在學術圈內已發展出共識意義的關係面向：內在他者（internal others）、相倚關係（conjoint relations）、群體間的

14　原註：基本上，本章是以擴充文化既有的溝通資源為目的。針對如何在爭議中訂出可行的自然生態保護決策，克里斯多福・史東（C. Stone）曾提出道德多元論（moral pluralism；1987），要求決策者和社會大眾能從各種道德角度來共思生態環境的問題。本章就是在呼應他的精神，試圖從多種角度來擴增「責任」一詞的既有意義。

15　原註：讀者必須了解，我們在此也把傳統上已被大家接受、關乎人際互動關係的探討劃歸於獨立自我之探討的範疇。這些關乎人際互動的長篇論述認為：每個人身上至少有一部分是由他者——與他者互動時所受到的影響、效法之對象所發揮的影響、改變個人態度的外在因素等等——所創造出來的，而同樣的，個人也能發揮影響力去改變他人的生命。雖然這些論述在重大意義上不再認為個人擁有完全自主性，但其取向仍是建立在個人為單一整體的認知上。在其框架中，關係只是個人與個人互動時的副產品，而非——如我們要指出的——獨特的對話過程。

關係（relations among groups）、總體關係（systemic process）。

內在他者

> 意識從不曾自給自足過；它總和另一個意識緊緊相依。
>
> ——米夏‧巴赫金（Mikhail Bakhtin）

有好幾個重要的論述完全挑戰了自我與他者之間的界限，截然不同於強調獨立自我和個人主體行動意志的常見說詞。這些賦義論述視自我為他人面向的體現，亦即（更確切來講）獨立自我是不存在的，因為我們每個人的生命都以他人為形構元素，而他人也以相同的方式被我們形構出來。由於每個自我的形構元素都跟其他自我互相參雜，因此眾人原本就相屬相連。許多理論探討雖然各有強調，但在不同程度上都以這個結論為依歸。對主張「互動生意義，意義生互動」（symbolic interactionism）[16] 的學者——如庫利（Cooley，1922）和米德（Mead，1934）——來講，自我的形成有賴於吸收他者。庫利認為吸收他者是透過模仿他人的過程完成的，米德則認為那是透過同理心（role-taking）[17] 的過程。此外，不同領域的研究（見 Bruner，1990；Harré，1979; Wertsch，1985）都採取了維高斯基的見解（Vygotsky，1978）：個人的思想內容反映了他的所有人際關係。既然所有被思考之事從一開始就存在於人際關係內，那麼自主個人的概念便可被宣告出局了。

與維高斯基有類似見解的還有俄國文學理論家巴赫金（M. Bakhtin）。巴赫金認為（1981）：由於每個人都暴露在多重語言情

境的影響之下，並由於語言本身就是多重影響力組合而成的東西，因此每個人都具有「多重聲音」（multi-voiced）。而且，由於語言基本上是溝通媒介，因此它的使用斷然不離人際關係：從兩方面來講，個人在任何時刻彙整運用的聲音都會（一）從先前的對話取得方向感，（二）繼續被當下的對話情境形塑。巴赫金的著作也影響了近年來關乎以下主題的探討：多重自我（multiple selves；Penn & Frankfurt，1994）、對話性自我（dialogic self；Hermans & Kempen，1993），以及他者幽靈（social ghosts；M. Gergen，2001）[18]。

　　在討論如何以共創意義的態度來進行對話時，這些不同的賦義論述可以帶給我們很大的啓發。它們一致認為，一般被我們稱為自主的行動絕非出於自主意志。個人行動——語言、動作或表情、工作表現等等——絕不可能完全出自所謂的單整個人，反而帶有無數他人留下的印記。說話或做出動作的絕不是一個單獨個人，而是母親、父親、姊妹、兄弟、朋友、師長、小說人物等等的綜合體。而

16　譯註：在國家教育研究院《雙語詞彙、學術名詞暨辭書資訊網》上，symbolic interactionism 的中譯是「象徵互動論」或「符號互動論」。被公認為此一學說創始人的米德（George Herbert Mead, 1863-1931）認為，個人之所以會針對某事或某一情況採取行動，是因為他們先賦予了該事或該情況某種意義，而該意義則是從他們與其周遭環境或相識者的互動中產生。

17　譯註：在國家教育研究院之《雙語詞彙、學術名詞暨辭書資訊網》的網頁上，role-taking 的中譯是「角色取替」（http://terms.naer.edu.tw/detail/1305945/?index=2）。

18　原註：如要更詳細了解有哪些理論論及社會滲透個人的方式，請見 Burkitt（1991）。譯按，此註原文提到瑪莉‧格根（Mary Gerge）的著作尚在付印中，而本書參考書目亦做同樣的標示。惟目前該書已於 1999、2001 年分以不同的書名出版，2001 年書名為 Feminist Reconstructions in Psychology。瑪莉‧格根用「他者幽靈」一詞描述出現於個人心象中、非真實與之面對面的對話他者，可能確有其人，也可能是虛構文學（如小說、神話）中的人物、神靈等等。

且，個人所說的話和所做的事都會受到其言行所針對者的影響。當別人對我們說話時，我們在某種意義上就已成為其話語的一部分。這類見解也顛覆了傳統的究責和懲罰作法。傳統上，如果別人出手攻擊，我們便擺出防衛姿態；如果別人有錯，我們便忍不住想糾正他；如果別人行為粗暴，我們便渴望對他施以懲處。然而，如果在他人行動的背後並不存在著一個單整獨立的自我、卻滿是無數關係所留下的印記，那麼，防衛、糾正和懲罰就全都失去了天然正當性。一旦能了解我們的內在他者，我們才有可能中斷那原被視為理所當然的言語交換流程（flow of interchange），去探索那些在你來我往對話中或發揮作用、或按兵不動的無數他者，並用不同方式來思索如下問題：是誰在這裡說話和行動？誰是聽者？哪些聲音沒有被聽見？哪些內在他者正在受苦？為什麼是這個聲音、而非別的聲音主導一切？我們能用什麼方法來協助那些被壓抑的潛能現身？我們知道，正在使衝突、痛苦、懲罰之事發生的乃是他人在個人心中引發的各種零星衝動；而且，由於「我們的心廣納了百萬之眾」──如惠特曼（Walt Whitman）所說──我們認為有必要把圍坐在責任筵桌旁的賓客群再加以擴大[19]。

相倚關係

　　探戈是雙人舞。

　　在思索內在他者時，我們沿用了傳統的內在／外在二元對立，也就是在個人內心世界和具體外在世界間做出區隔。現在讓我們來

思考一種不以個人內心世界爲依歸、但以關係成員之互動爲主要關注的理解形式。用更具體的話來說，我們要把注意力放在雙人以上互動關係的相倚型態上。在此，我們談的不是因果型態，在其中甲令乙做出回應（或其他事情）；我們談的乃是甲和乙的相倚型態，在其中，雙方各自所做的每一個動作，其意義都會受到對方回應動作的牽引。我們用蕭特（Shotter，1980）所說的**連動**（joint action）來取代行動（action）與反應（reaction）的對立型態。性交就是一個很適當的例子：性交行爲無法由一個人完成，但也無法被簡化說成是兩人個別行爲的加總。相反的，這行爲有賴參與者雙方的相應和連動。

　　有各種著述也對人與人的相應現象做過探討。葛芬格（Garfinkel，1967）在俗民方法論（ethnomethodology）方面的研究——研究眾人如何在交相對應中爲其關係建構理性準則——已是公認的里程碑巨獻之一。繼起的研究——其論點包括輪流發言（Schlegloff & Sacks，1973）、結束對談的用語 （Albert，1985）以及鞏固關係的作法（Marsh 等人，1978）——都強調人際關係具有相倚型態，因而所謂的自主行動意志是不存在的。溝通學理論家皮爾斯及克羅能（Pearce & Cronen，1980）也讓我們看到：即使不爲參與者所喜，這種相倚型態仍會堅定不移地在關係中發揮作用。心理治療師也發現家人的相倚型態足以延續各種心理痛苦（Caplow，1968；Reiss，1981）。

19　譯註：本句原文爲 ...... we are invited to expand the retinue of guests at the table of responsibility，其中 the retinue of guests 幾字出自舊約聖經《歷王記上》第一章四十一節（1 Kings 1:41）。

　　許多最近的研究都關注一件事情：關係如何創造、維繫及改變意義？根據這些研究的發現，行動本身並不具有意義，卻需倚賴他人的補充行動才能取得意義（Gergen，1994），因此意義是關係所致的副產品之一。許多具有類似前提的研究也對一群人──實驗室裡的科學家團隊（Latour & Woolgar，1979）、教室裡的師生（Edwards & Mercer，1987）、或試圖決定誰的記憶才是正確記憶的家人們（Middleton & Edwards，1990）──如何一起建構他們的關係世界做過深入探討。

　　許多闡釋相倚關係的論述也打開了我們的視野，讓我們發現「關係過程」的眾多新面向。我們從中取得的一個主要認知是：自我不可能脫離他人──也就是說，個人行動從來就不具有獨立性，卻必須倚賴正在（或曾經）與個人打交道之他者的行動，才能取得某種意義。因此，只有在別人大笑的情況下，笑話才算是笑話，而惡意的行動也只有在它的對象如此以為時，才稱得上具有惡意。唯當對方認為道歉具有誠意時，道歉才稱得上確有其事。

　　我們對相倚關係的理解最終必須延伸到更廣大的群體那裡。到現在為止，我們選擇使用「我們」的概念，去取代「互動之個人」的概念。能使惡言惡語、受傷感覺、凶狠反駁發生而存在的是「我們」。但同時，並沒有任何一組相倚關係可以閉關自守。在我們共同形成意義、作法和種種現實狀況的同時，我們也一定會跟許多暗中存在的其他關係有所牽連，原因是我們每個人都置身或曾置身於其他關係中。因此，發生於每一個關係中的衝突，都會受到對話者正置身或曾經置身之其他關係的影響。更廣泛來講，某一組關係成員的行動，無不受到這關係以外其他關係體規範的授權。雖然某個行動會被關係中的一個成員訕笑（被他冠上愚蠢、冷酷、殘忍之

名），但這行動卻有可能受到犯錯者所參與（或曾參與）之其他關係體成員——通常不只一個人——的讚揚。犯錯者不會只因自己覺得某些行為很邪惡，就去做出那些邪惡的行為。要做出那些惡事，個人必須先找到一個（或更多）認可它們的意義場域。因此，在任何關係中，在任何似應受到譴責的行為背後都存在著默默給予認可的旁觀對話者。我們必須隨時問以下的問題：有哪些其他關係會讚揚這個行為？這行為為何會發生在目前的關係中？如果我們不承認這行為得到其他關係體的授權，如果我們懲罰或消滅它，什麼其他關係會因此受到傷害？

群體間的關係

> 「他們」一詞被發明後，「我們」也隨之便被創造了出來。為了重新創造自己，我們或許需要重新發明「他們」。
> ——賴恩（R.D. Laing）

　　第三種論及關係的論述跟公共領域有關，使用的是一種混合式語言——這種論述之所以能夠流通，是因為它大量使用了個人主義的語彙。透過這種語言，我們發現，運用個體論述的語彙來描述或解釋一個群體——也就是用個人心理學的語彙來描述一個組織或機構——竟然十分恰當可行。比如，我們會說「政府決定……」、「最高法院判定……」、「公司相信……」、「球隊的士氣大振……」、或者「這個家庭覺得……」。由於這類說法已被大眾理解接受，因此我們也能用之來解釋群體之間的關係。我們會談論

美國與法國的關係、工商界對政府的看法、管理階層眼中的員工、史密斯一家人對瓊斯一家人至感憤怒等等。這些常見的說法也出現在各種學術著作中，尤其是史學、政治學和社會學的著作——它們常提到國與國如何競爭或敵對、政黨和選民如何互動、以及種種社會運動有何抱負和理想。正如賴利・梅伊在他書中論到的（Larry May，1987），在許多事情上，我們會要求群體或組織像個人一樣負起法律責任。彼得・法蘭屈也認爲（Peter French，1984），我們擁有非常充分的理由，可以把公司行號或任何其他組織視爲道德人（moral person）。

在我們把究責作法從個人移轉到關係領域的時候，這些被用來談論群體間互動的語彙也可做爲寶貴的資源。它們不但不會讓我們更關注個人的不當作爲，反而能使我們在個人行動中（以及在我們的反應中），看到存在於其背後的更大群體。因此，我們可以在一個動不動就滿是敵意的丈夫身上看到一向充滿競爭的職場環境，在偷竊事件上看到社會貧富不均現象的影響力，在強姦案件上看到一般男性的自我想像。在這些事情上，行爲發動者不是個人，因爲個人不過反映了群體問題。而其行動的對象也不是我、我個人，卻是代表某個團體的我。此外，一旦發現我們自己其實也是由更大群體建構而成的，我們便會明白自己也如何建構了別人的行動意義。例如，我們之所以會稱某個行動爲偷竊行爲，原因不外是我們自己在階級結構中佔了優勢位置，但就偷竊者的價值觀來講，那行動反而具有別種意義（英雄氣概、自保求活等等）[20]。雖然有些人會認爲以上這些說法不過是拿團體來取代個人、使之成爲被譴責的對象罷了，但即使如此，這些說法也都不過是暫時性的，因爲在我們心目中，共創意義的關係過程絕不會終止於任何說法。

總體關係

> 因陀羅（Indra）的珠帳〔是〕一張向各方無限延伸、使
> 各方相互輝映的宇宙之網。這張繩網上的每一個打結處都
> 鑲有一顆明珠，把整個宇宙的萬物一一映照出來……因陀
> 羅的珠帳把我們這時代的網頁搜尋系統、電腦互聯網、圖
> 案、繡毯、畫作的紋理都網羅了進來。
>
> ──琳達・歐茲（Linda F. Olds）

　　我們最後一項語言資源來自各種尚未充分成形的論述。它們
援用了神祕主義、生態學、物理學和機械工程學的語彙，去想像萬
物的連屬關係。在這些論述所擬想的宇宙中，並沒有任何所謂的獨
立單元存在，也沒有任何由單元組成的關係具有獨立性。在以此
為取向的論述中，體系總論（general systems theory）[21]──貝特
森（Bateson，1979）、馮博塔蘭（von Bertalanffy，1968）以及拉斯
路（Laszlo，1973）分別在不同領域成為這理論的先驅──可說用

20　原註：參見 Spector & Kitsuse (1977)。

21　譯註：參見 von Bertalanffy 在他 1972 年發表的論文 The History and Status of General
　　Systems Theory (https://pdfs.semanticscholar.org/e07e/3c69ebb8ce4b2578a045aa80bb56a
　　6a2808a.pdf) 中 general systems theory 所下的定義：General system[s] theory is a logico-
　　mathematical field whose task is the formulation and derivation of those general principles that
　　are applicable to 'systems' in general。在國家教育研究院的《雙語詞彙、學術名詞暨辭
　　書資訊網》上，此一名詞被譯作「一般系統理論」或「通用系統理論」，似易引起
　　誤解。

最完整的方式爲這取向提出了說明。雖然這些理論家的說法未必一致，但拉斯路對單一體系所下的定義──「一個有序並與其四周環境有關聯的整體」── 還是抓住了他們的一個共同看法。一般說來，**有序的整體**是動態的，而它的各個次體系會以加乘的方式合作，使合作的成果大於所有個別次體系之作爲的總和。然而有趣的是，多數理論家並沒有就單一體系的邊界提出過嚴謹的定義。一旦我們確定兩個單元有所互動，這互動便在我們的概念中成爲一個體系。我們可以認爲體系就是場域中的場域，因爲任何體系的確認都只不過提供了暫時性的界標；一旦我們發現某個體系已被納入更高層次的體系，我們便可隨之把它的界標拋棄掉[22]。近年來，數學的混沌理論（chaos theory）突然間爲大家提供了許多譬喻，使這些源自整體論（holism）的臆測得以從大自然取得無數例證而言之成理。在中國飛翔的蝴蝶會在佛羅里達州引發颶風；家庭治療師也以各種方式充實了以體系爲導向的研究[23]。

其他社會科學領域也重新詮釋了整體論。受到物理學場論（field theory）的啓發，「群體動力學」（group dynamics）的思潮（Cartwright & Zander，1964）很早就指出個人行動離不開群體生活。從早期的符號學理論（Saussure，1983）到晚近文學領域的解構論（Derrida，1976）以及語言如何建構權力的探討（Foucault，1978），語言都被視作是某種動態體系而備受關注。形成個別語詞用法的是語言體系內所有組成元素的交互作用過程，而同時，個別用法也足以在體系內造成震盪或重新定義體系。最近在探討科學領域時，社會研究特別重視該領域之行爲人（actors）及發揮作用之行動元（actants）所組成的星座式關係網（Callon，1986）。先前的研究只關注合作無間的行爲人以及他們建構科學知識的方式，但

「行動者關係網理論」（actor network theory）卻把行動者的範疇
擴大到可包含器材（如科學儀器、電腦、傳真機）、檔案資料、實
驗室等等。一個**關係網**（包括人在內）是由參與人員及物件的種
種連動關係共組而成的，因此，要使具有公信力的科學知識能夠產
生，關係網內人和物的整合才是最關鍵的促成力量。

　　在重大意義上，無論廣泛來講、或對本書來講，這些從體系角
度來探討關係的論述可以擴大我們對「共創意義」責任觀的討論。
廣泛來講，我們不得不面對一個可能性：在任何不好的事情上（犯
罪、不公、殘忍），我們每個人都會因為自己曾經有所發言、有所
行動、或單純在場而有份其中。如果我們每個人都是在所謂「體系
大鍋湯」（systemic soup）中的某種成分，那麼所發生的任何事情
都一定會沾上我們生命的味道，反之亦然。我們必須時時敏察一個
可能性：如果我們自己的生命曾是另種樣態，那麼我們如今正在譴
責的行動也必會不同於其現狀。就本書的探討來講，體系論述也讓
我們知道，有更多的論述語言值得我們運用。如果任何存體、組織
或關係體會與其他任何存體、組織或關係體具有關係，那麼，對於
問題或不當行動的理解方式就有無限多種可能。例如，配偶間的問
題與其父母的感情、其子女是否和睦、國家經濟的好壞、犯罪率的
增加、臭氧層的破損、波斯尼亞（Bosnia）的戰局等等有何關係？
我們也可進一步探究隱喻語言、媒體影像、科技以及其他文化產

22　原註：如想了解近年來以人類行動為題的研究如何運用體系理論，請見 Ford (1987)
　　及 Olds (1992)。

23　原註：參見 Andersen (1991)、Anderson & Goolishian (1988)、Boscolo et al. (1987) 及
　　Hoffman (1981)。

品的流通方式，以及它們如何也成為迫害、剝削等等行為的促因之一。在探討這種種關係時，我們就不會再衝動地只想找個人究責，反而會去探索其他作法。

對我們來講，這四種已可被理解的關係論述——內在他者、相倚關係、群體間的關係、總體關係——無不為我們提供了個人責任論述之外的新選項。它們提供了工具，讓我們可以了解：個人行動受到周遭文化生活（以及自然界）的層層影響和制約、因而與後者具有密不可分的關係。現在我們要來思索如何在關係過程中實踐這些論述。

在對話中共創意義

> 我們是在對話之網中成形的。
>
> ——查爾斯·泰勒（Charles Taylor）

且讓我們從上述四種論述傳統中吸取養分，來延展對話的地平線。首先，我們在受到啟發後決定放棄傳統的行動源觀念——根據這觀念，行動源是指自主個人在某時某地突然生出的某種衝動，但也可指對話中出現唆使之語、行動隨之發生的那一刻。我們剛才討論的每個賦義論述都指出：沒有任何行動可以從凡存在的所有關係（the whole of what there is）中被抽離出來，而且每個行動既反映了凡存在的所有關係，也是所有關係的一個建構元素。是以，一個固定、可被指認的行動源不可能存在。因此，我們在此並無意

一步一步去追溯源頭，卻想透過持續不斷、不做結論的開放式對話
來從事探索。這會是在關係中進行的對話過程，但同時又以關係為
其主題。我們會就好幾個關注點或實際槓桿點（points of practical
leverage）[24] 做出探討。透過協商和行動，每個點會暫時被賦予某種
共可理解的意義。由於這場對話本身具有開放性，因此每當一個灼
見出現後，它會隨即進一步成為探討的對象。每一個清晰並具說服
力的理解形式都不過是無限場域中的一粒原子。在持續進行的探討
過程中，透過接連出現的眾多理解形式，不僅每個討論題目會發展
出新的意義，連探討者之間的關係也會因此發生變化[25]。事實上，
我們雖在探討之始援用了個人責任觀的傳統，但之後就藉共創意義
的對話過程，摒棄了這種責任觀所採用的制裁作法（羞辱、剝奪權
利、監禁、處決等等）。

在我們的心目中，共創意義的行動是指那些可以延續並強
化對話形式、致使某種合理作法變為可能的行動。如果人
類的意義來自關係，那麼，在關係過程中負起責任，就是
指盡力為意義——冷靜沉著的人格、可貴的價值、自我接

24　譯註：在體系論的思考中，槓桿點（leverage point）是指在體系中解決問題或啟動改
變的方法，分作低槓桿點和高槓桿點，前者意指用少量努力造成一點點改變，後者
則指用少量努力造成巨大改變。

25　原註：我們可以延伸我們的「一致理解」、跑到「多重關係」（multiplexity）的草
原上去打個滾嗎？如凱博斯在研究印尼委以哇部落（Weyewa）時指出的（Kuipers，
1993），只要充分沉浸在儀式作法中，我們就能體會：連我們祖先說過的話都可能要
為我們現在的行動負起責任。希爾和澤佩達也說（Hill & Zepeda，1993），常見的究
責形式只會把責任不斷滑向無數人的身上。

納──的發生創造契機。孤立則意謂否定人性。[26]

　　在共創意義的對話作法中，我們必須把關注、疑問、思索等從個人往外延伸，去納入一再擴大的關係範疇，而每一個這樣的動作本身也會再擴大和深化我們所使用的語彙，使可以選擇的合理行動變得更為多元，因而也使文化成員更能充分協商、不致各行其是而造成困境。

　　我們能夠舉出哪些以共創意義為其核心的作法？我們並不認為這問題只有一個無可挑戰的答案；在我們眼裡，有相當多的作法非常值得一提。為了簡單起見，且讓我們把這些作法分為兩類：**調向作法**（orienting practices）和**實際作法**（performative practices）。調向作法是指某些賦義性理論，可以協助我們調整對話者的立場，以便導入新的對話方向、開啟新的探索範疇，並激發具有催化作用的問題。這些都是理論資源，可以協助對話者架構共創意義的關係過程、不再接受想當然爾之事、而去構思其他可行之路。我們認為，與其說這些理論性的主張是根本原則，不如說它們是催化劑。在討論這些調向作法之後，我們再來討論共創意義的具體作法。

調整對話的方向

　　人與人的關係是「真實」和「善惡」觀念的主要出產地。

　　如維根斯坦所說，字詞意義是在持續的人際對話中形成的。就在字詞經由種種對話形式取得命名、指引、准可、糾正等等功能

的同時，它們也取得了本體意義和道德意義。原本侷限於一隅的語言最終變成了世界——眾生萬物、行動、權利、責任、價值觀等等——的再現形式。事實上，語言就是人心中真實觀與善惡觀的製造者。使這些觀念得以出現的，就是關係成員一再互相補充對方語言的過程。

　　這一看法對於共創意義極為重要。一開始，我們痛苦地理解到，我們所有的常識性假定——所有被我們視為合理的、可靠的、誠實的、公正的事情——都不過是一時一地之特有意識型態的產物。我們因而覺悟：我們或說或做的每一件事情，都可能讓持有不同觀點的人起疑、被他們視為充滿敵意，或甚至讓他們在無法置信之餘覺得害怕。於此同時，那些被我們視作極端錯誤、出自誤判、不道德，或可憎的行動，卻被其他意識型態認為可被理解、可被接受，甚至值得被尊崇。一切信仰或價值觀，都是在人際對話中取得其可信度和流通性的。

　　我們也覺悟到另一個事實：屬於個別時空的任何真實觀和善

26　原註：我們在此要把我們的看法和哈伯瑪斯的看法（Habermas，1979，199）做出區分。雖然我們和哈伯瑪斯同樣關注社群意識（sense of community）如何透過對話被建構起來，但他認為社群是倫理規範（normative ethic）的副產品，而我們並不贊同這個說法。我們意在頌揚出現於任一對話或任一群體內的各種聲音，但哈伯瑪斯卻想知道那些聲音如何融入社群規範當中。對哈伯瑪斯來講，偏重社群規範，可以容許他為他的對話倫理觀（conversational ethics）提出辯證。我們並不想為意義共創之說提出辯證，因為我們的挑戰並不在取得最終共識或在對話主體間取得相互了解。對我們來講，最終共識即意謂消除雜音，而且相互瞭解不可能存在於對話主體之間。在我們們眼中，挑戰乃在於如何同時運作各種聲音，因此我們必須在不斷共創意義的關係過程保持一種探索和尊重的精神。我們比較重視關係生活中的各種不完美、偶發事件和不確定性，而非任何明確的規範。

惡觀，都不能自稱建立在超越時空的本體基礎上並因此具有絕對正
當性。任何試圖用理性去證明某一本體論或倫理觀具有絕對正當性
的討論，都不過是持續進行之語言棋戲中的一個走子動作。它所運
用到的理性實際上是從某一時空的論述和慣作傳統中產生的。當這
類討論所做出的宣示開始延伸其影響力，當它們沒有正當性，卻
成為斷定真偽和善惡的命題時，它們便會阻絕其他可供選擇的生活
方式。因此，如果用所謂的普世原則或善惡原則來仲裁衝突，這樣
的作法是十分危險的。只要對話者繼續停留在各自所屬的意義場域
內，誰持有正確的爭論就會永無化解之日。

　　我們的另一個覺悟是：所有關乎世界、自我、可取和不可取之
行動的信念，都是文化和歷史的產物。一旦群體不再繼續用某些方
式對話，這些信念的生命周期便隨之告終。任何想繪出真偽或善惡
之形貌的論述，都岌岌可危地隨時有消失的可能。因此，若想維繫
大家所重視的傳統（大自政治體制和道德傳統，小至一般的婚姻
制度或表達友誼的方式），一番辛苦努力自然不可少。於此同時，
若把這些受到時空制約的傳統提升為普遍適用的生命仰賴品，我們
不僅會威脅到其他一切傳統，最後還可能導致自己的滅亡。我們因
此提醒大家：務必要記得，我們建構世界的方式無不受到時空的制
約，無不是人際互動過程的產物，因此全都具有開放性[27]。在試圖
指定責任時，我們千萬不要一心圖謀「去惡反正」。自以為是總
與消滅他者攜手並行。

　　個人的自我認知（動機、人格、意圖、行動）是關係中
　　意義商榷過程的副產品。

在主張意義只會在語言與補充語言更迭相連的流程（emergent flow）[28] 中出現時，我們也發現，任何標記或描述自我的語言都是經由對話產生的。因此，任何意在描述個人心理世界——感知、記憶、情緒、慾望等等——的說法都是個別文化或某一歷史時期的副產品。自我——無論是指個人的群體認同，或指個人的自我認知——是從關係中產生的。對本書來講，這指出了一個重要事實：我們描述愛、悲傷或憤怒的方式，我們用以解說自己善惡意圖的語言，以及我們為自己的行動所搬出的藉口，這一切都是語言棋戲中的走子動作。與其說我們在此認為這類語言反映了個人的心理狀態，不如說我們更想了解這類語言在關係中會發揮什麼作用。如果我們根本無從確知個人的真實意圖、真實慾望和真實感覺，那麼我們轉而很想知道：如果個人在描述自己的感覺時（舉例來講）選擇使用「悲傷」或「失望」、卻未使用「惱火」或「憤怒」這類形容詞，那對關係會有什麼影響？同樣的，我們也想知道，如果仍然

27　原註：我們在此的立場和羅提的立場（Rorty, 1989）很像。我們和他都主張任何群體世界的樣貌無不受到時空環境的制約，進而建構了羅提所說的群體意識（sense of solidarity）。羅提和我們都試圖找到某些方式，可以讓具有不同論述資源的群體能在互動中共創意義；他和我們都想知道：扞格不入的群體能否對話協商？然而羅提認為，若要合作，不同群體首先必須「越來越能發現傳統之間的差異……並不重要，尤其比起彼此的相似點（如痛苦感和屈辱感）來講」（頁192）。我們則意圖避免把關係體成員的任何心理狀況——如痛苦和屈辱——予以普遍化、本質化。我們想要說明的是，不同群體如何在意義共創的對話過程中建構他們對「人性」的認知。我們希望藉此能使大家尊重一個事實：人的「思想溝通」（communion）恆受到時空制約、僅具因時制宜性和開放性、不會導致最終結論。

28　譯註：根據「人類藉行動之象徵意義以互動」（symbolic interactionism；見原註16）的說法，文化生活隨時刻都有質變的可能，每一次的質變都跟新共同理解或新象徵意義的「出現」（emergence）有關。

把意圖或行動的起源設定為自己和他人，這對關係過程來講會有什麼影響？在關係中共謀意義時，我們必須再三記住：個人的心理狀況也會在我們共謀意義的同時一再有所改變。

「自我是被建構出來的」這一觀念，讓我們更留意到：常見的對話作法往往束限了個人的自我認知；其中用以描述自我（或他者）的固定語彙，往往使關係中的個人生命也變得一成不變。這一點之所以格外引起我們的重視，是因為──正如前面提到過的──群體往往製造出根深蒂固的真實觀或善惡觀。我們經常看到關係成員擁有固如花崗岩的身分認同，也看到制裁方法因此被建立起來，用以懲處那些違背此種認同的人。種種的責難和懲處模式就這樣反映並維繫了被建構後一再被上演、長期不變、最終成為根深蒂固之傳統的關係組態。每一個傳統都讓人無從發現其他更佳選擇的存在。

正如自我認知乃透過關係而成形，關係本身也同樣是被建構起來的。

自我認知在關係中被建構起來，而關係則會在對話中不斷被創新。跟每個人的自我認知一樣，關係並不是自行存在的本然事實，而是對話的副產品。做為友誼、家庭、婚姻、團隊或組織中的成員，我們無法不和他人進行對話，也因此無從逃避一個共同責任：創造新的世界，使之大於或不同於個別自我加總而成的世界。在這麼說的時候，我們並非想用關係取代個人，而是想排除任何具有本質主義傾向的關係觀──這樣的觀念把個人視為行動源頭，而把關係視為應受檢視的外在事物（things or objects）。我們認為，之前

討論過的每一個關係概念——內在他者、相倚關係、群體間的關係、總體關係（macrosocial formations）——都是某種由歷史背景所催生或僅具局部適用性的意義形式。在受到這些概念的啓發後，我們把它們每一個都當成是語言棋戲中可以運用的走子動作；經由這些動作，新的世界觀、以致新的行動才有出現的可能。最重要的，一旦能明白行爲的意義是在關係中被建構起來的，我們就不會再那麼慣於把責任歸諸個人。

我們同時也發現，每當關係重新被建構而取得新形式的時候，個別成員的自我認知也會隨之改變、被重新建構。自我的建構和關係的建構是相輔而成的。我們如今可以相信：在持續建構關係的過程中，我們同時可以減少孤立感和疏離感。這點對共創意義來講特具意義。如果一有問題就只想找出犯錯者是誰，我們就會墜入「究責遊戲」當中，致使每個人都會想盡辦法來逃避責任和指責別人。然而，如果問題是**我們大家的**、是**我們**造成的，對話的性質就會變得全然不同，使我們願意以夥伴或盟友的關係來一起尋求解決之道。「我們」之間的對話不僅僅是語言遊戲；它還會形塑我們在他人面前的自我。

個人是重重關係的交會點。

讓我們在這裡區分一下**自我**和**個人**：自我是由關係建構出來的，個人則指個人身體。這可以使我們在談論關係時，把關係看成是個體共組而成的東西，同時又不會用傳統「自主之我」的觀念來看待這些個體。我們因此可以認爲個人是重重關係的交會點、在此時此地體現了過去的所有關係。常人在一生中會與數不盡的他

人結交關係；每個關係都會因地因時建構出一個世界，而這世界的出現通常並不會招來任何突兀感，反而讓人覺得順理成章。但是，一個關係所展現的世界，絕少會跟其他任何關係所展現的相同。有時候，重大的歧異會出現於個人所身與的各種世界觀之間[29]。任何穿梭於家人、朋友、情人、同事、師生等等關係之間的個人，都會把這些相異的、在許多方面可能互有衝突的存有模式用其身體呈現出來。

在兩人進入新的關係時，他們一定會運用他們從過往關係中取得的龐大資源，而他們各自運用的過往關係絕不可能相同。因此，任何兩人對話都會賦予善惡或眞實多重意義；也就是說，多重語彙在這關係場域（matrix of the relationship）中交雜了起來。在關係過程中某一時間點上被創造出來的意義，其實就是透過其他關係之間的一場獨特對話而產生的。但在這時間點上，許多潛在聲音——成員可運用，但對當時情況之發展無關緊要的聲音——會保持緘默。這些緘默的對話者隨時都準備進入互動場域中——他們守在一旁，或將出言貶損或表達憎惡，或將大聲讚揚或給予啓發和鼓舞，隨時都準備進入對話之中。

在廣義上，這也就是說：任何關係都是由與它交錯的其他關係建構而成的。因此，當人們相與對話時，他們創造了一種可能性，讓無數關係不斷融合成新的組態。我們不認爲正在進行的關係只是一連串外在因素——如經濟、居住環境、教育或政治——影響所致的結果。我們倒認爲，用來描述人際關係的一個有用定義是：可以讓範圍較狹隘及較廣泛的關係在其中交錯、進而被創新和被轉化的過程。在強調關係形成的過程、而非互動中的個體時，這個定義指出一個事實：在每個互動時刻，漸次擴大的重重關係連結會以錯綜

複雜的形式交錯起來。

　　這說法對我們所討論的「共創意義」來講十分重要，因為它再度強調：「究責個人」的作法——要求個人必須為所謂的品格缺失或邪惡意圖負起責任——不可能有任何成效。以做錯事為理由來譴責他人，只不過是對話動作的一個選項而已。我們在此希望大家把注意力轉移到關係形成的過程，在其中錯事無可避免會出現。這並不是要大家把責任推給這些過程（另一個「邪惡肇因」），而是要大家提出問題來探討：在關係中，某些意義是用何種方式取得可理解性和可行性的？這探討可以為關係中的我們提供新的施力線（line of action）[30]、解讀事件的新觀點，以及發展關係的新方式。

衝突和齟齬是我們在與他人互動中自然和必然會遇到的事情。同樣的，我們所做的任何好事和可貴之事，也必須在有他人存在的關係中才會發生。

　　現在看來，在關係中出現的所有干擾、胡鬧、甚至混亂，都不應被當做是不尋常、不正常或甚至無藥可救的問題，卻應被當做是編織文化生活的部分經緯線。由於個人存在於無數關係中，而每個關係本身又都由不同傳統組合而成，更由於這些傳統彼此相異的的語彙勢必會在單獨一場對話中同時現身——在這種情況下，如果還試圖求取和諧關係，我們將無可避免為這和諧付上昂貴的代價；

29　原註：參見 Billig et al. (1988)。
30　譯註：此為物理學名詞。

也就是說，我們勢必要大舉壓抑許多傳統。即便一個關係體能理解並認可關係中的某項行動，但這關係體的特有語彙卻未必能輕易穿越邊界、前往其他關係體的領域。即便在一個關係情境中能暢行無阻，這些語彙卻可能在別處闖出大禍。此外，由於任何行動都會面對無數聲音（也就是無數真實觀和善惡觀）的評價，我們可以說，幾乎沒有一個行動不會受到至少一套準則的責難。在一個看來和諧的關係中，隨時都可能有某個成員打斷對話來指責別人。因此，如果對話者僅因彼此無法溝通、意見不一，或無從順利對話而對關係感到絕望，這種絕望在相當程度上是沒有正當性的，因為溝通中的障礙或干擾本來就是事情的常態。從我們現在的觀點來看，所謂的良好溝通都是局部的，所謂的一致意見總是岌岌可危而不長在，而所謂的順利對話也經常不過是習慣所致的表象而已。並非每一起錯誤都需要有個犯錯者。

但還是讓我們探討一下衝突──只要有關係，就必有衝突──的積極面向。在某種意義上，關係中的衝突反映出每個對立者背後的更廣連結，把他們跟某個文化以及更廣大世界的重要關係呈現了出來。如我們在前面指出的，一個關係中的每個成員都是由他曾參與建構的所有關係建構而成的。因此，要能在當下關係中做出可被理解接納的事情，或能夠在其中感受快樂（比如成為相愛、相扶持、歡樂、好奇、冒險、性交、思想交流、或覺得生命具有意義），這些能力無不來自他人的存在。更廣義來講，在所有關係中，凡具生命力和價值的事情都可以被溯源到圍繞在個人四周的一切關係連結──現在的或過去的，真實的或感同身受的。

我們因此看到一個弔詭：關係不僅是衝突的起因，竟也是一切有活力和有價值之意義的來源。要求個人為他做錯的事負

責，不僅會遮住我們的眼睛、使我們看不到圍繞於某一關係四周、更廣更多的關係連結，也會使我們掉入「唯你我」關係論（relational solipsism）、亦即「除了我和你之外，別無他人」的思維中。同時，要別人為關係中的問題負起責任（「如果不是你母親……」、「都是這個破敗的社區……」、「如果你賺的工資可以養活……」），其實就是在抹滅其他關係對當前關係所發揮過的一切正面影響力。但這也並不是說，我們必須心有不甘地接受這個弔詭。我們反而要邀請關係的主要成員進入意義共創的過程，去探討曾經發生過的事情，以及為何這探討——其中每個迭接式的對話都可能帶來新的悟見以及下一個對話動作——不可能獲致最終結論。這也是在邀請環繞於四周的聲音進入對話，但並不至於使它們淹沒關係成員的個別自我。在探討原就存在於個人身上的種種聲音時，我們不否認一個可能性：我們可以把身懷各種聲音的個人視為一個單整自我。我們有必要把環繞當下情況的更廣大關係納入考慮，但不會預設這些關係會導致何種必然結果。最後，我們要提出勸言：不要以為，只要離開現場——丟下衝突的關係，去保護所謂的個人自由——就能迅速解決問題。自主行動意志根本不可能存在，因為在任一時刻，行動本身所含的意義早就載有他人的份量在其中。我們離不開關係，只能穿梭往還於關係大地。

真實觀和善惡觀一被確定，它們就隨之遭到解構。

照我們正在建構的說法，關係成員從其他關係那裡帶來了多套可被理解之行動的劇目。因此，我們在關係中用來賦意義於這些行動的語彙，必然是從其他情境挪借過來或撕扯下來，然後被塞進目

前對話之中的。在被輸入到目前關係的同時，這些外來語彙就披上了不同的意義。當它們不再停泊在先前的語言和行動上，卻被納入目前對話的時候，三種改變就發生了。首先，它們失去了原先的意義；也就是說，這些語彙失去了它們在原先情境中所具有的明確意含。「民主」這個名詞在中學公民課裡的意義，不會相同於它在波士頓某選區或底特律某一移民群聚社區所具有的意義。其次（這點對我們的分析來講特別重要），意義在關係中會主動發生變化（proactive transformation），而這變化通常會以微妙的方式出現在不同說話者的發言中。如果一個上過公民課的中學生在餐桌上說他覺得他的家人很民主，他無異為接下來的對話和作法引進了一個具有無數可能含義的隱喻。「民主」的新見解現在成為可能；但如果父母當中一人否決了新見解的可能性，這否決的動作也會因此獲得新定義：原本的**權威**現在變成了**威權**。最後還有一種改變，我們稱之為溯及既往的改變（preactive transformation）：被引進新情境的語彙會回頭作用在原先情境的意義結構上。在「民主」一詞出現在家中餐桌上、被用來談論親子對話模式後，對回到課堂的中學生來講，這名詞的意義也隨之發生了改變。在語言滑出它原先的域界時，它同時也取得了變革的可能性。

這種情況具有許多含義。首先，困擾某一關係的問題不可能一次性獲得解決，而且無論我們如何遣辭用字或改變作法，這些都不可能是導致和諧或善意的最終關鍵。問題永不可能「一勞永逸」被解決掉；所有解決之道都是暫時性的，只能在某一互動時刻引人注意。同樣的道理，問題也並非堅如磐石、牢不可拔。今天被人視為不可容忍的行動，最終卻有可能被發現是進化過程的一塊墊腳石，甚至是使意義得以不斷重整的促因。因此，我們有強大的理由

來投入共創意義的對話過程。在其設計上，這樣的過程不僅會打破那些造成目前痛苦的互動模式，爲意義重整的輪軸添加滑動油，還可以──如果成效不錯的話──在廣大的關係光譜中蔓衍開來。

最後，如果關係有如可重複書寫的羊皮紙（palimpsest），我們還必須思考一下關係中未被全然擦除的意義遺痕（undertext）。當價值認知被運送到原始使用區以外的地方時，它們也把原關係中的殘留意義、碎片意義，以及這兩者的潛在影響力一起帶了過去。在這一切進入另一個場域後，它們會發揮擴充或調整的作用，致使這場域中的意義彩瓷拼圖自此不再擁有相同的組態。當這些外來語彙再度回傳到它們原屬的情境時，它們同樣改變了那情境的組態。只要時間足夠，以及雙向的漣漪式流動也達到充分程度，不同的關係場域就更能一起商榷意義。它們並不一定會同質化，但無論如何，原先遙不可理解的事情現在變得可被理解、有可能成爲眞實和當爲之事。在這層意義上，共創意義的對話作法可在不同關係體商榷意義時成爲居間的協調者。

用複數聲音從事探討，就是要轉變對話者彼此的關係。

最後的這個標題，一方面是要總結前面的討論，另一方面則是要更直接思考「共創意義」的對話作法會導致什麼樣的成果。如我們在此曾指出的，若能認知行動意義是關係體成員共創的，對話者不僅會把有問題之行動的起源移到個人之外，更重要的是這認知也會改變對話者的關係。到目前爲止，我們一直強調：自我和關係都會一再被重新建構、個人有無數聲音資源可以運用，以及每一關係體都容易執著於某種眞實觀或善惡觀。然而，一旦共同探索開始

進行，一旦每個對話者開始運用自己所擁有的各種聲音、並開始思考其他可能的意義，對話者之間的關係便會隨之發生微妙的轉變。這種轉變不單會帶來新的對談方向；更重要的，它還會改變對話者之間的對應方式 [31]。在一個對話者開始用新的聲音說話後，另一個對話者便會開始用不同的方式看待他，而新的共舞形式也就會自然呈現。例如：從權威位置移到提問者的位置，從信心滿滿變成有所猶疑，或從憤怒變成能夠理解對方，這一切都會使對方也改變自己的立場。變成提問者會使對方成為授權者；變得不再自以為是會使對方也變為如此；用理解取代憤怒，會使防備之心被善意取代。如能善加運用，共創意義的探索過程對每個參與者來講都具有潛移默化的影響力。

31　原註：參見 Burr (1993)，其中針對語言之運作如何造成對話者的位移有較詳細的討論（尤見頁 140－158 部分）。

第二章
以共創意義為方向的作法
Relational Responsibility in Practice

所以我尋找連結線，

就像在巨大波斯地毯上尋找繁複的紋理和色彩，

神奇、良善和愛之間的相似處，

願望、希望和夢想的共同點，

把我們編結在一起的光束，

輕聲傳頌「萬物一體」的愛之線。

　　　　　　　　——帕翠霞・喬布林（Patricia Jobling）

　　我們現在已經簡要說明了為何我們會提出「在對話中共創意義」的責任說，並舉出了許多可以推動對話的理論資源。現在我們要朝比較實際的方向前進：這些理論可以如何幫助我們在實際作法中共創意義？如果我們不以「個人」、而以「關係」去架構關乎自我或群體生活（social life）的討論、描述和解釋，有什麼事情會變得不一樣？以改變關係為導向的話，對話作法可以帶來什麼新的可能性？在強調這些理論和它們的實用性時，我們可以用什麼新的方式來談論自己、我們所擁有的關係、我們的群體生活、政治、政策以及教育？

　　之前我們提到，過去的個人主義認為關係是個人努力經營出來的東西，而且對個人來講具有束縛力。現在，在指出關係的進行就是共創意義的過程後，我們或許可以就此擺脫個人責任說的束縛，並可超越關係與個人之間的二元對立、不再認為關係是位於個人心靈之外的客體事物。我們認為，不僅個人不具有恆常的本質，關係也不具有這種本質。我們圖謀的是：在對話中創造契機，以利我們在這龐雜且不斷變化的世界中同行並進。把關係外在化（客體化），只會凍結對話。

　　卡莎‧波利特（Katha Pollitt，1994）曾經指出，生活在今天的世界村裡，我們必須保持彈性態度，知道如何發現可能的行動方式，而非只想知道如何具體行動。同樣的，我們在此並不想列出教戰守則、為個別狀況指定確切的技巧或作法。我們想做的是：向大家展示多種適合不同關係組態、用不同方式促成新意義出現的作法。在探索什麼樣的作法可促生意義的同時，我們也歡迎大家進一步提出闡述和新見。某些作法會短暫把自給自足的個人客體化、對之做出剖析，其他的則把個人「行動意圖」（intentionality of action）的實情呈現出來。然而，共創意義並不是要我們放棄所有以往的對談形式，而是要我們盡力謀取一種敏感度，以便能夠協助關係成員在對話時運用任何可能導向成果的描述方式、解釋方式或行動方式，但我們不可能事先確知哪種方式會在哪個時間有效。為求討論的連貫性，我們現在要把焦點放在一些對談作法上；這些對談作法都是從我們先前提到的之內在他者、相倚關係、群體間的關係、總體關係這些論述發展出來的。

用內在他者的聲音說話

　　在我感覺自己遭到親人或好友辱罵的時候，我往往不
會立刻發怒，而是進入「越想越生氣」的模式。我絕少
主動跟對方開口說話；如果不得不開口，我就用單音調說
出幾個最起碼的字眼來應付一下。我可以用這方法懲罰對
方好幾天。然而，只要對方──也就是我的沉默戰術的受
害者──指出「你現在的表演要比你父親的高明多了」，
我就會馬上破怒為笑。

　　我的朋友和我為這議題爭執不休。為什麼他不瞭解我
的邏輯？為什麼他會這樣冥頑不靈？為何他要堅持那些顯
然站不住腳的主張？一個星期後，我跟別系的另一個同事
也意見不合起來。他言語咄咄逼人，我則大聲用力跟他爭
辯。但我逐漸意識到：我現在正在辯護的主張不就是上星
期我反對的那些主張？現在我不正在以那個朋友的聲音說
話？

　　雖然在多數情況下我做事都很合情合理，但我必須承
認，我也往往小心過頭。我一直以來不斷抗拒我父親的聲
音，因為他凡事都把安全至上掛在嘴巴上。但現在我發
現，在跟我年幼的兒子講話時，我聽到的全是我父親的告
誡聲音。在聽到這些告誡時，我會試著用我母親的聲音去
鼓勵我的兒子冒險。

以上是大家都曾親身經歷過的一些時刻，在其中自我意識做

出極其輕微的位移而把別人容納進來——也就是說，在這些關鍵時刻，我們突然發現自己體現了別人。但我們現在要討論的倒不是這個，卻是我們當如何藉這種意識去發現新的作法、尤其那些可取代「究責個人」之傳統的新作法。我們雖可憑空想像可能的新作法，但更好的方法應是運用及延伸現有的對談作法。在試圖開啓內在他者聲音的努力上，許多現有的作法都成果斐然。現在，我們要如何使這些作法與我們所說的共創意義結合起來？

溝通分析師（transactional analyst）艾立克‧伯恩的早期著作（Eric Berne，1964）曾爲我們開通過一條大道。在伯恩的描述中，自我的國度住有許多居民，因此他爲治療師列出方法，教他們如何把這些多重聲音誘導出來。此外，論及病態相倚（codependence）的心理自助書籍（Beattie，1989；Mellody 等人，1989）則教導讀者如何安然穿越他們與其內心他者的種種對話。這些掀起病態相倚之話題的作者們「很了解一個人的內心對話就是他個人命運的塑造者」（Greenberg，1994，頁 29）。然而，雖然溝通分析和病態相倚這兩方面的文獻提供了許多具有說服力的譬喻，但它們的作法卻有許多問題。許多自助書籍常認爲：個人內心的雜異音具有污染性，必須被驅除，以便體現單一純粹的自我，因此治療的目的就是在控制或驅逐這些外來的聲音，以協助病人回復完全自主的狀態。但我們在此卻打算頌揚這些聲音，認爲它們可把個人行動之負責者的範疇擴大到眾多他者的身上。

大衛‧埃普斯頓（David Epston，1992）以及卡爾‧湯穆（Karl Tomm，見本書第十二章）的治療作法也都在探索內化的他者，因此更合乎我們的想法。在他們的作法中，案主被要求用各種方式來探索那些源自先前關係、現在居住在他們生命裡頭的聲音。這樣的

探索使案主在面臨困境時，能一方面認出、另一方面正面看待那些往往相互衝突的意義。例如，被內化的好友、親人或同事的聲音可能會支持及鼓勵個人去做出不當的行為，但這人同時會因有所躊躇而發現另一些聲音（朋友的、親人的或競爭者的）在批判這個行為。第三種聲音則建議他去尋求另一個選項；由於他認為這聲音被歸諸一個內化他者、而非他自己，因此他願意較客觀地評估它的建議。埃普斯頓和湯穆認為，把這些迥異的意義表達出來，可以協助案主認知他們自己具有複調性。這複調性並非人格缺陷，卻是對生命有益的資源。案主可藉此找到方法來出入於不同的身分，並能夠在關係中找到新的行動方向，因為他們認知到：這些自我全都分別受到某種關係的認可。

　　埃普斯頓和湯穆的探討可以充分應用在共創意義的對談上。試想一下某些究責的情景，在其中大家把家庭或公司／機構的問題歸咎於某人的暴躁脾氣、冥頑不靈或冷酷苛刻。大家都急於斷定什麼人有錯；即使不去懲罰那個人，也要大大糾正他一番。然而，我們或可自問：在那些情況中，透過那人說話的是什麼聲音？母親的？父親的？還是個性跋扈的哥哥的？那人身上的哪個聲音會認為這些行為非常可取、代表剛強獨立的性格？如果能認出這些聲音，我們就不可能再去單單譴責一個所謂的自主個人。甚至在進一步觀察後，我們還可能發現：這人身上也帶有一些無法接受並譴責他那種行為的聲音。一旦察覺這些質疑聲音的存在，我們就更不可能動輒歸咎個人。最後，如果有機會，我們甚至還會發現，那人身上另有別的聲音，也就是那些看出其他可能性、因而勸他改採其他行動的聲音。這些聲音極有可能會使關係朝新的方向發展起來。

　　另外，潘恩和法蘭克福的書信療法（therapeutic letter writing；

Penn & Frankfurt，1994）對我們來講也非常重要。依據巴赫金提倡的對話精神（dialogism；Bakhtin，1981），他們主張他者是自我建構中不可或缺的元素。「聲音……具有誘導功能；它不會就此罷休，卻會等候回應。它把他者請進我們所稱的對話空間裡」（Penn & Frankfurt，1994，頁222）。藉由這些觀念，潘恩和法蘭克福發現：在案主寫信給內心他者的時候，不同聲音便被請進了治療性的對話中。由於書寫的節奏慢於說話的節奏，書寫可以為敏感度及反應方式的深度化（thickening）及多層次化（layering）騰出空間，使案主得以用多種角度來詮釋自我、他者和關係。書寫「鼓勵我們發展出許多可用來詮釋經驗的方法」（頁230）。它也鼓勵案主去把原本沉默的聲音納入考慮，視之為可增進關係的可能資源。這種作法也可延伸到個人以外的範疇——例如，在職場裡，管理階層可以在假想中撰寫書信，以公司或機構平常聽不見、但對它們來講非常重要的人物（家長、輔導、鄰里、公民團體、客戶等等）為對象。在這麼做的時候，那些他者便成為機構情境的一部分，因而有力擴大了決策影響所及者的範疇。

這種寫信的作法可以發揮一個重要功能：讓人注意到自己的聲音會受到收信者之身分的影響。我們的行動總會以他人或某些特定閱聽者為對象，而同時我們為特定閱聽者所打造的訊息又會回頭來形塑我們的自我。因此，一旦知道我們所針對的閱聽者只是眾多閱聽者的一部分，我們便會試用各種可能的方式來強化我們的敏感度，去感知潛藏於我們內心的所有可能的聲音。試想有對夫妻為了某個問題爭持不下。如果他們兩人能分別想像自己在未來或過去跟另一個人（好友、親人、同事）談論現在的爭執，他們當會如何互相對話？事實上，只要一想到「我要如何跟他們談這事情」，他

們兩人都會立即換上不同的聲音，而他們用來描述事情和採取行動的方式也會隨之改變，因為他們為自己找到了新的說法和立場。此外，由於他們為其他聽者改變了描述事情的方式，此刻的「困境」相對來講就不會再顯得那麼無法忍受。這一對曾瀕於大戰的夫妻如今發現，他們曾多麼自以為是地限縮了用以描述和解釋事情的語言，因而多此一舉地築起一道困住自己的高牆。

　　大衛・庫波里德的研究（David Cooperrider，1990）也與此有關，但著重在企業機構的發展上。他認為：在試圖解決問題時，多數企業所採行的對話途徑都把重點放在問題上，也就是只試圖找出問題的原因並提出改善計劃，以致對談中所使用的語言實際上都繞著企業的不足之處打轉。他指出，企業員工的內心事實上會同時擁有欣賞的聲音；也就是說，他們對企業、同事、以及企業的種種政策也可能抱有正面的看法。在協助企業處理問題時，庫波里德會挪開「解決問題」的語言，改以面談或小組討論的方式來誘出欣賞的聲音。在員工描述那些好的作法時，不僅問題開始得到了「化解」，衝突也常被更融洽的同事關係取代，而大家也會開始對企業的未來充滿具體美好的想像[1]。

　　庫波里德對於正向聲音的強調（1996）不僅適用於企業。就我們所批判的「究責個人」的傳統來講，我們認為：在鄙視許多行為之際，我們其實也可能對它們抱有讚賞的聲音。如能取得這些聲音，我

1　原註：在 http://www.serve.com/taos 網站上，致力將社會建構論應用於組織作法及治療作法的陶斯學院（The Taos Institute）提供了一份書單，可協助我們進一步了解如何使組織成員對組織的未來抱持希望。（譯按，此一網站似已不存在，但讀者可進入陶斯學院的總網站〔https://www.taosinstitute.net〕，並在該網站中找 Resources，按下後就可看到陶斯學院提供的書單。）

們會發現這些行動也具有可取面向，因而可以開通新的對話渠道。我們會發現粗魯其實是果敢、敵意其實是直率、賊其實是叛逆體制的人、偏離正道者其實充滿了創意或勇於冒險。這樣的知覺也會讓我們發現別人同樣擁有複調性。一旦我們的衝動反應不再是指責他人，我們就能拓出足夠的空間，使他人不再用敵意或防範之心來回應我們。所有這些聲音都可以在關係中減弱苛責和對立的態勢。

最後，我們可以從蒙尼・艾爾肯論治療作法的研究（Mony Elkaim, 1990）獲得啟發。艾爾肯建議：在案主描述問題時，治療師必須傾聽自己心中的回應並自問：這人的描述會使我做出何種回應？他的描述是要我用父親、敵人或仰慕者的身分做出回應嗎？艾爾肯認為，要打破長期存在的關係模式，治療師應該避免採用案主所預期的回應方式，卻要探索存在於自己心中的其他聲音。他不應強化或延續那些運作已久、甚至本身就是案主心理困擾之成因的關係模式。

在相當程度上，艾爾肯的主張同樣也能協助我們推動共創意義的對話關係。有時，我們會和蠻橫無禮或充滿敵意的人發生衝突，進而受到一股強烈衝動的驅使（這衝動也是由沾沾自喜的義憤之心煽動起來的），恨不得去攻擊或糾正對方，而其結果當然是可以預期的：我們竭力擺出的姿態更加挑起了對方的敵意。在發現自己已走上一條崎嶇之路、但仍有一整個倉庫的不同聲音可以運用時，我們能否找到別種方式來回應他人的錯誤？舉例來說，在面對攻擊時，我們能否想像自己在出言回應時把對方當成值得被愛、被重視、被尊重的人？我們能否讓對方跟我們一起合作，為他在目前狀況中的「成功」創造機會？我們能否促使他跟我們合作，把我們想像為具有善意、願意關心和幫助他的人，同時也把他自己想像為

重要且受尊重的人？唯當我們能察覺這些可能性的時候，關係才有可能獲得轉化。

有極為豐富的資源可以幫助我們思考及發現內在的聲音、以便在對談過程中共創意義。以上的討論，其目的並不在列出各種相關技巧，而是在簡要解釋及描述一些可誘出內在聲音的對談作法。我們不僅能夠、也必須增加這類作法。舉例來講，「被消音的對話者」也是一個非常吸引人注意的譬喻，以致我們很想針對任何「究責個人」的情境提出以下問題：在接下來的對談中，誰被消音了？在指責個人的時候，哪些聲音遭到了打壓、被阻擋在外？其原因何在？在指責別人的時候，我是否想遮蓋自己的錯誤？或者，當我攻擊對方或說謊時，我想禁止的是誰的聲音？我想打壓的難不成就是我質問自己的聲音？找出被消音的對話者，也能讓我們發現新的對話途徑。

我們發現，另一個有用的作法是分析那高高在上的優勢語言。例如，我們可以問：為什麼這個發出評斷和責難的聲音會主宰對話？為什麼比起其他的聲音，這個聲音會如此引人注意？在和這個優勢語言站在同一陣線時，誰會得利、誰會不利？藉著這樣的分析，我們也能開啟新的探索途徑。

打造相倚關係

　　他是一個如此陰鬱的老人；坐在他旁邊的是伴著他長期受苦的妻子。她抱怨說，他患慢性憂鬱症已經超過十年

了。我們邀請他一起到海邊散步。他遲鈍緩慢地走著，肩膀佝僂，頭臉垂向沙灘。但當我們邊走邊談海邊的風景、個人關係和政治議題時，他的臉開始發亮了起來。他會不時表達意見，我們則在旁聆聽（並且回應）。不久，我們來到沙灘的末端，也就是眾多裸浴者可以安心群聚的地點。我們走近時，他的聲音變得越來越生動，步伐也越來越輕快。在我們打算往回走的時候，他對我們講了一個有趣的故事，足以證明了他依然充滿活力！然而，當我們往回走向沙灘另一端時，他又開始沉默寡言起來，腳步也變得越來越沉重。當他最後沉坐下來，了無生氣地坐在他妻子的海灘椅一旁時，他又成為了「他自己」。

我們在介於法國、義大利之間的一條斷崖公路上開車，雨下得很大，駕車狀況十分危險，使得我們兩人都繃緊著神經。我的妻子開始加碼批評我那不算頂好的開車技術，令車內的氣氛變得愈來愈緊張。不久，我們除了害怕路況之外，還害怕我們自己會先造成意外。我們因此決定改變兩人的對話方式：與其認為這是「我在開車」和「她在批評干預」，我們決定一起扮演這兩個角色，也就是說開車者是**我們**，批評者也是**我們**。她變成看路的另一雙眼睛，我則拿出自我批判的精神來開車；結果，剩餘的路程不僅變得輕鬆起來，也使我們對彼此的關係感到十分自豪。

我每天的生活重心就是觀察我的幼兒在錯誤中學習說話和學習生活技能。有天下午，在我們一起玩遊戲的時候，他轉臉看著我問：「媽媽，我們很快樂，是吧？」對他來講，快樂時光是我們共同創造出來的。

　　我們是在讀研究所時認識的，後來又成為同一所大學、同一學系的教師。我們開始暗地裡互相較勁起來──雖然明顯較勁的情況並不多，但每當一個人較少拿到邀請或獎項時，另一個人就經常代為表達失望之情。多年以來，這種競爭為我們的交情製造出很大的裂痕。只要一個人提到論文草稿或會議論文，另一個人就會覺得對方想把自己比下去。在察覺這種對話方式如何傷害了我們的關係和我們各自的自我認知後，我們創造了一個儀式：一旦我們的談話帶有較勁意味，我們便立刻制止自己並大笑著說：「我們很會競爭！」由於能夠如此坦白並覺得坦白就是一種成就，我們終於可以從某種有害無益的局面中脫困而出。

　　這些場景的描述都與相倚關係有關。為讓大家了解對談者如何共創意義，我們現在把討論的重心從個人資源轉向關係資源，用關係論取代個人責任說，並將注意力放在關係如何形塑個人不當行為的問題上（也就是探討關係成員如何互相形塑彼此的行為）。在現有的作法研究中，我們再度找到許多具有啟發性的例子。

　　米蘭小組（Milan Team）的治療性對談──玻斯柯羅（Luigi Boscolo）等人曾為這些對談詳做摘要過（1987）──很早就遠近聞名，因為在重大意義上，這個小組指出了一個事實：家庭中的個人問題是由家庭關係製造出來的。他們的作法讓我們看到，一般被溯至個人動機的行為，都可被重新構想為關係的產物。「循環詢問」（circular questioning）──尤其針對關係提出問題──往往就是達成這種重構的重要手段（Palazzoli et al. 1978）。由於不認為家庭成

員對事況的描述（例如「我丈夫從未接納過我」）——會像相片一樣寫實，或接近事實到可讓治療師發現「待解決的問題」是什麼，米蘭小組設計了許多問題，讓個人說法得以嵌入關係脈絡中。透過循環詢問——你丈夫在哪些時候最不可能接納你？他有接納你的時候嗎？在這些時候，你通常在做什麼？如果你知道他打算不理你，你認為你有辦法事先阻止他這麼做嗎？——「不被接納」的簡單說法得以被嵌入錯綜複雜的關係經緯線當中。在這情況下，「不接納妻子」的原因和動機就會從丈夫那裡轉移到兩人的互動模式上 [2]。接下來，透過一連串的同比（comparison）和對比（contrast），家庭成員會在不知不覺中把其中一人有錯的說法轉換成複雜的互動故事。

要把重心從個人移轉到關係，循環詢問並不是唯一（或最受重視）的作法。我們發現著重互補模式（patterns of complementarity）的作法特別有效。互補模式是指在關係中互相誘發、授權或支援的相應行動，其中最常見的就是攻擊／防衛、憤怒／憤怒、指責／回罵等等。如能知道這些模式就是共舞的姿態，我們才會樂於在這共舞過程中發現可以帶來更好關係的新舞步。例如，企業主管或許為了屬下不合作而大為光火，但只要他能察覺自己的領導作風十分霸道，他就有可能轉去對屬下的抗命報以掌聲、視之為合理的互補行動。他的領導風格使抗命變得可被理解，因為屬下的抗命反映了他的領導作風。一對夫妻或許可以討論：當其中一人的做事風格不斷使兩人發生齟齬的時候，另一個人為何總在扮演反派角色（囉嗦、吹毛求疵、歇斯底里、苛責）？答案是：如果前者夠能幹，後者就不會去扮演徒勞的苛責者角色；也就是說，也只有在對方表現欠佳的情況下，苛責者才會自覺有權（獲得授權）去張開

他（她）的烏鴉嘴。我們必須尋找方法，來促使關係成員願意討論彼此的互補行動，以便啟動共創意義的對談模式。

　　在有關的研究中，皮爾斯及克羅能（Pearce & Cronen，1980）從關係的角度出發，對當事人不樂見，但又不斷重複的互動模式做了一番說明。他們指出，在關係中，每個成員都可能不樂見某種行動（敵意、暴力）的發生，反而渴望彼此的關係可以轉好，甚至還會記錄自己為改善關係曾經做過的努力。然而，儘管每個人都為這渴望付出努力，他們不樂見的模式還是再三發生。有趣的是，被皮爾斯及克羅能研究的每個人，都把他們無從掙脫模式的責任推到他們伴侶的身上。然而，皮爾斯和克羅能卻很有說服力地指出一個事實：這些看來無法掙脫的互動模式其實是互補行動造成的。哈里斯、格根和藍納曼（Harris，Gergen & Lannamann，1987）曾為說明這一點談起一個案例。有一個男人，他只要稍稍批評他的妻子，後者就會立刻搭起舞台來上演她的「自然反應」，以示懲罰。但在丈夫的感受中，她只懂得用無中生有的謾罵來懲罰他，於是他就講出更刻薄的話來。在這情況下，他的妻子反而變成了令他惡言報復的禍首。兩人就這樣沒完沒了，直到丈夫終於發現「任何一個正常男人在這種情況下都會做的事情」就是使用暴力。兩人都不想動粗，兩人都很後悔，但一旦熟悉的互動模式上了路，兩人就再也無法避開衝突升高的局面。

　　這方面的研究對於實際對談顯然具有重要意義。對專家來講，

2　原註：湯穆（Tomm，1985）和潘恩（Penn，1985）對米蘭小組的循環詢問技巧曾發表過評論。

衝突不斷的互動模式其實可以搭建一座對話舞台，讓關係成員在這
舞台上發現：他們的行動會不停迭接互應，而他們各自認為有理的
行動也將一起構成兩人互動的尋常模式。這樣的認知可讓關係成員
轉去關注一件事情：他們當用什麼方法採取「不自然的行動」，也
就是如何跳脫「自然的」行動鏈鎖互應模式，以便破除這互應模
式的魔咒？不自然的行動可以極其簡單，例如把對話轉換為反思對
話（metalevel conversation），由兩人中的一個先問對方「我們為什
麼又在做相同的事？」或者「這是我們想要的方向嗎？」一旦能展
開這樣的對話，關係成員就能跨步離開那徒使關係更加惡化的鏈鎖
反應、進入更能帶來希望的對話模式。

　　皮爾斯和克羅能也為我們提供了進一步的介入方法。他們觀察
到（Pearce & Cronen，1980）：對話者在衝突發生後常會用故事來
美化這些衝突。在說故事時，他們認為自己的行動與他們從其他關
係和社會文化取得的價值認知是相符的。對話中的一方也許會說：
「我個人並不贊成這種暴力。我父親是個兇狠的人，但由於我母親
不敢對抗他，我也無法尊敬她。我不想過她那種生活。」通常，每
個當事人都會用這類故事來合理化他（她）自己的行為。對實際
的對談作法來講，這意謂我們可以啟動進一步討論，去探討那些取
自其他關係、支援雙方不樂見之互動模式的價值認知；也就是說，
我們必須把注意力放在容許無理性行動發生的深層心理邏輯上。一
旦對話者能發現對方的行動在其世界觀中是可理解和有意義的，對
話的重心及「無理性」一詞的意義都會變為不一樣。與個人起衝
突的也不再是「邪惡他者」，而是某種被揭發出來、但可經雙方商
權過程獲得改變的心理邏輯。關係成員因此可以脫離不斷重複的互
動模式、轉去建構新的關係形態。

　　更概括來講，在相倚關係所造成的衝突困境中，當事人可以想像一種對話模式，在其中「獨立個人」的感覺被「我們」這個用詞完全取代：「我們專心聽著」、「我們在乎彼此」、「我們上次的爭執很有意義」、「我們的對話無助於我們的關係」。蕭特在提議這樣的對話模式時指出（Shotter，1984），一旦「我們」成為了對話中的實際主詞，當事人就不可能再念茲在茲想搞清楚個人的意圖、動機或責任。皮爾斯也曾描述過一種對話姿態（Pearce，1993）：把重心放在如何協調行動，藉以建立更充分的連結感。他說：「在這姿態中，人會思索並想知道：如果我們創造了這個或那個對話模式，我會變成什麼樣的人？」（頁 80）。

　　皮爾斯在別處（1989）把這偏重相倚關係的對話模式稱為「有世界觀的溝通模式」（cosmopolitan communication）[3]。他認為，「要能進入這樣的溝通模式，我們在努力商榷意義時絕不可做兩件事：（一）否認……『其他』思維方式也可能具有邏輯性；（二）輕蔑或對抗『其他』具有邏輯性的思維方式」（頁 169）。如能記住皮爾斯的這個說法，在參與種種關係時，我們就能用共同成就的說法來取代個人行動意圖的說法。

3　譯註：皮爾斯把溝通模式分為四種：monocultural（單一文化式的；不接觸或不接納其他文化，認為每個人都應擁有相同意見）、ethnocentric（族群對立式的；強調「我們」和「他們」的相異之處，以凸顯「我們」的優越和「他們」的不如）、modernistic（現代式的；認為人人不同，但願意吸收或納入他人的觀點或作法），以及 cosmopolitan（有世界觀的；認為大家既具有共通點、也彼此迥異，在溝通時必須用對方的價值觀來了解他們為何與我們不同）。另參見 https://www.youtube.com/watch?v=HvME-Y5A3Og（Barnett Pearce on Coordinated Management of Meaning）。

把各種關係世界召喚出來

在跟其他夫妻往來的事情上，我們兩人現在變得非常謹慎。珊卓拉和約翰每回吵架都會跑來告訴我們，而我們選邊站的結果是我們自己開始互看不順眼。弗來德和南西看來很恩愛而且時時曬恩愛；但我們很快就發現，只要跟他們在一起，我們便開始懷疑自己是否也那麼相愛，因為相較之下，我們的感情顯得有點平淡乏味。唐恩和羅妲為大家的談話設下許多限制（不准談政治、抽象觀念、八卦等等），使我們很快就悶得發慌、直想拔腳離開。我們回家後，只要一個人說了什麼沉悶無聊的話，另一個人就會語中帶刺地做出回應。選擇了什麼樣的朋友，似乎就塑造了什麼樣的我們。

身為年輕教員，我時時刻刻都覺得自己忙得分身乏術。我似乎扮演了許多角色：依賴獎學金的博士生、教師、委員會的委員、家庭的一份子、別人的朋友、大學教師社團的成員等等。我開始無法承受時間不夠所導致的種種衝突。寫論文的時間跟委員會開會的時間起衝突，家人的需求腰斬了備課的時間，獎學金的規定使我找不出時間來維繫友誼。但這樣的生活終於有了轉變。有一天，學校的行政主管告訴我，他非常滿意我為教師社團所付出的努力，而且他認為我的努力有效運用了我正在論文中闡述的理論。他的話奇妙轉變了我對自己的看法；我開始發現，原本不相干的活動事實上互相緊密相連，每個場域都支援

了其他場域，每個關係都充實了另一個關係。

不久之前，我被邀請去主持一個討論會，參加者都是在社區衛生所工作、但彼此極為不睦的專家。討論一開始，我就要求他們描述一下為何會選擇這工作，並要他們簡介自己跟工作有關的背景和興趣。在他們自述故事的時候，你可以發現房間裡坐滿了各類「專業領域」的代表，而每個領域都對社區衛生服務、其宗旨和理念付出過極大但又極不一樣的努力。後來，當論及成員的決策如何反映了他們各自所屬的領域、又如何反映了這些領域各自對衛生所整體作業所持的期望時，敵意開始消退，主導衛生所作業的那批人也看來不再是一群壞蛋（專做愚蠢和自私決策的人），而是一群用專業觀點試圖做出最好選擇的人。在做出最好的選擇時，他們的目的無非是要推動衛生所的整體發展。離開討論會時，我感到十分開心。

我們現在把重心移到群體間的關係上，想要探討的是：當我們把對話範疇擴大到不同群體的關係時，共創意義要如何進行？一旦認為有問題的行動並非源自個人意圖所致的結果，而是關係組態（或不同群體之關係）的呈現，我們就能在「歸咎個人」的膝反射動作之外發現其他可以選擇的對話動作。為了使這個以群體間關係為重心的主張成為實際作法，我們要再度倚賴現有的資源。

我們首先要討論的作法，可以使人在詮釋所謂的壞行為時，能站在授權它發生之群體的立場上來理解它。「我可以用你所屬群體的立場來了解你的行為嗎？」傳統的「角色扮演」（role-playing）作法——舉例來講——或許對此很有幫助。如之前概述過的，我們

每個人都攜有許多由關係建構出來的意義或價值觀，其中某些會對我們公開嫌惡的行動報以掌聲。我們也許認為那些拆掉消音器、開車呼嘯而過的青少年十分可惡，或急於聲討他們任意污損他人住宅或把啤酒罐亂拋於路旁的行為；但在沖天怒氣中，我們也有可能正在潛抑此時被挑起的某種記憶、不願想起自己年少輕狂時的種種胡作非為。那些在兒女做錯事後、不得不站在告誡者立場的父母，尤其無法回憶起這些被潛抑的往事，就像他們的兒女不可能想到成人責任一樣——這種責任可是青少年從他們年齡層的文化氛圍那裡根本吸收不到的東西。治療師、心理輔導師、或家庭友人都應該鼓勵父母及其子女一起去探索「敵人」所屬的關係世界。

同樣的，我們也可以把未現身在舞台上的群體召喚出來；也就是說，我們可以藉各種作法使不在場的群體變為鮮明突出。我們可以鼓勵對話者去思索並指出誰是他們的授權者；換句話說，在他們參與此刻的對話時，有哪些他人是他們的後盾？接下來的對話通常就會把他們所屬群體的見解和價值觀呈現出來，而每個對話者背後的授權者往往是好幾個群體或好幾個人。藉由這種方式，對話者開始越來越能了解他們的對話為何充滿了錯綜複雜的張力，並開始發現他們目前的緊張關係也是關係的產物——需要為之負責的不是個人，而是由他們各自所屬群體之間的互動所導致。某些企圖達到類似目標的諮商師會在對話場地放置一張椅子，用以代表那些未現身、但與目前議題有密切利害關係的其他人。

除了把外在群體召喚出來外，另一個途徑是藉社會文化內互相衝突的群體來解釋兩人的衝突。在把兩人的衝突看做是不同群體間關係的呈現時，究責個人的情形就會大為減少。雙方會不再互相指控，反而發現自己不過是受到外在力量擺布的木偶、把群體間的敵

對關係上演了出來。社會文化慣於把群體個人化的情形也早爲這種對談作法搭好了舞台。舉例來說，論及兩性差異的暢銷書——如黛博拉‧譚能（Deborah Tannen）的《你就是不懂》（*You Just Don't Understand*；1990）和約翰‧格雷（John Gray）的《男人來自火星，女人來自金星》（*Men Are from Mars, Women Are from Venus*；1992）——實際上就是用不同群體間的關係來解釋個人之間的衝突。把對話從個人之錯轉移到引起問題的群體差異，這個作法可以使話題轉移到外在的文化議題，也使個人有機會反抗常態角色而「成爲例外」。

在召喚未在場群體的作法上，湯姆‧安德生和他的同事進一步採用了一個有趣的方式（Andersen，1991）：在家庭治療中，他們讓外在群體眞正現身於問題情境裡。他們會先邀請一組人來觀察治療的過程，然後在某個時間讓這些人出現在家人面前、對後者談論他們所聽到和所看到的事情。在這觀察小組說完他們的看法後，就輪到接受治療的家人來談論他們所聽到的事情。這個從安德生口中之「傾聽位置」（listening position）轉換到「反思位置」（reflecting position）的作法會在每一節治療中發生，不僅能把新鮮的聲音和原本不曾出現的觀點帶到治療性對談中，更重要的是，它還能使家人發現他們的家庭問題是由家人一起建構起來的、而非由個人造成的。此外，安德生發現：家庭小組會頻頻邀請外來小組直接加入對話，結果，家人越來越覺得自己是一家人。

如我們之前說明過的，只要能知道個人行動事實上是由眾人所授權，或事實上呈現了不同群體間的關係，我們就不會再堅持向個人追究責任。然而，這時也有可能出現另一種結果：我們很可能轉去對某個群體大加撻伐。我們很可能下結論說：「無可救藥」的

是那一整個群體、包括其中每個人在內。在這時候，我們必須在作法中轉移焦點，設法讓互相衝突的群體價值觀進入協商模式，好讓說話者在敘述事情時能激起對方的興趣、而非招來對方的盤詰，並使價值迥異的兩個群體更能和平相處。

美國麻薩諸塞州華特鎮市（Watertown）的公眾對話推動專案（Public Conversation Project; Roth 等人，1992）為我們提供了一個有用的對談方式。針對那些足以影響整體市民的議題（例如墮胎和同性戀），「對立」團體在這推動專案中所使用的對話方式——在我們看來——非常符合「共創意義」的精神。為增進對話效果，大家事先訂定了一些規則：給予每個發言者充分的發言機會、不准任何人打斷別人的發言、不准任何人用輕蔑言語評論別人的說法等等。此外，每個發言者都可以用個人故事來說明自己的意見，使他對議題（如墮胎）的想法更形具體並帶有個人意義。當一個女性發言者解釋自己曾遭人強暴而有過墮胎經驗時，對立的那方就不可能認為她的攻擊是出自什麼抽象信念，反而會認為她在分享她的生命經歷。

但是，除了對話者不具攻擊性的個人故事外，還有別的因素也能使這些對話看來頗具成效。在回答完自己跟這議題有何個人關係後，每個對話者另需回答兩個問題。第一個問題是：為何他認為這件事情非常重要？為何他認為自己有必要參加這議題的討論？第二個問題是：他對議題的模糊或灰色地帶有何看法？通常，對話者都會接受對方所陳述的動機（例如「我認為這能改進大家相處的模式」）。同時，在向對方說出自己的意見還不算明確的時候，兩個群體會開始用自承弱點的方式取代攻擊的姿態。藉著各種其他方式——用個人故事來顯示每個人的意見都有其正當理由，並在架構

對話過程時確保每個人的發言都能被人聽到——這個專案創造了較不易導致衝突的對話情境。分別擁護「墮胎選擇權」（prochoice）和「生命權」（prolife）的兩個群體就此可以放下「不是你死，就是我活」的敵對姿態，轉去探討雙方是否也可能擁有共同想法。

在體系大鍋湯中游泳

在這義大利城市裡，幾乎每樣事情——交通、警察、環境衛生及電力系統——似都功能不彰、運作散漫。我的義大利朋友做出如此的解釋：「大家都不繳稅；由於許多人想盡辦法逃稅，市政府根本沒有經費來改進這些方面的市民服務。」我立刻對市政府這種不負責任的態度深表不滿。我的朋友繼續說：「他們之所以不繳稅，是因為有太多非常腐敗的政府官員。」我的不滿轉移到了政府官員身上——他們怎麼可以那麼不負責任？他解釋：「他們之所以腐敗，是因為有太多、太多的人獲得酬庸或收取賄絡，包括政客、商人、甚至犯罪組織在內。每個人都滿載而歸，而且再分贓給他們下面的人。」我不禁歎氣：當大家都能從原本該為他們服務的無能體系撈取好處時，有誰會受到懲罰？

附近社區的一家速食店最近歇業了。由於這速食店是黑人區內少數會雇用年輕人的地方，我問老闆為何要歇業。他抱怨說：「我店裡大部分的工作都找不到受過充

分教育的幫手，而且偷竊之事又時常發生，我撐不下去了。」我於是想到去年有份關於本市教育體系的報告，也想到大部份青少年事實上很少上學讀書。那份報告認為，教育成果如此差勁的原因，是青少年普遍缺少安定的家庭生活、因而得不到學業成就所需的支持和引導。但社會學系的一位同事解釋說：家庭生活之所以不安定，是因為一般男人的教育程度低得找不到工作。使情況更加惡化的是，一般大眾根本不大關心有人生活在那樣的生活環境中，除非他們自己成為了那環境所造成之犯罪事件的受害者。在這種時候，他們想到的也不過是要求政府設置更多警力和監獄。

教師們說行政單位無能；行政人員說，阻止他們回應教師需求的是學校董事會；學校董事會說，州政府要求他們必須互爭有限經費的項目（福利、教學等等）當中做出妥善分配。州政府則必須回應保守派選民的託付──後者一方面要求公立學校維持便宜的學費，另一方面又要求州政府廣泛提供擴大社會福利的項目。許多家長和學生都抱怨公立學校的學費不比私立學校便宜，但也非常同情薪水不高的教師們（雖然也有其他人認為大學教師在象牙塔中過著非常舒適的日子）。

這些生活剪影把我們的注意力轉移到文化生活的整個場域。我們在此要探討的問題是：無限延伸的場域會如何影響其中最小單元的行為？任何看來獨立存在的現象（個人行為、家人互動、社區行動等等），莫不是凡可能存在之世界的組成元素，但，我們卻

無法從「凡可能存在的世界」來找出行動的起源；在面對「萬事互相效力」（everything is related）這個事實時，我們頗有無能為力之感。因此，我們在此僅能請大家想像：我們手上握有各種把關係分門別類的方法；我們可把它分為個人、夫妻、家庭、社團、公司或機構、國家等等。另外，我們還要請大家想像這些單元也互有關係：夫妻和雙方的原生家庭（extended family）、家庭和社區、社區和地方政府等等。

當我們從這廣大場域一一列出成雙關係時，新的問題和新的探討方向也會隨之出現。家庭生活怎麼會跟地方政府有關？社區行動怎會跟國家政策有關？個人行為怎麼會跟國與國的經濟關係有關？事實上，每一組關係都會使我們的話題或探討方向往外圍移動。在擴大關係場域之際，我們會越來越發覺巨大體系內所發生的一切事情是密切連動的。最重要的是，一旦我們能想像上述概念性單元會連結出各種世界時[4]，新的對談作法就會出現，讓我們可以用之取代究責個人的傳統作法。

就最初一層的關係組態來講，讓我們思考一下莫瑞・鮑文的早期作法（Murray Bowen，1965）。在用強調關係的家庭治療取代個人心理治療的對談作法上，鮑文是位核心人物。他很早就放棄了以個人問題為主的治療方式，不僅用家人對談方式取代之，另外還妥

4　譯註：此處原文為 as we come to appreciate the worlds produced by these various conceptual connections，其中 conceptual connections 是指不同概念間的關係，而概念在此即是上段所提到的分類單元（個人、家庭、社區、國家等等）。根據西方認知科學的說法，概念的形成乃來自人類與生俱來的的分類能力。參見 http://www.indiana.edu/~pcl/papers/concepts2012.pdf 網站〈Concepts and Categorization〉一文。

善安排其他相關人物參與對談。就家人參與來講，他首創了一個不尋常的作法：讓思覺失調症病患的家人跟病患一起住進醫院。在治療的時候，鮑文不僅請來病患的家人，也請來醫護人員和其他重要相關者。在許多治療對談中，家人、朋友、醫護人員和其他相關者會一起討論「那個問題」：我們與這問題有何關係？我們在這整件事情上扮演了什麼角色？我們能用什麼方式一起造成改變？這些全成為了主要問題。

在把重心從個人或家庭單元延伸出去的對談作法上，另一個早期範例是伯索米尼 – 納吉的作法（Boszormenyi-Nagy，1966）。他所關注的與其說是個人問題，不如說是家人的福祉。他拿會計分類帳做比喻，邀請案主把上幾代或那些與目前「問題」有牽連的人納入考量：他們要求案主必須償還什麼債務？例如，儘管夫妻雙方曾協議要各自追求事業，但他們的婚姻關係卻陷入了緊張狀態，原因是公婆要求媳婦在家養兒育女。在伯索米尼 – 納吉的作法中，個人問題不再屬於個人，而是由一整組延伸出去的關係所引起。治療師必須創造一種氣氛環境，讓參與會談的家人能夠面對他們自認的虧欠或那些不應由他們償還的虧欠。

芬蘭治療師們近幾年延伸了這種對談作法（Seikkula 等人，1995），讓社區成員參與傳統上所謂之個人問題的討論。無論在處理學生在校表現或妄想症發作的問題上，治療小組都會邀請一批人——包括學校主管、醫護人員、鄰居、朋友、家人、甚至較遠的親戚或熟人——來參加討論。這種對話形式可以讓治療師利用不同相關者的說法，來建構他們對個人問題的了解。舉例來說，一場由精神科醫護人員、精神病人、鄉鎮建設官員共同進行的對話就有可能意外導致一個結果：鄉鎮建設官員開始發覺病人在自理生活時會遇

到的環境挑戰，精神科醫護人員則開始體會鄉鎮建設官員不得不處理的各種複雜議題。小組的務實討論因此觸及了如何改善全體鎮民的生活品質，也從強調病人有病的話題轉移到與病人福利有關的重要議題上。這樣的對話可以成為建立未來關係連結的基礎，而這些未來關係連結最終也將嘉惠眾多鎮民。在鮑文（1965）和伯索米尼－納吉（1966）的作法中，我們都看到將個人責任散播到全社會的作法。

　　根據類似的觀念，關乎大型組織之決策模式的大膽實驗也在許多組織內被推動了起來（Jacobs，1994；Owen，1992）。組織顧問們引進了好幾種容許組織成員一起重新擬想組織未來的對話模式。哈里森‧歐文將他自己所建立的模式（Owen，1992）稱為**開放空間**（open space）。在活動進行時，他要求組織成員把他們所關注的話題或議題貼在一個中央牆板上，以便大家在研討會期間可隨時瀏覽同事們貼出的題目。如果有哪個題目特別具有吸引力，他們可隨即把自己的名字寫在題目旁邊，然後在被指定的時間，大家根據各自選擇的題目形成不同小組。歐文認為：所有在場的人都是應當在場的人，而所有在小組討論中發生的事情也都是應當發生的事情。每個小組在討論議題時常會建議改革之道；幾小時後，所有小組聚集在一起分享各自的結論。歐文的目的是要運用組織原本就擁有的豐富資源，讓各階層的員工都能參與組織的再造。透過這種方式，先前被認為只跟組織某一單位或某一階層有關的問題，現在會被放在更廣泛的脈絡中接受審視。同時，由於不同聲音都會受到聆聽，組織發展就此具有了多種可能性。

　　在「系統協商」（systems consultation）這個統稱詞之下，一些新成趨勢的對談作法也讓家庭治療師、醫療機構、社區團體、社

會服務體系、軍隊及商業機構等一起進入了協商關係中（Campbell 等人，1989；Fruggeri 等人，1991；Wynne 等人，1986）。這些作法的一個核心觀念是：若不了解一個社區、地區、或國家的政治和經濟環境，我們將無從解決個人或家庭的問題。在社區心衛中心工作的專家們都已不再使用藥物來復健病人，改為邀請所有相關社群來參與復健。例如，專家們會邀請一組學生來協助他們研擬復健和宣導的計畫；接下來，與這些計劃有關的討論不僅會納入學生、老師和家長，也會納入社區代表和關心這些計畫的市民，致使這些逐步成形的計畫不僅會慎重考慮不利的政治和經濟環境，也會慎重考慮社區內的各種潛在資源。由於這些計畫能顧及更廣泛的因素，它們的成功機率便可大大增加。

傅如嘉利等人曾在書中（Fruggeri，1991）描述他們如何雇用一群接受地方政府社會局援助的藥癮者，讓他們成為義務的「社工」。在社區志工團體的支援下，這些社工在街頭巷尾邀請其他藥癮者來參加非正式對話。如此一來，案主本人變成了為同儕提供教育宣導的治療者，也為他們的同儕搭起有益復健的關係連結。

這些具有創意的努力不僅重新分配了社會的人力資源和經費資源，也讓參與者進入共創意義的對話之中。這些作法極可能把微社會關係（microsocial processes）——如夫妻和家人關係——追溯到更廣大的關係場域（如工商界）。地方工業界可藉何種方式和學校合作，一起設計傳授職業技能的課程，使青少年無暇參加幫派活動？商業界又能提供哪些別的貢獻，來改善它們所在社區的經濟狀況，為社區居民減輕部分經濟壓力？這些都只是傅如嘉利小組提出的創意想法之一二而已。

總的來講，這些作法在運作時全都具有重導方向的功能。每

一作法都不再以解釋誰或什麼必須為某一結果負責為導向，反而另設新的解釋框架；在帶來新的解釋語言時，它們也帶來了新的對話方向和新的行動方式。最重要的，被重導方向的對話者不會再膠著在個人責任和內在主體性的觀念上，而會啓程前往範圍更廣的的可能場域。然而，我們也必須知道：在把注意力放在一組關係（a particular set of relations）上以進行協商時，這些作法會把其他關係排除於協商名單之外。雖然這些介入作法都極具創意、能鼓舞對談單位共創意義，但由於它們選擇、因而限制哪些關係方可參與協商，我們因此也必須記住：若要創造無數可能性，我們或有必要盡可能移除限制。因此在我們的想像中，在從事這些作法時，我們最終也許仍需廣泛納入更多關係。個人與原生家庭以及社區之間的關係——鮑文、伯索米尼－納吉、組織顧問以及芬蘭治療師都以這兩種關係為其作法重心——會如何和媒體、經濟、或文化價值體系等更廣泛的體系連結起來？組織的運作又會如何和政府的政策或他國消費者的價值觀有牽連？我們希望，這類問題以及它們所導致的作法最終也能納入生態議題。共創意義的對談不應僅著眼於人類的生活。

暫時的結論

總而言之，我們重視的不是最終結論，而是對話者如何盡心參與和維繫對話，以便在關係中尋求理解、做出裁決和調整方向。我們不在乎最終結論的取得（也就是確定責任歸屬、糾正錯誤、解決問題），卻在乎如何維繫對話以探索各種可能性。結論、洞見和

決定會不時短暫出現，但它們都會再度沒入對話過程。因此，我們不可能獲致無異議結論或抵達終點站，卻只會在對話中持續共創意義。同時，我們也強調一切生命都脫離不了關係（relational life）的觀念 。這個認知使我們發現，所有行為 （以及其意義）都是由環繞於其四周的無數關係協力促成的。我們在此建議：讓我們超越被合理化、終致一成不變的究責思維，去追求一種可以維繫對話的敏感知覺。我們最終希望世界各國也能建立開放式的對話關係——這無疑會是影響最為廣遠的共創意義作為。現在，我們要以兒童性侵事件為例，來說明如何透過對話共創意義。我們的許多同事會在這說明之後表達他們的意見。

第三章
以兒童性侵事件為例
A Case in Point

我們已經討論了四種對話邏輯，其中每一種都把重心從個人責任轉移到關係體的責任。我們認為，這轉移並不是輕而易舉就能做到的事情；它不是單單放棄固有的對話模式、去採取更新穎的對話行動就成事了。在討論與此有關的問題時，連我們自己都還免不了繼續指責個人或把問題個人化。然而，即使這樣的責任轉移確實可以促進生活中的一般人際溝通，但針對那些涉及人格嚴重偏差的個案——嚴重到我們不僅認為必須發聲譴責，甚至還認為如果不予以譴責，連我們自己的道德勇氣都將不保——我們還能這樣主張嗎？在這情形下，把責任轉移到關係體的說法能讓人採信嗎？為了探討這問題，且讓我們現在來討論一項十分棘手、讓我們在衝動下只想究責個人的偏差行為。在討論時，我們會運用第二章論到的四種對話邏輯。它們能帶來改變而讓我們信服嗎？我們在此的目的，並不是要藉實際問題來證明所有強調關係體責任的作法已經、將會或可能推翻我們已經習慣的究責方式。我們真正的目標是：盡可能發現那些可促使我們珍惜、維繫，以及創造對話關係的意義出發點——也就是共識意義得以展翅起飛的契機點。

沒有比兒童性侵事件更能激怒社會大眾的事情了。怒不可遏的大眾只想衝去懲罰那個罪犯；就算不是邪惡的化身，他仍然常被大

家認定是個喪心病狂的人。在最開明的社會裡，他或許會被冠以情緒障礙或心理有病的形容詞，但無論如何他仍應受到譴責，而最常見的譴責方式就是長期監禁或強迫住院治療。強調關係體責任並要求用其他方式解決問題的人，在這時候要如何證明自己的見解站得住腳？

　　請大家記得，我們在一開始就說過，強調關係體責任並不意謂我們打算推翻個人責任的傳統。我們的目的是要取得批判及反思的空間、以便討論這一傳統的侷限性以及可能的其他作法。我們在此必須強調，在兒童性侵事件上，我們很難以「罪犯自行決定犯案」為理由，來證明歸咎個人的作法是站得住腳的。在二十世紀，幾乎所有行為科學理論和新的精神醫學思維都大大挑戰了主體行動意志的說法。但同樣的，盛行於這些新理論和新思維之間的一個認定──個人行動是由環境和遺傳因素所決定──也無從找到最終根據，因為這種認定也是被建構起來的東西；它是從科學和精神醫學之思想架構所建立和理解的證據那裡取得授權和認可的。

　　同樣的，刑罰是否具有明顯的嚇止效果，這個問題至今都還沒有獲得明確答案，而關乎死刑之成效的爭論也始終未曾落幕。頗為反諷的是，在正義人士大聲疾呼施以嚴懲的同時，兒童性侵案的件數竟然屢增不已。在從憤怒轉而寄望嚇止手段的同時，大家也開始對性侵事件的發生機率變得加倍敏感起來──報紙、法院、學校、教會和一般大眾無不開始提高了警覺。結果，「一旦有心找到什麼，我們就一定會找到什麼」。這是因為：所有促使我們尋求正義和預防措施的分類性概念（categories of understanding）[1]，會同時成為我們用來明確指稱原本意義不明之事的工具。我們的義憤會創造出必要條件，讓我們用性侵者和受害者的對比概念建構出一個

世界。當我們如此建構世界時，越來越多的人就開始被我們指稱為性侵者。近年來，到處都有人自稱突然記起了童年時遭到性侵的往事，這就是實際的例子。

我們也必須思考究責個人的傳統如何截斷了意義建構的過程。當我們認定只有個人必須為他們的罪行負責，而法律（或治療）的執行就足使我們大鬆一口氣並良心坦然地回歸正常生活時，社會對話必會因此戛然中止。我們用簡單扼要的方法解決了棘手的問題，並使進一步討論成為不必要。但事實上，中止對話只會讓我們無從了解事情的全盤來龍去脈，也讓我們無從知道類似行為在不同情境中、被不同的人做出時會具有什麼不同意義。它也使我們沒有機會去討論：是什麼多重的環境因素組合造成我們所稱的兒童性侵事件？我們失去了好奇心，不再想用合作手段一起建構宜居的未來世界。最明顯的是，我們不再關注發生過的事情，我們不需要再做什麼或改採什麼其他行動，因為事情已經跟我們無關了。在令人髮指的事情再度發生之前，我們只要照常過日子就可以了。

就是有鑑於此，筆者轉而訴諸關係體責任的概念和作法，但我們並不想藉這責任觀來移除刑罰、做出更正確的判決、或擴散責任，卻想擴大對話並使之豐富多元化，進而使行動的選項也能豐富多元化。首先讓我們來尋找內在他者、亦即那些「有罪他者」的聲音。這樣的探索可以打開十分重要的空間，因為它從一開始就能打破「單整自我」之說的箝制、立刻顛覆那視個人為單一心靈

1　譯註：此為哲學家康德（Immanuel Kant，1724-1804）的用語，意指人類據以把現象界萬物分門別類、進而理解世界的概念之詞。參見第二章譯註4。

——或就性侵事件來講，一顆邪惡心靈——的傳統思維。邪惡的確存在，但還有更多有待我們查索的因素。唯當發現有許多聲音存在於惡人的內心、而其中一些彌足珍貴且具有意義時，我們才可能掐熄自己心中那股倏忽上升的怒火。各種強調性侵犯童年經驗的治療方式早已採用了這個作法，得以發現許多兒童性侵犯本身就曾經是性侵受害者——在犯案時，在他們內心說話的其實是他們長輩的聲音。如果再探討其內心中的其他聲音（例如，有些聲音渴望成為負責任的父親和貼心的丈夫），我們就能打開一扇門，有機會重新黏合那或將永遠破碎的家人關係。

探索內在聲音還有別的意義。首先，他者的聲音可以用來引發具有預防功能的內在對話。例如，在詢問性侵者認為他的受害者、他的配偶、他的父母、他的朋友、他的法律顧問，或他的鄰居對此會有什麼感想時，我們發現這群人的聲音越來越具有份量。如果能找到方法使這些聲音持續在日常生活中發揮作用，那麼對性侵犯來講，建構價值觀的語言脈絡便會有所改變。內在對話因此可以成為一種預防工具。在更廣的社會層面上，探討內在他者，可以讓我們從更多方面來掌握那些不知不覺滲透個人價值觀的外來訊息。例如，媒體上兒童性侵議題的討論會不知不覺促使這類案件更頻繁發生。在各種新聞媒體爭相報導駭人案件、追求收視率的同時，那些罪行就變得更為明確清晰、可被眾人理解。由於這類故事日夜滲透人心，許多從未想到兒童可以誘發性慾的人開始有了新的想法。透過媒體的聲音，性慾的版圖開始擴大，而後性侵兒童就逐漸變成「一種選擇」、不再被認為是荒謬的行為。要探討這些聲音如何成為性侵者的心聲時，我們或可展開另一番對話，來討論媒體當負的責任。

　　現在讓我們從內在他者的討論轉移到相倚關係。在此，我們必須知道性侵兒童的行為也是被建構起來的；也就是說，這種行為並非純粹出於個人天性，或原本就存在於其天性之內。因此，我們現在要討論的是各種由文化建構起來、讓人據以認知外界的分類性概念：這些概念會用在什麼事情上和什麼人身上？文化和歷史環境會有什麼潛在影響力？愛撫兒童、用海綿清洗小孩的性器官、在床上和小孩一起裸體翻滾──這些構成性侵嗎？許多人會大聲說是，但也有許多別人會說否；換句話說，性侵兒童的行為是否存在，必須視相倚關係而定。這種行為也許在對談治療的某一時具有一種意義，但之後又可能具有另一種意義；如果對談持續進行，這種行為還可能另外生出其他意義來。就共創意義的責任來說，重點並不在於找到真理，卻在於每一對話者能夠維持相當程度的模稜態度，以求通往意義建構的大門永不會被牢牢關上。

　　在這情況下，去跟有可能成為性侵被告的人一起探討曾經影響過他的各種意義，應該是個智舉。他是如何詮釋他人的言語、行動，甚至沉默的？是什麼樣的詮釋或行動使這性侵行為成為可能？圍繞在他四周的人用行動和不行動給了他什麼樣的認知？這種探討不應僅侷限於童年故事或僅說給一個對談者聽的故事。在性侵嫌疑犯跟其父母、手足、朋友、治療師或律師的雙向對談中，我們可從相倚關係的角度發現哪一個故事特具意義？每一個對談都會導出新的問題和見解，使「事件」原因往四方蔓延出去。

　　讓我們現在把討論轉到如何召喚不在場的群體。一般人都很難相信兒童性侵犯在行動時代表了某個較廣大的社會群體。然而，我們在此也有必須對這可能性保持開放心態。舉例來說，一個男性性侵犯可以代表多少社會上的男性人口？男人為什麼會認為他們有權

侵犯兒童？原因之一難道是男人的父權神話讓他們自認在家庭中握有生殺大權？在父權傳統的鼓勵下，男人往往認為家人「為我所有」、寄居在「我的城堡裡」，因此「我是主宰家中大小事情的皇帝和律法制定者」。這種神話也解釋了為何比起親生父親來，繼父性侵小孩的機率更大。繼父有義務撫養別人的「資產」，卻得不到回報，於是在象徵意義上，他有權（雖然沒有明講）要求對方的小孩容許他恣意而為。兒童性侵犯事實上代言了某種理應受到挑戰的傳統男性思維。

在性侵的控訴成立後，我們便可進一步探討不同群體間的關係。家中每個成員都有可能各自活在不同的意義圈內，例如家人間的小圈子、朋友圈、警察、檢察官等等。這些不同情況會帶來許多不同的故事、許多關於被指控之罪行及其意義的新說法。不幸的是，在現代文化裡，向個人究責的壓力依舊如此龐大，以至我們很難找出方法來分享不同群體所能提供的意義。通常，大家只想務實地為有罪或無罪找出答案；如果有罪的可能性極大，那麼大家就繼續訴諸懲罰與辯護一途——也就是說，一旦確定了衝突的輪廓，我們的思考就幾乎完全侷限在攻守模式當中。要擺脫這樣的模式，尋求符合共創意義之精神的新對話作法終究是必要的。

最後，我們必須考慮體系大鍋湯的問題。由於視個人為行動之源的思維無可避免製造了許多嚴重問題，我們當如何擴大自己對行動肇因的理解範疇？如果我們能把兒童性侵看做是文化所導致的問題，而非個人行為，那麼，是哪些文化面向導致這種行為的？這些問題特別重要，因為它們可以揭示新的選項、足以改變文化環境。它們可以防止大家採取簡單的解決之道（「他很邪惡，這事跟我無關」），同時要求大家思考自己如何不自覺地也有份於某種文化

思維的塑造，致使兒童性侵案一再發生。一旦能開始討論這些問題，我們就能朝許多有益的方向前去。我們之前提到，媒體在創造「兒童性侵」一詞之可理解性的事情上扮演了一定的角色。但比起它們廣泛倚賴色情文字或影像的事實，它們這個角色的重要性又大為減色。媒體創造出一種文化氛圍，使眾人都認為性慾是生活的重心，並認為沒有性生活就代表了失敗、有缺憾的生命或背離常態的生命。此外，媒體也為年輕女性提供了如何穿著和如何舉手投足的模仿對象，使她們無論職業高低都認為性感極為重要。尤其嚴重的是，連少女、甚至女童都效法那些榜樣人物，在外表上變得越來越像羅莉塔（Lolita）[2]——瓊本內[3]就是一個實例。促成這些風潮趨勢的人包括了父母、服裝設計師、服裝製造商、選美大會主辦人等等。他們全都和媒體合作，為兒童性侵事件的發生創造了有利的環境。

在此我們要重申，在討論兒童性侵的問題時，我們的目的並不是要解決問題，也不是在迂迴暗示我們認可這種行為。我們希望增加行動的選項和理解的方式；我們用的方法是：展示如何交替使用先前論及的四種對話邏輯，好讓我們在面對這類棘手問題時擁有更多可能的行動選項。

在本書的第二部分，我們的回應者將要出聲說話。如先前提到的，我們非常希望能藉本書的形式，在小小規模上把「在對話中共

---

2 譯註：在俄裔美籍小說家 Vladimir Nabokov 的名著 Lolita 中，十二歲女孩羅莉塔是故事男主角（一名中年文學教授）的繼女及他迷戀的對象。

3 譯註：原名為 JonBenét Patricia Ramsey，是美國兒童選美皇后；一九九六年、六歲時，她在家中遭人殺害。

創意義」的說法實踐出來。這些回應者代表了我們所擁有的各種重要關係，並將擴充、批判和限縮我們所提出之共創意義責任觀的意義。

擴充對話

Expanding the Dialogue

共鳴和重述

第四章

當故事有翅膀時：意義共創的對話和新的行動選項

When Stories Have Wings: How Relational Responsibility Opens New Options for Action

大衛・庫波里德（David L. Cooperidder）與
黛安娜・惠特尼（Diana Whitney）

　　社會建構論有任何實用性嗎？在實用層面上，它能如何處理美國大城市貧民區內無數跟「責任」有關的問題？這些問題——公宅政策、高犯罪率、貧窮、教育品質、家庭破碎等等——往往佔據了媒體版面，甚至讓最具理想願景的市民和滿腔熱情的新上任政治領袖全失去了希望。還有人可以真正認為傳統責任說（個人是行動之源）和培養責任感的傳統方式（在個人身上運用糾正或修復的手段）是前往未來的唯一途徑？當我們用「關係」概念來建構責任之說時——在這說法中，責任的意義是由社會建構起來的，會在眾人藉對話尋求「美好」與「進步可能性」的任何時刻出現並不斷更新——什麼新的行動選項會出現在我們面前？當我們認真看待席拉・邁可納米和肯尼斯・格根兩人所建議的前進之路時，什麼新的選項也會出現在我們面前？他們所建議的前進之路不再強調「最終結論」（例如「責任」的最終定義），卻強調「關係——親密

關係、友誼、小組、社群、機構、文化──的重要性」（見第一
章）以及：

> 我們如何誠心參與和維繫對話過程……去追求一種可以維
> 繫對話關係的敏感知覺……我們相信，一旦能把我們變化
> 多端的個人身分、我們的同伴、我們的關係及社群納入對
> 話，我們也將能在世界各國之間建立開放式的協商過程，
> 而這無疑將是影響最為廣遠的共創意義作為。（見第二
> 章）[1]

　　我們在此要講一個迷人的故事；它和共同商榷出來的積極責
任觀如何在語言空間中被分享、修正、最終實踐於作法中有關。這
故事是從社會建構論的思想土壤、再經「正向探討」（appreciative
inquiry，簡稱 AI）的作法（Cooperrider，1996；Cooperrider &
Srivastva，1981）產生的。它是「希望」的故事，發生在一個問題
叢生、市民對立之美國大都會的市中心貧民區裡。

　　雖然這故事可以提供許多啟發，但我們將強調它的兩個重要特
點。第一個跟「跨代對話」這特殊關係場域的功能有關，讓我們
對如何在對話中共創意義有了更多的想像。第二個跟有利於建立正
面關係的語彙有關。這故事向我們證明了一件事情：一旦欣賞的聲
音能把雙向尊重導引出來──也就是年少者和年長者開始了解對方

1　譯註：由於本章的兩位作者似乎增加了一些自己的想法，因此沒有完全引用原書作
　　者的原文，讓此處引文和本書 第二章出現的文字有很大出入。

生命經驗的最美好部分，因而願意在相互肯定中分享夢想和最終關注，並用響亮的聲音一起唱出更新和更美好的世界——跨代關係就會開始朝相互有利的方向發展。在這個以改變全社區為目的、並以青少年為主要催化劑的努力中，強調「人性缺失」的高度專業化用語顯然是不存在的。正如讀者將會發現的，這故事在許多方面都不符合我們的直覺想法，但它卻可以激發我們的靈感和思想。它讓我們看到自我省思的、增進關係的、跨代對話的方式可如何把「在關係中一起建構世界」的概念帶入作法的領域中。

想像芝加哥：如何和七百萬市民共創意義

　　我們要講一個成功女企業家的故事。在芝加哥第一銀行（First Chicago）的企業金融部擔任高階主管長達十六年後，布莉絲·布朗（Bliss Browne）決定放下一切、奉獻自己的下個十年來改變城市的未來。她在組織發展（organization development，簡稱 OD）方面受過專業訓練，嫺熟「行動研究」（action research）[2]的各種方法論，而且以擁有遠見著稱。她問：如果芝加哥全體市民能被動員起來、持續在公共論壇上表達他們對這城市未來蓬勃發展的想像，如果他們甚至還能獲邀參與這願景的實現，什麼情況會出現？人類能透過想像和對話來創造我們周遭的世界嗎？在這擁有七百萬人口的都市裡，有建設性的集體想像會不會就是個人和所有機構——如果他們的目標都在創造一個美好、對人類生命來講富有意義的未來——可以一起參與的最有創意活動？

　　故事始於一場由社區領袖和企業領袖共同參與的大會，在其中他們討論想像力、經濟和信心可如何使這城市變得更好。但他們也討論到另一些格外引起關注的問題，例如：各種問卷調查都顯示，有百分之八十五的美國公民對美國城市的未來以及政府機關不抱任何信心；在電影和晚間新聞的極度醜化下，美國各大城市的景觀看來跟地獄沒什麼兩樣；在每個城市裡，面臨困境的年輕人隨處可見，而他們給人的負面印象往往都跟冷漠、憤世、恐懼、歧視以及有害的行徑連結在一起。與會者因此一致認爲，大家必須找出辦法來重建必要的人際連結、創造新的希望、重新激發想像力、並強化各階政府的領導能力。布朗相信，一個人對他自己城市的想像會形塑他在這城市中的生活方式。想像力如何，城市也會如何，因而城市具體象徵了我們的想像力、創造力、以及我們把願景轉化爲實際成果的能力。它們攜有各種可能性，並把人類爲善或爲惡的潛力以及人類的多元性體現出來。聚集黑暗和光明勢力的城市是具體而微的世界。

　　成立至今已經四年的非營利機構想像芝加哥就是從那場以及之後的會議中誕生的。想像芝加哥是城市創新的催化劑，試圖讓所有在芝加哥生活及工作的市民都能了解：他們是芝加哥前途的擁有者和創造者。在麥克阿瑟基金會（MacArthur Foundation）經援頭幾年的試行專案（pilot project）期間，大家找出各種可用來創造改變的理論和作法，最後從中選擇了「正向探討」，認爲那會是最可能

2　譯註：此爲德裔美籍社會心理學家 Kurt Lewin 在 1944 年發明的用語，指社會科學的研究必須以影響社會作法爲目的，而實際作法反過來也能重導研究方向。

促成城市創新的途徑。

　　參與試行專案的共有八百多人，分別來自四十多個社區或一百多個社區團體及學校。它的成果十分驚人——舉例來講，想像芝加哥和德保羅大學的都會區教育研究中心（Center for Urban Education at DePaul University）主任芭芭拉·雷德納（Barbara Radner）合作擬出的一套公民學程，如今有四千個公立中小學學生正在使用。雖然成立不久，但想像芝加哥已經引起了廣大的回響，例如：有鑑於想像芝加哥為兒童及其家人所做的服務具有示範作用，位於華府的全國性非營利組織 Eureka Communities 在一九九五年曾頒獎給它；一九九四年，芝加哥市市長的青少年教育工作小組曾經表揚它；最大的推崇——也就是被他人仿效——則來自想像達拉斯（Imagine Dallas）這個機構的成立，更不用說其他美國城市和世界各地正相繼推出類似的計畫（其中的一個倡議就叫做想像非洲）。

一個奇妙無比的學習機會

　　「正向探討」透過四個階段展開，而這四階段形成一個四 D 模型：在現況中發現可貴面向（discovery）、夢想未來（dream）、藉對話來設計方案（design）以及反覆探討以實現美好的未來（destiny）。這過程的最核心部分就是選出一個或多個主題、用以設計問題來找出既有的可貴面向。「正向探討」既開始於、也結束於社區或機構可貴面向的探索。在這層意義上，任何「正向探討」都以任何可「賦活力」於社區或機構的故事為其最重要宗旨。打從一開始，社區或機構的過去和目前成就是探討的重心；參加者會被問到：在這機構最有活力、最成功和最有效率的時候，哪些因

素有以致之？之後，參加者獲邀一起夢想和設計一個更好的未來：有哪些說出和未說出的可能性可以提供機會，使社區或機構的型態更具有效率、更符合願景？

在用這兩大問題當作指南時，社區和機構會「自行種出」（home grow）它們專屬的主題。首先，參加者在決定這些主題時，會依賴直覺大膽預測什麼事情能賦活力於他們的社會。更重要的，這些主題（通常是三至五個探討方向）代表了大家真正想要發現或更加了解的事情，而這又會促使大家在對話中討論起所想望的未來。我們常聽說：在進行「正向探討」時，改變的種子在大家被要求回答第一部分問題時就埋下了。由於人類社會常在對話中按照探索的方向建構它們的世界，因此大家最好按照自己最希望社區或機構有所成長茁壯的地方，來選擇探討的主題。

在籌劃及制策的階段，想像芝加哥面臨的一個最重要問題跟規模有關：要如何為這麼龐大的都市體系設計一個四 D 過程？當我們第一次跟設計小組會面時，他們向我們詢問每一階段所需的「群眾動員」（mass mobilization）方法。他們在很早的時候就說要把正向訪談的對象設定為一百萬人——也就是說，市內每戶人家都必須被至少訪談一次。如今，當整個計畫正如火如荼展開時，人數規模似乎更加擴大了，因為新的需求、活動、機會和各種科技也正在倍數增加。但還有一個比規模更重要的問題：誰應扮演訪談者的角色？蒐集資料的工作應該由教授、組織發展（OD）的顧問，還是芝加哥大學的博士生來擔任？訪談者事先必須接受多少訓練？

就在這件事情上，一個奇妙無比、至今仍讓我們驚嘆不已的學習機會出現了。試行專案中的最佳訪談工作——它們蒐集了最鼓舞人心的故事、最滿懷熱情的資料、最有深度和說服力的例證、最大

膽的未來想像——全是由芝加哥青少年完成的。當毫無訪談經驗的年輕人坐下來和城市中的年長者——神父、企業執行長、校長、家長、演藝人員、藝術家、社運人士、靈修者、科學家——對話時，最有果效的訪談就發生了。極其正向的問題當然進入了對話，但有件更重要的事情也在其中發生，而這顯然與訓練無關，也與事先擁有資料蒐集的專長無關。這最引人注目的事情乃與關係組態有關：使資料蒐集的舞台凌空飛揚起來的正是對話中的跨代互動。（我們不禁想起 Margaret Mead 的一個假設：最好的社會學習永遠發生在小孩、老人和壯年父母三代的對話當中，而且對話的目的無非就是發現對方的可貴之處。）且讓我們繼續探討下去。

欣賞和對談

有位觀察者用「魔法」來形容訪談中的化學反應。一個七十二歲的被訪談者在訪談結束時說：

> 我非常感謝你讓我們有這場談話。你完全了解我，這可是我這一生中不常發生的事情。你尊重我，使我禁不住分享我的夢想並用清晰的意象把它們描繪出來。這使我充滿了希望，因為：由於我能清楚說出來，可見這些夢想是可以實現的。

在一場經典的訪談中，一個十三歲的男孩要求他的校長抽空跟他見面。身為訪談者的他問了很多問題：「在回顧你的教育家生涯時，你能告訴我你最成功時期的一個故事嗎？就你對這學校和這

社區的貢獻來講，你在哪個時期最覺得活力無限、最有影響力、最成功？」校長搔了一下頭才慢慢開口，但不久就大聲把自己的戲劇性故事講了出來。少年一邊傾聽，一邊被故事中的勇氣和信念激動得無法安坐在椅子上。他打斷校長、衝口而出：「那你自己有什麼……什麼最棒的優點，可以創造那個生涯高峰？你可以……可以告訴我，你最喜歡自己的哪個優點？」

　　稍過一會兒，更有爆炸性的題目出現了，但仍然是用正向詢問的方式被提出來：「你的學校在為不同種族和不同文化打造更好的關係時，你在這方面做過什麼，以致帶來最大的轉變？你最自豪的是哪件事情？」故事就這樣一個接一個的被講出來，而訪談也比預期長了一個小時。事後，一個評鑑小組來向校長做追蹤訪問，希望聽到他對訪談互動的意見。最具代表性的意見有：

> 　　「我從不曾被這學校的學生問過這些問題。我如果跟學生對話，通常都是因為他們違反了校規。」
>
> 　　「訪談後的那個晚上，我躺在床上睡不著覺。我不斷重播那場對話，重新觸摸許多對我來講意義重大的事情……我也清楚講出了幾個改善世界的想法；這些想法可是我從不曾說出口的。」
>
> 　　「你知道，在訪談中，我真覺得自己彷彿站在講壇上精神抖擻地傳教。我真的凝視著『未來』的臉孔，仔細打量著美好社會應有的基本條件。這場對話非常有意義。」

　　芭芭拉‧雷德納在羅耀拉大學（Loyola University）所做的研究（Radner，1993）指出：在「正向探討」被納入十三個芝加哥公

立中小學公民課課程後，比起其他學校，這些學校學生的各科成績（包括數學、閱讀、寫作等）都有了長足的進步。在訪談時，學生得以在新聞、電視、甚至一般大眾的悲觀懷疑論之外聽到許多原本不可能聽到的故事。他們開始和社區長者有了新的接觸，並成為新關係網絡的一部分。他們在許多故事中都聽見美好的轉變曾經發生過，因而也能開始想像起各種可能的未來。這樣的經驗使一個名叫威利・漢坡（Willie J. Hemple）的少年在興奮和激動之餘，開始在每天放學後到想像芝加哥擔任志工：

> 就在訪談希爾斯（Sears）百貨公司執行長艾德・布雷能（Ed Brenen）的時候，我的夢想和希望開始被點燃了起來。你發現你們兩人對這城市抱著多麼相同的希望；你也發現許多像艾德一樣的人不僅在乎金錢，還真心在乎社會正義、像我一樣的青少年以及我們的未來⋯⋯在訪談那些跟艾德一樣的人以及不少政治人物之後，我對他們的看法開始有了轉變，而且我的生命也有了轉變。這就是我願意奉獻時間當志工的原因。一切都是為了要促成改變。

千百個和威利故事相似的故事也讓我們看到：**只要有真誠的欣賞、只要不同的世代能在一起對話和探索，希望就會增長，而責任也會在關係中被共同擔起。**

的確，正向探討的作法——藉由這些作法，人們在積極蒐集資料時發現了他者的優點、潛力、成就和夢想——並不能創造出完美的世界或沒有衝突的烏托邦。雖然絕大多數的人確實覺得自己受到很大的尊重、被人傾聽並獲邀成為真正的參與者，但暴風雨也會被

醞釀出來。在一次廣泛分享觀點的對話結束後，有人這樣說：「有太多情況把我壓得無法呼吸了。我覺得天旋地轉、腳下的地面似乎墜裂開來……我去參加訪談時帶著一張待辦要事簡表，走出後卻說不出一句話……我覺得極度煩躁不安。」

這個人聽到的故事和夢想挑戰了她，要她從安適的、事不關己的位置走出來。她說自己失去了確信、好像得了暈眩症。有些人在談到所聽見的各式各樣觀點時，會覺得自己彷彿浮沉在對立意義所形成的海浪當中，而且開始願意承認他人眼中的世界也是真的。他們似乎也同時覺察到自己的信念和意見有可能是偏狹之見，因而發現自己對於善惡和可能之事的想像也許太缺乏見識。對許多人來講，這種突來的自我反思，不僅使他們意識到自己所認定的首要事情或所持的觀點都是沒有客觀根據的，也使他們感覺腳下的地面突然落空了。離開時，有些人可說完全淹沒在自我懷疑當中。

我們在對話的全部過程中都可以看到這種現象。正向探討的對話越深入（也就是說，越來越多的人能在受到尊重之餘，反過來更具體暢言自己的想法），聽者似乎也就更有機會反思自己，因而更能察覺他們自己的「真實」世界在處理問題時，所採用的方式無不受到社會文化的制約。因此，在意識到另類說法也具有可信度時，個人會發現自己所信的「真理」失去了絕對性。在這情況下，另類說法也因成功故事的分享而變得更有說服力。正向探討會兼容和尊重不同的意見，但同時會解構某些人的定見，使人失位並陷入自我懷疑當中。

今天，想像芝加哥正把它從試行專案中學到的經驗應用到六個重要的倡議專案上：（一）都會想像網（The Urban Imagination Network），（二）市民對話（City Dialogues），（三）創造芝加哥：

公民指南（Creating Chicago: A Citizens Guide），（四）城市資源
的連結（City Connections），（五）公民領袖（Citizen Leaders），
（六）神聖空間（Sacred Spaces）。跨代對話和相互欣賞的精神
──雖非實際過程──貫穿了所有這些專案。我們兩人所參與的下
一步重要工作，是協助想像芝加哥──在開洛格基金會（Kellogg
Foundation）的支援下──把跨代對話引進大型團體的互動論壇中
（如果是討論「未來願景」的會議，人數會介於一百到一千人之
間），讓參加者一方面分享他們從正向訪談聽來的故事，一方面為
他們渴望的未來建構新的願景。我們為這整樁計畫感到興奮，並且
深信，它會為邁可納米和格根所說的擴大關係場域──從相倚關係
移轉到群體間的關係，再移轉到總體系各元素間的關係──提供良
好的示範。

結論

　　關於想像芝加哥的倡議以及務實之集體想像可建構未來世界的
說法（在這種未來世界裡，相互回應和共創意義的精神將會引導人
類的行動和命運），有各式各樣的問題可以被提出來。想像芝加哥
認為：當跨代探討及對話把過去與現在的最美好事情導引出來時，
它同時把一種集體期望點燃了起來；大家開始覺得一個同樣有活
力、同樣有意義的未來也有可能出現。跨代對話提供了機會，讓社
區的可貴價值和最佳作法能被分享並傳承下去。年長者受到尊重並
重新擁有活力，年輕的一輩則受到激勵，願為美好的未來貢獻一份

力量。然而，在大部分的現代世界裡，不同世代早已失去了一起對話和一起說故事的能力。在追蹤想像芝加哥的成就和學習經驗時，我們必須問自己兩個問題：在社區和組織中，我們可以用什麼方法使不同的世代重新擁有一起說故事的能力？我們當如何愼選正向探討的題目、謹愼切實地運用跨代探討及對話，以促進世界各地之社區、家庭及組織的福祉？

想像芝加哥的故事讓我們看到，我們仍須進一步發展可帶來正向改變的語言，以及各種可促使更美好未來成眞的對話技巧。它讓我們看到，要在社區中推廣共創意義的對談作法，方式之一就是，由一群人藉一套可帶來正向改變的語言一起建構他們的共同探索。它要我們去研究並創造關係資源，以便改變各種組織（包括教育機構、醫療機構、政府、工商界等等）的語言框架，使之從目前主流的「人性缺失」論述轉移到「積極潛能」的論述。

想像芝加哥的故事也讓我們看到：探討及對話具有極大的力量，可以改變個人世界和群體世界。想像芝加哥在釋放人心之際，也使美好的未來成爲可能。藉由具體想像，它創造了新的行動方向以及新而美好的城市願景。對某些人來講，它的作法令他們十分困惑不安，打亂了他們原來的輕重緩急想法，並要他們走進一個新的城市，在那裡說話、行動和生活，而這新的城市之所以會從舊的脫胎換骨而來，也不過是因爲他們跟完全陌生的他者進行了對話。有鑑於這種種個人轉變和社區轉變的例子，我們必須自問：身爲教育家、組織顧問以及社會改變的領導者，我們能用什麼方式帶來眞正的改變？會不會如布莉絲・布朗所說（1996），幫助他人爲集體生活創造正面想像和正向語言，就是我們在打造一個人人有責、對人類生命具有意義的未來世界時，所能參與的最有意義活動？

第五章
合作的學習群組
Collaborative Learning Communities

哈琳・安德生（Harlene Anderson）

　　我同意邁可納米和格根的說法，以及他們針對個人責任和共創意義之責任——就它們分別的含義及侷限而言——所做的對比。他們認為，從社會建構論的觀點來講，責任屬於關係中的所有成員，不可能另有他屬。一個人無法要求另一個人為關係負責，因為責任只會透過互動且在互動過程中產生。我也同意「共創意義的探索過程足以改變其參與者」（見第一章）[1]。在閱讀他們的文字時，我的思緒不斷來回穿梭在理論和作法之間，並不時繞著一個問題打轉：我能用什麼方式想到他人、站在他人的立場、與他人一起行動以及與他人對談，以求在實際作法中能和他人一起創造意義？

　　身為臨床治療師、教師及組織顧問，我發現共創意義的責任意識——我稱之為「分擔責任」或「共擔責任與後果的意識」（shared responsibility or shared accountability and consequence）——無可避免會在合作關係或合作過程中出現，因為合作的本質就是對話（Anderson，1997）。我把「對話」定義為一種可以容納所有聲音、以良性互動創造正向成果的談話方式，在其中每個人都有權在場內充分發言並和他人交換觀念、想法、意見和感覺。同樣的，學習及知識的探討也是一種以良性互動創造正向成果的對話過程。

　　轉變是經由對話並在對話過程中出現的，因此在本質上，任

何關係都隨時會有所轉變。我想起一位同事，也就是格連·波依德
（Glen Boyd）提出的兩個問題（1996）：「萬一我們的對話方式就
是我們能夠擁有的關係形式呢？」以及「萬一對話創造出一個大於
我們兩人總和的東西呢？」（頁6）

　　身為教師、治療師及組織顧問，我總會邀請這些工作所針
對的對象進入某種對話空間及過程。在下面我將把重點放在本書
所論之共同責任的某些面向上，並說明：我如何在教師、治療師
及組織顧問的工作中創造合作的學習群組（collaborative learning
communities），因為這種學習群組最能激發責任共有的意識。這涉
及如何創造具有如下特色的學習空間及過程：充滿合作氣氛、學員
在其中能夠對話並能參與知識的建構。

　　由於認為責任共有的觀念十分重要，我鼓勵大家在行動中實
踐這個觀念。我相信，如要鼓勵他人參與實踐過程，我個人就必須
表現得樂於與人共擔責任；我必須站在可以展現及鼓勵這種責任意
識的位置上，也就是站在與人合作的位置上。為達到這個目的，在
進入每個學習情境時，我會從頭到尾保持一種知覺：在社會文化和
組織文化的語言思維中，教師一向都站在權威的位置上，扮演較崇
高、與人對立的角色。因此，我有必要保有我的個人意志、能夠決
定如何接受及運用我被賦予的權威。

　　我必須牢記在心：無論就合作學習的目標來講，或就別人期
望我用何種方式達成那目標來講，這些都會受到三個以上利害相關
者的影響：學校、學習者和我本人。每個利害相關者也都同時會置

1　譯註：此處引用的文字跟原書文字不盡相同。

身於其他關係和其他期望之中，包括專業證照的發給單位、專業學會、資格認證機構、所屬職場等等。這些關係和期望都會讓相關者事先就對學習目標和達成目標的方式抱有一定的想法。

要如何準備好舞台，使合作可以不中斷？這個準備始於最初的接觸，通常發生在大家首次見面的時候，而關鍵的第一步就在於讓人認識我並反過來讓我認識大家。因此，我在第一堂課的一開始會做自我介紹、預覽課程大綱、並就我所知的把主辦者為何邀我授課以及我為何接受邀請的事情簡單解釋一下。我並向大家坦承以下的因素會影響我的教學：我事先被建構出來的某種認知（被我用來了解學校舉辦這學習課程的目的）、我過去的個人經驗和專業經驗、以及我個人的偏見。這些都足使我擬想他人期望我做出什麼貢獻、我自認能做出什麼貢獻、以及我能用什麼方式盡力做出貢獻。

我希望創造及最佳化學習環境和學習過程，使學員能夠發現、發展及實現他們自己的獨特能力。我期望每個人都能結出屬於他們自己的新種子，並能在架構井然的學習環境以外繼續為其個人生活和專業生活培植這些種子。我邀請並鼓勵學員為自己的學習負起責任、自行設計和建立學習架構。為達到這些目的，我必須確保每個學員都有發言的機會、都能提出問題和做出貢獻、都能不固執己見而願從事探索和實驗。

在進一步準備舞台時，我可能要求學員分成對話小組或兩人小組（視學員的人數而定），要他們討論他們剛才提出的問題以及他們為何要參加這個課程——他們有何學習目標和期望，以及他們有什麼想克服的問題或困境。我告訴他們，我有很多可以和他們分享的想法和經驗，也擁有許多可以運用的資源，但我不想單方面替他們做出選擇。相反的，我要他們就他們所想要的選擇提出建議。要

幫助他們，我有必要先認識這群學習者。他們為何會在這裡？他們對課程和對我有什麼期望？他們各自的學習目標是什麼？他們比較喜歡哪種學習方式？他們一向使用什麼學習方式？我或許也會問：「你們每個人都想一想：我和其他人最需要了解你或你日常生活的哪一方面，好讓我們能依照你的學習風格、用最好的方式來幫助你完成學習目標？」每個小組都會拿到一個大型筆記夾板，在上面記下答案——這小小的具體行動就足以凝聚向心力了。

全部學員再次坐在一起。在每個對話小組轉述他們先前的對談時，我會提出問題，以做澄清或確認我真正了解他們的轉述，而在問答之間，學員們往往也會開始擴充他們的學習目標、加上新的學習目標。我把這一切記錄在一個大型筆記夾板上，讓大家都能一目了然。在下一次上課時，我會把最初訂下的學習目標複印出來並發給學員。自此之後，我在每次上課時都會先詢問學員：需要加上什麼新的學習目標嗎？可以保留哪些舊的目標？

在全部課程中，我持續鼓勵所有學員踴躍發言。除了頻頻舉行小組對話外，我在每節課結束前會發給每個學生一張感想問卷，要他們寫些內心話或感言讓我分享。有時，我要求他們寫出一般感想；其他時候，我會拋出一個問題，例如：你認為你學到了新的東西嗎？你怎麼知道有或沒有？你對自己增加了那些了解？你如何取得這些新了解的？你最初的期望有被滿足嗎？如果有，如何被滿足的？你還有什麼新的期望？我們還剩下最後兩節課，你認為我們在這兩節課中應該討論什麼？雖然每一次我都需要事先設計感想問卷，但要討論的問題或議題都會根據某個別課程的內容及過程、其學員、我和學員相處及共事的模式來做決定。學員們在下一次上課時把答好的感想問卷交給我，具不具名都沒有關係。我會閱讀他們

的答案並認真看待它們。我也會在最後一節課分享我的感想。

這發表感想的過程可以幫助我達成幾個互有關連的課程目標。它的功能會在持續進行的自我評鑑、他人、課程評鑑以及教師評鑑中愈來愈形明顯，我也因此得以更了解學員以及他們的需求。在做回應時，我會強調或降低某些課程內容的重要性，或者擴大或微調學習目標。它讓我有機會改進我的授課方式並調整我的教學風格，以便滿足個別學員和全體學員的需求。透過他們最初的引領以及他們之後陸續發表的感想，我學會去適應每個小組、場合、環境以及關係的需求。在把各種聲音——他們的、我的以及我們的——交織起來的時候，我們創造了一個可增長和轉變知識的過程，而且大家樂在其中。

這過程鼓勵學員在學習中保持主動並自行決定學習的方向，因而使他們的學習更有方向感。在擁有更多主導權之餘，學員們也有機會用各自的方法去思考、擴大目標、重新斟酌、提問和理解。他們也因此練就了一些習慣，能夠自覺地思索、追蹤和專心致力於自己的學習以及專業能力的成長。

學員們都認為對話小組和反思過程有許多效益。他們報告說：他們在與他人分享時不再充滿戒心；他們開始相信對方也有行動能力，也開始真正相信關係和對話的重要性；他們開始明白自我對話或內在對話是可以運用的豐富資源；他們在抒發感想時經驗到自我反思和自我探索，而這探索繼續在正式學習場合外發揮影響力並成為一種習慣，最後也影響了他們的日常生活。

如此看來，學習是不可能有標準化形式的。當合作及參與成為其形式時，學習會由個人主導；學生開始經歷、發覺以及珍惜自己的專長、能力和天賦。在描述自己想學的東西、決定最好的學習方

法、要求老師和同學參與他們的學習時，他們會保持主動並更具有多方思考的能力。當他們的聲音被接納、或當他們發現自己心中還有其他聲音時，他們會開始擁有自信。當他們從追求一致共識轉去歡迎不明確、尚待出現的可能改變時，他們會開始欣賞歧異所帶來的各種可能性。

在感想問卷中，學員總會論到他們個人的學習風格、我的教學風格以及小組對話。他們無法相信小組對話的內容竟會那樣豐富多元；他們發現對話可以帶來許多正面事情，其中包括：新學習態度的出現使他們改變了自己的思考模式以及他們在對話中的回應模式。他們很高興有機會——雖然這機會對他們來講十分陌生而且充滿了挑戰——去為自己思考學習內容以及學習方式。他們說，在覺得自己擁有聲音並能表達這些聲音、可以被我和同儕聽見及聆聽時，他們感到無比興奮。由於能夠成為課程的設計者並能主導自己的學習過程，他們覺得十分自豪，並決心要為自己的學習負責、也要為其他人負責。

下面是學員們的一些感想：

> 我覺得自己的某一部分正在苗長——我一向知道這一部分的我是存在的，但我很少讓別人發現它。
>
> 教室內的氣氛向我招手說：「冒險一下吧。」
>
> 哇！今天我真的很興奮，因為我終於能夠自在地和別人展開真正的對話，一起討論一些向來我只跟自己討論的問題……不幸的是，並非所有的學習場合都會拿學生的程度當出發點……我記得，在說完話後，我覺得自己突然不一樣了。

　　我現在發現，透過合作式的探索，我的學習潛能越來越突顯了出來。就在這麼寫的時候，我也發現，我雖然向來都知道自己有這種潛能，但每次都用「沒人想利用我這一點」的想法打消了發揮這潛能的念頭。

　　我是一個安靜害羞的人，甚至有點神經質，因此我盡可能不在上課時發言……小組對話和反思過程使我變得較為自在；現在不用別人要求，我已經可以較不拘束地主動表達我的思想和看法。

　　在你要求我們發表評論或寫回饋意見的時候，我們有時會默不作聲的原因是：身為學生，我們並不習慣用這種自由開放、你所容許的對話方式說話。

　　向來，別人的想法總會讓我感到自卑……大家對我個人問題提出的建議，使我開始能思索我內心中的那些對話，也使我從動彈不得的位置走了出來……我想，這班學員並不知道他們的回饋和談話對我來講有多重要。

　　令我驚訝的是，提出問題、藉以知道更多並弄清楚狀況的方法，竟使我改變了看事情的角度，也使我〔在上則感言所說之個人問題的討論中〕輕鬆了起來。

　　我認為，這些學員所說的話可以支持邁可納米和格根的想法：如果一個人在與他人對話時能改變自己的立場（就如我在面對學員時改變自己的立場一樣），我就不再需要為他們的學習負起完全責任，因為那將成為大家一起分擔的責任。成員若能分擔責任，關係就會變得更對大家有利。

　　在思考邁可納米和格根的話時，我查覺到：我一方面寫文章

要人相信「責任共有」的意識會自然出現在所有關係中，另一方面卻試圖創造學習情境和過程來強化這種意識、使人願意運用它，我似乎有點自相矛盾和難以自圓其說。在思考我自己的偏見和經驗時，我不禁想問：我們能用什麼方式和哪種語言把這些觀念傳達給日常生活中的一般人？舉例來說，在遇到一個說西班牙語、正和司法及兒童福利部門打交道、被控虐兒的移民母親時，我們能如何把這些觀念運用在她身上？換句話說，我認為我們必須回答一個很重要的問題：我們當如何做，才能把共創意義的概念和作法從學術論述轉移到一般人的日常生活中？

第六章
共創意義的舞蹈動作
Relational Moves and Generative Dances

伊恩・柏吉特（Ian Burkitt）

「自我由關係產生」的新說法如今在社會科學界廣受歡迎。如同邁可納米和格根正確指出的，西方世界的整套責任觀念和司法觀念都是建立在一個認知上：每個理性行為者的行動意志純粹屬於他個人所有，與別人並無瓜葛。這個「主體行動意志」的說法想像了一個獨立的個人，其行動的起意、計畫、可理解性及掌控顯然都發生在一個沒有他人存在的世界裡（至少在他啟動這些內心機制時是如此）。然而，「責任共有」的主張卻讓我們對於人類的行動意志有了新的理解：這意志是從無時無刻不存在之關係矩陣（relational matrix）中的互動和對話產生的。

這主張使人開始質疑個人主義的傳統，尤其是這傳統中的自由和制約（freedom and determination）觀念，而這兩個觀念一向都和傳統的究責作法有密切關係。西方世界的司法體系向來依據下面的認知在運作：唯在一個人被確定可以為他的行為負完全責任後（也就是說，他的心智正常到可以主導自己的行動），他才必須接受譴責或懲罰。只要能證明他具有充分掌控那行動的能力，他才必須為之負起全部責任並付出代價。相反的，如果能證明某種情況使他無法為行動負起全部責任，他就可以受到較少的懲罰。這些觀念都源

自一個基本信念：每個人的認知系統都獨自運作於其他人的認知系統之外。要某人為某個行為負起完全責任，意謂他就是那行為的唯一創作者，因為它是從他的理性判斷產生的。因此，在請求較輕刑罰的時候，犯人通常都會用精神問題——精神障礙（psychological impairment）、認知功能失常（cognitive malfunctioning）、人格異常（personality disorder）等等——當作證據和理由。換句話說，在判斷某人是否要為其行動負責時，大家考慮的重點是：在多大程度上，他有能力掌控他的全部心智能力？如果斷定他完全掌控這些心智能力，大家就會推論說，這人在任何時候都應具有採取於此不同之行動的能力——也就是說，他決定這麼做而非那麼做，完全是他個人心智運作出來的選擇。這些都強調了一個觀念：每個人都是獨立存體；他動員自己各種心理功能（mental processes）的能力——也就是他能藉這些功能掌控自己行動的程度——是唯一能左右他行徑的因素。

　　然而，在「責任共有」的思想架構中，這個模型遭到了徹底的批判和解構，取而代之的是下面的想像：這世界是由相互關係形成的，每個人在其中都只是一個交會點或連結點。行動無不在關係中產生，而且也只有在關係情境中才具有可理解性、意義及目的。行動之前總有其他行動，關係之前總有其他關係，個別自我之前總有他人的自我。在關係的上方並不存在著一個神話式的薄氧恆溫層（rarefied stratosphere），其中任何行動的發生都來自個人理性意識所做出的決定。事實上，一切行動都以其他行動為其脈絡背景，並且發生在關係矩陣中。每個行為或作為都發生在其他行為之後，或由其他行為所導致。往往，個人作為也會由個人心中的多個對話者合作完成。例如，雖然一本書的封面上只掛有一位作者的名字，但

這書的寫成卻可能必須歸功於這位作者先前閱讀過、從中汲取過靈感的無數書籍。關係和共與的活動都擁有多個作者和多種聲音，以對話、而非獨白爲其形式。在任何共與的活動中，責任恆由大家一起分擔，因此絕不可能有任何一個人必須爲某種情況或某一事件擔負全部罪名。

由於我們生活在種種關係中、必須與他人互相倚賴，因此理性獨行俠就像開米拉（Chimera）一樣，只是虛構出來的神話怪物。個人和自我都是在關係和互動中被建構出來的，因此任何個人都不可能用所謂的理性法則做出決定、訂出計畫（或策略）。每個人都因關係而存有，會以先前建立的存有意識（prior sense of being）當嚮導，在當下關係中步步前進，而這先前建立的存有意識又是由個人在其他關係連結中取得的身體存在感（品味、喜好、興趣和欲望）建構起來的。誠然，若沒有這一切，我們怎可能在不同的選項間做出抉擇？我們不可能單靠理性就能決定要投票給哪個政黨，或甚至要吃什麼樣的晚餐。相反的，每個人都會根據他的自我認知──他的價值觀、信仰和群體認同──做出決定。道德也是如此，因爲如同邁可納米和格根指出的，在某一關係情境中合乎道德標準的事情很可能在另一情境中不合道德標準。因此，依據道德和責任感來行事，並不是要我們依據理性法則或哲學家康德所說的最高律命（categorical imperatives）去選擇行動方向，而是要我們共同商榷一種方式，以便安然穿越關係中必然存在的纏錯網絡。

這意謂的是，傳統責任觀所根據的自由和制約（determination）二元論（見 Glover，1970）是一種必須被克服的二分法（dichotomy）。若個人不曾從他所在時空中的各種關係取得某種被制約而成的「關係中之我」（social self），他將無從做出選擇，也不可能爲自己

的選擇找到任何憑據。要擁有自由意志和行動的自由，個人在一定程度上必須受到周遭環境的制約。因此，「責任共有」的觀念使得放棄前述的二分法變為必然。誠如安東尼·紀登斯（Anthony Giddens，1979；1984）及其他人所說的，個人在團體中的行動（social action）都是發生在不曾被他認出的制約當中；也就是說，一個人無法事先選擇或設計那些制約。雖然紀登斯會認為，這些不曾被認出的制約就是被個人內化後左右其行動的群體規範（social rules），但我認為，我們最好視它們為個人在行動之前曾經擁有過的所有關係連結。透過人際互動，這些關係結構持續在紀登斯所稱的「結構演化」（structuration）過程中被創造和被調整。我們可以說，促使行動發生的就是行動所在的關係，但行動也會同時轉變關係。重點是，任何人都無法完全選擇他們開始行動時所在的位置、他們身在其中而無從擺脫的關係。因此，當我們說行動在關係的演化過程中扮演極重要角色時，關係才是重點。但反過來，我們也不應認為重塑關係組態的行動「沒有自由」（determined）可言。

　　在這層意義上，關係具有布迪厄（Bourdieu，1991）所說的生衍結構（generative structure），會藉人際互動中的種種作為（social practices）不斷被重整和重新創造。它以制約下的即興行動（regulated improvisation）為形，也就是說，人們常會不自覺且毫無準備地在慣習作法中做出創新之舉。這跟爵士樂手所致力的過程十分相似，也就是從同一標準旋律出發，然後即興創造出無數新的片段以及愈來愈精進的音樂技巧。我們在關係以及其成員共同參與的活動中也會看到十分類似的不斷重組現象。我想把這過程比喻為生衍之舞（generative dance），其中每個人在參與關係的轉變時都會不斷變換自己的位置，而這又會跟如何運用傳統有關，就像巴赫金

（Bakhtin，1986）在語言中所發現的情形一樣：在應實際情境說話時，人們不僅會運用屬於自己文化圈的意義系統及語言結構，還會在實際使用那些意義和結構的同時改變它們。爵士樂手也會經歷類似的事情：在爵士俱樂部的場地中、面對滿懷期望眼神的樂迷時，他們一開始演奏的都是著名歌曲的旋律，但輪到個人間奏時，他們卻會開始演出跟原本預期之旋律組態全然不同的東西，而且在每個不同夜晚，他們都會以同樣的標準主題旋律為跳板，源源不絕帶來新的即興演出。

然而，「結構」似乎並不是一個恰當的用詞，因為它讓我們聯想到固定不變的框架，但關係卻會藉其成員共同參與的活動不斷有所轉變。因此我較喜歡用「動作」或「舞步」這兩個名詞，因為關係成員就如同共舞者，會持續用順暢且具圖形的舞步來變換彼此的位置。關係成員時時都會依據他人的回應以及先前關係對他的影響來變換自己的位置。

關係以生衍之舞為形式的說法必然會影響我們對「責任」的看法，因為所有行動和事件都在關係中發生，所有個人思想、意圖或行動都與他人息息相關。在這層意義上，邁可納米和格根說得很對：任何所謂的邪惡行為都會在某一關係情境中具有可理解性，也都跟其他人的行為脫不了關係，就算那些其他人不過給予默許而已。在研究反猶大屠殺問題時，齊格孟・鮑曼[1]（Zygmunt Bauman，1989）曾為這想法提出相當清楚的解說。他指出：當時的德國人還沒有成為仇恨填膺、迫不及待想依循納粹黨指令殺人的反猶份子，反倒是盛行的種族歧視早就使他們對猶太人的命運抱著事不關己的態度。在猶太人開始被驅離、「被重新安置」時，這種態度讓德國人可以選擇視若無睹或袖手旁觀。有人批評鮑曼的這個說

法，認爲他並未充分討論納粹黨及其領導階層在反猶大屠殺事件中所扮演的角色。但在許多方面，這種批評沒有瞄準重點，因爲鮑曼所關注的是容許這種大屠殺發生的廣大社會氛圍。從這角度來看，把反猶大屠殺期間所發生的事情歸咎於個別集團或個人，都不是恰當的作法，因爲有更多的人需要爲所發生的事情負起責任。這事件發生時的時空背景，使並不邪惡的一般人在默不作聲之際把自己跟邪惡行動綁在一起。

然而，即使我們知道某行動只受到某一時空背景的認可、並非僅由少數病態個人所導致，但這行動或事件並不會因此變得較不邪惡。即使了解反猶大屠殺事件的背景，我們也不能因此就認爲這事件在道德上有任何可取之處，或認爲人們不須爲之負起責任。企圖從關係角度獲得了解，意謂的是：我們必須轉移關注點，不再一心執著於譴責，卻想知道是什麼樣的政經文化環境容許了這類罪大惡極之事的發生，而我們每個人都大有可能會在這種環境的形成過程中參上一腳，因而也負有某種比例的責任。因此，我們要問的問題不單是「誰該受到譴責」，也是「我們當如何防止這種關係組態重現於未來」以及「我們當用什麼方式創造及維繫對話，使全體成員都願意互爲對方負起道德責任」。在創造和維繫這種對話關係時，我們也必須培養一種知覺、知道自己跟所有的人都密切相連在一起，因而願意包容所有的人。

因此，討論關係和對話的理論學者主張：責任不是存在於

1　譯註：一九六〇年代末至一九九〇年代末，居住於北愛爾蘭（當時隸屬英國，現爲自治政府）的天主教徒和基督教徒彼此暴力衝突不斷，直至一九九八年貝爾發斯特和平協議（Belfast Agreement）簽訂後爭端才逐漸消弭。

我們心中的一股力量、一種特性或某種本質，而是由眾人互賴關係形成的一種感覺。在解釋這點時，鮑曼（1989）曾引用伊曼紐爾‧列維納斯的主張（Emmanuel Levinas，1989）：團體生活的首要條件是互相交往的意願（sociality）以及道德責任感（moral responsibility）。列維納斯認為，對他者負責的意識比自我意識更早出現，並且無涉理性及計較思維。它帶有一種向他人敞開的意願，視對方「面孔」為一種無法視而不見的呼召而願予以回應。這無條件的責任意識能夠感知到：別人雖擁有不同面孔，卻擁有正當理由、可以要求我們待之以德。因此，對他者負責的意識會隨時在面對面的交往關係中油然生起。我們之所以會向他人敞開心胸並承認他人可要求我們對之負責，是因為我們的個人身分就是透過他們建立起來的，以致他者向來就是我們的自我的一部分。這是任何實際可行的倫理觀都必須納入思考的實情。

要了解列維納斯的責任觀（1989），我們必須了解他口中「近而不同」（proximity）一詞的含意。「近而不同」含有初始交往意願的一切正面性質；在這樣的面對面相遇中，我們處在一種與他人同在的存有狀態（being-with-others)中，與任何制度化的社會結構和機制無干。這並不是說這種交往意願不存在於高度制度化的現代世界，而是說，我們有必要持續打造能夠強化道德責任的「我他關係」（self-other relation）。要創造所謂的美好社會，我們必須有能力超越利己之我或小圈子的個別利益，並有能力把自己的胸襟向他者敞開（Gardiner，1994）。

在不道德的問題發生時，這種「責任共擔」的說法也能促使我們不把問題向外拋擲、一昧譴責他人。舉例來說，我們很容易拿其他國家／其他種族（不管是德國人或猶太人）的歷史或民族性，

來解釋反猶大屠殺事件。但我們更應該問的問題或許是：有多少足使違背人性之行動爆發的條件也存在於我們自己的關係場域中？如果「對他者負責」是以我們與他人的關係爲基礎，那我們有必要認眞思考一下理查・李克曼（Richard Lichtman，1982）以及其他人的一個見解（我認爲是相當正確的見解）：在西方，我們不喜歡承認自己必須倚賴別人（即便那是事實），原因是我們的文化認爲強者必須自給自足，只有弱者才需要倚賴別人。由於不強調關係的重要性、也不強調關係如何建構了我們各人的生命，我們很容易只根據個人爲獨立體的說法來看待生命，以致每當問題發生時，我們只知譴責個人，而不認爲有必要去譴責團體或社會體制的內在結構。我們照常會在所謂「肇事者」的身上找尋個人心理問題，而非用社會學家的說法（見 Adorno 等人，1950）去找尋答案。

　　然而，正如列維納斯（1989）和馬丁・布伯（Martin Buber，1970）所說，道德意識之所以能在眾人心中成爲可能，只有一個原因：具有行爲能力的他們是休戚與共關係的產物。我們可以用喬治・賀伯・米德（George Herbert Mead，1934）的主張來擴充他們的說法。米德認爲，我們擁有多少道德和責任意識，跟我們站在別人立場、從別人觀點看待事情的能力成正比。這種能力牽涉到：與他人進行眞誠對話的能力、暫時拋卻自己立場的能力、從他人立場（而非自我立場）觀看世界的能力。我們必須有能力站在其他自我的立場，去想像別人怎麼想和怎麼感覺；唯有這樣，我們才能充分顧慮他人，才能充分判斷是非，因而擁有對他人負責的能力。要能眞正負責，我們就必須放棄自己的立場，改從他人的視角看事情，藉以發現新的可能性。很多實例都驗證了這種想法，其中最值得思考的一個實例，就是在沒有互信基礎下展開的北愛爾蘭促和談

判[2]。由忠於英國的新教徒和宣揚愛爾蘭民族主義的天主教徒分別組成的兩個政黨，加上英國政府和愛爾蘭政府，這四方當事者目前正一起緩慢費力地往和平願景前進，希望有一天終能合力終結武力衝突。在這過程中，對立的派系和政黨有必要找到一個交集點，在那裡用對方視角看事情，進而想像一個能容許天主教徒和基督教徒和平共處的未來。這意謂雙方都必須放下譴責對方的念頭，不再把問題和暴力行為歸咎於對方。他們還必須一起構想一個能用對話化解衝突的未來，而非一心一意尋求報復。用對方視角看事情之所以重要，是因為：如果任何一方所想像的未來或任何一方所提出的控訴主導了談判過程，這過程就絕不可能帶來和平。如果忠英派、民族主義派以及英國政府想要一起創造一個沒有武力衝突的未來，他們就必須有能力去理解對方的立場、不譴責對方、並知道自己對他者（對立者、敵人）的所作所為也負有責任。

謀和過程能否成功，不僅有賴辯論過程能否納入所有聲音，也有賴大家是否接受如下事實：這些聲音有能力改變當前的政治機制。統治北愛爾蘭省的政治機構和組織，以及反對這統治的機構和組織，都需要改變。對話中的各種聲音雖然極為重要，但它們並不是轉變關係的唯一因素。其他能轉變關係和均分責任的因素有：四方關係的政治和經濟面向，以及這些面向的負責機構。四方在這些方面的相互關係有時會形成一個感覺起來似乎無法改變的現狀。沒有任何關係網會在任何時候獨立於其他關係網之外，反而會延伸進入越來越廣大的關係網絡中。向外無限串連的關係會彼此支援，但也會成為政治衝突的起源。在互連關係所形成的總體關係中，我們找不到運作一切的機能系統（functional system），也找不到任何企圖使關係自然而然互連起來的有機策略（organic plan）[3]。然而，

就當各類關係及其所在機構成形時，它們會自行相互扣連起來，不是彼此支援，就是互相衝突。雖然這些互賴關係容納了各種聲音，但互賴關係並不是單靠聲音組成的；主張改變關係或穩定關係的聲音很可能會發現自己無法加入對話。

「權力」問題在這時就引起了我們的注目。正如米歇·傅柯所說（Michel Foucault，1982），權力是一種關係形式，因此關係中的某些人會擁有他人所沒有的權力和優勢地位。被邊緣化或處於弱勢的人會竭力想讓其他對話者聽見他們的聲音，卻反而被迫去聽從對方的聲音。傅柯讓我們看到，被貼以「發瘋」標籤的人如何在無法出聲的情況下，被別人的聲音——也就是那些來自醫學界、科學界或法律界的聲音——覆蓋掉。瘋子是他者，代表不容被聽到的非理性聲音，因而只能被迫接受他人的說法——十九世紀瘋人院裡的醫療模式就常出現這種情況。然而，到二十世紀中葉之後，藉醫學來了解精神錯亂的作法開始式微，取而代之的是把所謂的瘋子納入對話的作法。如布萊肯曾經指出的（Bracken，1995），精神醫學的新倫理觀強調的「不是法規和準則，而是如何培養一種尊重差異、反常，和紊亂的倫理敏感度」（頁11）。但我們也可以說，精神醫學的新倫理觀強調的是分擔責任，且要大家認知：一個被標為精神病患的人並不是他者，他的經驗並不需要由高人一等的典範人物來給予詮釋；相反的，他是我們的同類，跟我們一同生活在由各

2　譯註：一九六〇年代末至一九九〇年代末，居住於北愛爾蘭（當時隸屬英國，現為自治政府）的天主教徒和基督教徒彼此暴力衝突不斷，直至一九九八年貝爾發斯特和平協議（Belfast Agreement）簽訂後爭端才逐漸消弭。

3　譯註：此為管理學名詞，較正式的英文說法為 organic approach to strategic planning。

種互動關係組成的人類社會中，因此他的聲音也應被人聽見。一個人對他自己病況做出的詮釋，即使未必更有價值，也應等值於其他任何人對那病況所做的詮釋。

然而，要能站上這樣的倫理立場，我們有必要先挑戰現今權力關係和權力機制的眾多面向。這並不是說我們必須回歸到列維納斯所說（Levinas，1989）、某種被理想化的的原始直接關係（original sociality）[4]，因為：西方社會中高度中介化的關係形式（highly mediated relationships）雖然利弊互現，仍可走上自行轉變的過程。雖然中介化的人際關係確實加大了人與人的距離、並使他們難以發現自己對他人負有責任，但我們仍然認為：因各種政治／社會機制及全球通訊系統之介入而不斷擴大的關係，也使生活在世界不同角落的人越來越能相互認同。

安東尼・吉登斯說過（Giddens，1991），大眾媒體和通訊科技已使人際關係可以超越地域和時區的限制，因而能夠網羅世上所有的人成為關係成員。這意謂的是：在現代世界中，不僅關係越來越全球化，大家感覺到的責任範疇也隨之越來越擴大。我們可能會覺得自己跟生活在半個地球以外的人更有密切關係、對他們負有更大的責任，卻對隔壁的鄰居沒有這種感覺。如格根曾經指出的（Gergen，1991），使「關係飽和」（social saturation）[5]得以發生的科技正在容許不同地域的種種聲音進入我們的對話，使自我在其原有的各種聲音之外又增添了無數聲音。但我們必須為這新的全球連結形式付出相當大的代價，尤其在大眾媒體這一部分更是如此。在報導戰爭或飢荒時，媒體往往只容許某些人出聲，卻不讓其他人出聲。媒體本可開啓溝通管道，並為閱聽者創造對他人負責的意識，就如它們曾在越戰期間透過戰爭受害者的影像，使美國人自覺

對越南人負有責任一樣。然而，媒體們也有能力關閉這樣的管道，例如，在波斯灣戰爭期間，媒體播出的受害者影像事先都經過刻意選擇。就人們願否對他人負責來講，現代世界中高度中介化的關係既能創造正面效應，也能導致反面後果。

　　因此，責任感不會主動從人的內心冒出來，也不可能由某種超越個人的外在機制強加在他們身上。它的發生一方面有賴關係的結構和形式，另一方面也有賴人們在關係中以何種方式分別佔有一席之位。要了解「責任」一詞，我們可以想像一群因關係而存有的自我（social selves），也就是一群彼此牽連、互相倚賴、唯在這些條件下才可能為善或為惡的人。如要補充列維納斯的責任觀（1989）——他認為責任意識發生於我們面對他者臉孔的那一剎那——我們可以說：他指的並不是純屬個人身體的那張臉孔，而是一張蓋有關係印記的臉孔，而這印記是由個人在其種種關係中的位置形成的。任何人的臉孔——除非我們相信它屬於一個因關係而存有的自我，並相信它和我們互賴相倚、和我們既相近又不同、因而值得我們尊重——都是空洞而不具意義的，不可能對我們發出任何道德要求。如果這種關係無法被建立起來，令人恐懼的事情就會發生。但令人

4　譯註：在列維納斯的倫理學中，人類關係即是「面對面」（face-to-face）的關係。在個人直接面對他人之際，當其自我尚未做出任何反應或自認可以為所欲為時，對方的面孔早已經發出「不要殺我」的訊號，使個人的行動自由受到約束，也使他發現對方的福祉乃是自己的責任。

5　譯註：格根以 saturated self 一詞指出，當後現代科技使傳播和溝通工具日新月異之際，由於不斷浸淫在從四面八方接踵而至的各種資訊中（這些資訊往往是互相衝突的聲音），個人的自我越發失去了西方傳統哲學所認為的單整性，卻充滿了雜異聲或無數他人之我。

恐懼的事情並非來自個人，卻是來自眾多因關係而存有之自我間的關係。我們這麼說，並非想為那些對他人性命、安危和尊嚴不負責任的人脫罪，而是想把注意力集中在關係或自我之所以會出問題的真正原因上，並想預防或協助修復責任感闕如的關係情況。

第七章

既由關係而生，也扛起個人責任：自主行動意志及權力的問題

On Being Relational in an Accountable Way: The Questions of Agency and Power

約翰・藍納曼（John W. Lannamann）

　　我認為，在邀請我回應他們時，邁可納米和格根展現了他們願意踐行「在對話中共創意義」的誠意。他們針對多重聲音及內在他者所做的討論，挑戰了學術圈內獨尊權威聲音的傳統。巴赫金（Bakhtin，1981）曾警告文學學者不可錯過「對話聲音的繁複性……它們之間的種種關連性」（頁 263）。我當然可以用身為邁可納米第一任丈夫的那個聲音做出回應。在強調單一聲音的傳統中，這聲音會被認為是我唯一的聲音，因而會使我的回應缺少可信度 [1]。不過，這聲音畢竟僅是合奏的眾聲之一而已——我的學術身分、也就是那不時會從社會建構論學者觀點提出批判的聲音，也是

1　原註：有趣的是，我在此還擁有學術權威的聲音。獲致這權威的主要途徑是批判（攻擊）以及防守的策略、而非本書作者所鼓勵的補充和延伸。讀者們當然不可能相信一個前任配偶寫出的批判性回應有什麼正當性，因為他們認為批判者和原作者之間的關係會成為一個混淆「獨立客觀」思考的干擾變數。然而本書卻讓我們發現，回應不可能獨立於關係之外。一旦回應的能力（response-ability）被視為由關係產生並帶有多重聲音，那麼我們就能在配偶的聲音當中也聽到許多別的聲音。

這些眾聲之一。

在我回應中合奏的聲音，並不是隨意飄浮在莫辨東西之關係大地上的話語。正如伏羅西諾夫所說（Volosinov，1929/1986），一切話語都是針對或真實、或想像出來的對象而發。他認為這樣的關係場景：

> 形塑了話語，指定它只能這麼出聲、而不能那麼出聲──
> 或命令或請求、或堅持自我權益或祈求憐憫、或言語樸實
> 或言語花俏、或自信或遲疑。（頁 86-87）

因此，除了為這篇討論選擇適當聲音之外，我清楚知道自己還必須考慮另一組問題（它們也和我所選擇的聲音密切相關）：誰是我的說話對象？是我的學術圈子？我的升等委員會？我五歲兒子的媽媽？我的系主任？我的妻子？跟我妻子合作寫書的另一位作者？我的朋友？我可敬的社會建構論研究同仁？「既─且」的邏輯在這裡行得通嗎？

為了要能同時操作這些像嘉年華一般熱鬧的聲音和讀者，我打算先講一個故事，因為──如同貝特森曾經指出的（Bateson，1979）──故事是由「名為『相關』（relevance）的那種連結感（connectedness）打成的小繩結」（頁 13）。或許，我的每一位對話同伴都能在下面的故事中發現某種與他們相關的東西。

對我而言，影片《神祕約會》（Desperately Seeking Susan）演出了我在和席拉相處期間經歷到的痛苦覺悟。由羅珊娜·阿凱特（Rosanna Arquette）飾演的片中女主角蘿伯塔是個住在郊區的家庭主婦，必須聽命於她那自以為是、總以施恩者口吻對她說話的丈

夫。劇情隨著蘿伯塔開始不明所以被誤認為他人而展開。那些錯誤的身分使她擁有了好幾種不同的聲音，也使她難得遇見了好幾個非常願意回應她的對話者。當種種奇特狀況使她同時被人誤認為夜總會魔術師的表演助理、被誤告而觸法的妓女以及地下幫派份子時，她的丈夫趕來「拯救」她，卻發現他再也無法用自己的獨白聲音來控制蘿伯塔。

蘿伯塔：他們認為我是妓女而逮捕了我。

蓋瑞：蘿伯塔，妳是女同性戀嗎？雷絲莉告訴我，許多妓女都是同性戀。

蘿伯塔：蓋瑞，你沒在聽我說話。（提高了聲音）我不是妓女，也不是女同性戀。

蓋瑞：我們要找專家診斷一下，我不在乎要花多少錢。重要的是，我要妳跟我回家

蘿伯塔：為什麼？

蓋瑞：（溫和地）為什麼？為什麼？為什麼？妳的「為什麼」是什麼意思？

蘿伯塔：我的意思是，你為什麼要我回家，蓋瑞？

蓋瑞：何必這樣？不要激動，好嗎？不要激動，老天爺！妳是嗑藥了，還是怎樣？

蘿伯塔：（低語）啊上帝。看著我！

蓋瑞：我有看著妳；妳看起來很可笑。

蘿伯塔：我的意思是看著我，蓋瑞。（低語）看著我。（頓了一頓）我不會跟你回家。

蓋瑞：妳不過是累了。唉，何不換下這身衣服，我們回家

再談，好嗎？走吧，走吧！（頓了一頓）好，沒問題，
我……我會到外面去等妳五分鐘；如果到時候妳沒出現，
我就一個人走了。

蘿伯塔：再見，蓋瑞。

十年前我帶著兩相矛盾的心情看著這一幕，其中一個聲音為蘿
伯塔的獨立自主感到高興，另一個聲音卻要求她謹慎行事、好尋求
復合的可能性。研究人際互動之正反合面向（dialectical aspects）的
理論學者（Baxter，1990；Baxter & Montgomery，1996；Rawlins，
1989）認為：「歌頌連結」和「維護自主性」兩者之間的矛盾張力，
就是改變關係的原動力。現在，在閱讀席拉和肯尼斯論「在對話中
共創意義」的文字時，我又體驗到了這種張力。我同意他們頗富禪
趣、歌頌連結的說法：雙方衝突是可以轉化的。但我也想知道，追
求獨立自主的蘿伯塔會如何看待這強調共創意義、以維繫關係的論
點。我猜，她寧可單方面採取行動，也不願再和蓋瑞有所瓜葛。

當然，有人會說蘿伯塔的行動仍然符合了意義共創的精神，
因為她打斷了蓋瑞唯我獨尊的父權聲音。但是，要使這種說法站得
住腳，我們就得擴大「與關係相關的」（relational）這個形容詞，
使之甚至可以形容單一個人的所言和所為在內。此一擴大是有道理
的，因為：由於我們原本就誕生在先我們存在、分享相同溝通方式
的群體（language community）當中，語言的任何用法或甚至非語
言形式的任何溝通，都可以被認為和關係有關或具有複數聲音。從
這角度來看，責難和傷害他人的個人行為都起源於關係，因為它們
只會透過人際互動的過程產生。

席拉和肯尼斯的分析之所以吸引人，部分原因是他們認為：看

似屬於個人的行為事實上都來自關係。他們的分析讓我們發現：個人扛責觀的常見修辭是由眾人建構起來的；一旦被建構，這些修辭就成為了眾人無從察覺的隱喻。因此，「在對話中共創意義」的一個詮釋是：與其說這主張僅想駁斥十七世紀以來的個人主義信念，不如說它更想破除個人對立於關係的二分法。在把個人置於關係過程的範疇時，席拉和肯尼斯的努力可說喚醒了我們，使我們能夠擺脫錯誤二分法的束縛。

　　然而，他們這番努力中的喚醒功能——就像其他論及「自由解放」的概念論述（metanarratives）一樣——帶有一種訴諸抽象理想主義的危險。就他們的努力來講，這理想主義反而弔詭地，把人們及其關係從建構個人和關係的實際互動情境（situationally specific interactions） 抽離了出來。要蓋瑞發現蘿伯塔想藉她的語言動作來改進他們的關係，要他發現「這類語言在關係中會發揮什麼作用」（第一章），並要他放下他的「真實感覺」（第一章）、去了解「如果個人在描述自己的感覺時（舉例來講）選擇使用『悲傷』或『失望』、卻未使用『惱火』或『憤怒』這類形容詞，那對關係有何影響？」，是不太可能的事情。從某個角度來看，這樣的對話關係似乎較適合學術研討會，而非街頭巷尾的人生。為什麼？

　　把憤怒的蓋瑞和席拉及肯尼斯的論說散文並列在一起，也許並不公平。他們使用的不同語彙導致了不同的生命形式，因此，如果認為這兩種語彙等值相當，那反而有些矯情、令人不解。我認為，這兩種語彙之所以看來無從比較，是因為它們呈現了不同的道德架構（moral orders）：蓋瑞生活在一個強調「應該」和「必須」的世界裡，而無論看起來或感覺起來，這個世界都非常不同於席拉和肯尼斯所提議、強調正向對話倫理觀（ethic of relational engagement）的世界。

席拉和肯尼斯似乎認爲，拋卻個人責任觀——自康德（Immanuel
Kant）以來，大部分具有個人主義色彩的道德哲學都以這觀念爲核
心元素——他們就能改變責任論述。但是，如果向來建構對話者
之自我認知的各種「應該」和「必須」充斥著傳統個人主義的語
彙，那麼強調關係的語彙又會是什麼樣子？一旦離開個人主義的存
有論（ontology），我們是否可以繼續玩「扛責」（accountability）
一詞的語言遊戲？或者，「扛責」觀念根本擺脫不了席拉和肯尼斯
已經解構的個人主義傳統？

要回答這個問題，我們就得回到無從相較之語言的問題上。用
理論來解構「個人扛責」的觀念並證明它是社會和歷史的產物，
是可行的。然而，在實際的日常生活中，我們很難否認互動關係中
有許多「鉤子」（hooks），因爲在對話中出現的道德力量仍會把
我們鉤住吊掛起來。我認爲，我們會感覺到這些鉤子的存在，就足
以告訴我們：「個人扛責」不應被認爲只跟個人主義有關。在互
動中被商榷出來、架構關係之進行的「應該」和「必須」也建立
了一種扛責意識，但這種意識較像自然呈現的器樂主題或旋律中的
「即興短句」（hook），而不是孤立的個別音符。互動作爲所形成
的旋律輪廓（contour）會一方面限約、另一方面引動未來的作爲。

雖然在用關係之說解釋個人作爲時，我們很難不訴諸「個人
意圖」一類的觀念，但這麼做是值得的。因爲，當我們踏入「扛
責」這個區域時，我們會碰到一些重要問題，而它們都與席拉及肯
尼斯說法的實用性直接相關。在談論關係過程時不承認其中有任何
個我是行動發起者，這樣說得通嗎？而且，在面對「扛責」這個
問題時，我們會遇到——我姑且稱之——「蘿伯塔的兩難」：放棄

被虛構或建構起來的「個人意圖」概念、改採「關係過程」的說法，這一動作何時成為了一種順應主流論述的方式？因此我希望，在此我能對「在對話中共創意義」的探討一方面提出補充、一方面也提出挑釁的看法，藉以擴充席拉和肯尼斯的許多重要想法，好讓他們的主題也能納入那些被逐出現代主義思維[2]後尚未復權的議題：扛責、自主行動意志、以及互動中的權力遊戲（politics of interaction）。

扛責和自主行動意志

席拉和肯尼斯建議我們放棄存有論中的自主行動意志概念（見第一章）。只要「自主行動意志」一詞仍被大家理解為世上本然存有的一個概念（a natural category in the world）（這可能就是席拉和肯尼斯在使用「本體的」這個形容詞時想到的意思），這個建議就具有意義。然而，唯當語言被視為再現系統（system of representation）、而非可以導出不同關係狀況（social realities）的對話作為時，自主行動意志為本然事物的說法也才會具有意義。

2　譯註：本文作者當時（1990年代）所說的現代主義就是我們如今所說的後現代主義。

3　譯註：本段及上段所說與 John L. Austin（1911-1960）的語言成事說（performative concept of language）有關。Austin 在 How to Do Things with Words（1955）一書中提出此一觀念，主張語言命題多半不具真偽價值，但具有行動力（performativity）、能帶來各種後果並創造新的現實及改變世界。此說後來影響了後現代的性別認同理論以及人類學、社會學、經濟學、心理學等各個領域的建構論。

我認為席拉和肯尼斯採取的是「語言成事」（performativity of language）的見解（也就是認為語言可以創造新的關係），因為他們直接問了一個問題：「如果仍把意圖或行動力的起源設定為自我和他人，這對關係過程來講會有什麼影響？」（見第一章）。很顯然的，其中一個影響仍與扛責觀念有關。既然本然存有之「個人意圖」的概念是被發明出來的，席拉和肯尼斯反而可以從建構論者的觀點構想出一種特別的扛責形式：只要個人意圖沒有被視為本然存在、沒有被認為獨立存在於對話者共同維繫的對話情境之外，我們還是可以用個人行動意志的說法來解釋種種行為。

在一篇較早的論文中（Gergen，1985），肯尼斯提出了一個有用的框架，探討「心理意圖」這一概念的起源。他認為，在了解「意圖」這個概念時，我們應視這概念為一個語言作為，讓我們可用它描述那些原本難以描述、在行動背後進行不已的心理過程。在使用「意圖」一詞時，說話者得以建構許多端點，用以表達稍縱即逝之當下時刻中微細而無以名之的心理狀況。因此，「意圖」以及與之相關的「自主行動意志」是人類在對話過程中所發明的東西，可以解決實際難題和完成重要工作。就像其他被用來描述心理行為的概念，「自主行動意志」並不是某種內心狀態，而是從對話語言中出現的一個概念。它不是先天既定之事；它較像對舞，而非肢體的自然抽搐；它是對話作為的副產品。[3]

但席拉和肯尼斯在探討「在對話中共謀意義」時，「自主行動意志」被建構於和產生於對話作為的事實，卻被他們用來打散或解構自主行動意志，希望能夠降低人際衝突以維繫對話。「被建構而純屬虛構的自主行動意志」一語，成為一個了用來否認自主行動意志的修辭，然而這樣的解構卻使得「扛責」一詞窒礙難行。一旦

把自主行動意志擺在一旁，責任的觀念也就被顛覆了。席拉和肯尼斯彷彿在玩名為〈禁忌〉的派對遊戲，其中一個玩家在不提供任何相關關鍵字的情況下，要求其他玩家猜出隱藏的字為何。若沒有任何跟「扛責」有關的重要線索，我們也很難認出責任屬誰。

　　在不受個人主義誘惑的情況下，我們仍可以用兩種方式來處理「扛責」的問題。一個方式是：直接承認我們已經擁有可用來談論集體行動意志的語言——例如，我們早已自然而然認為機構是具有意志的行為人：「本大學不會根據種族、族群、性別認同或宗教來歧視任何人。」一旦承認這樣的集體行動意志，我們便能要求團體負起責任。有許多機構就曾必須為它們的不法行徑負起法律責任，儘管當時找不到任何犯法的個人。然而，這種團體責任觀在席拉和肯尼斯的眼中仍嫌不足。從他們的「意義共創」責任觀來看，團體責任的說法不過是把個人行動意志的語言轉嫁到由個人組成的團體身上而已。

　　要把「扛責」重新納入「意義共創」的說法中，較令人滿意的第二個方式是：承認「責任」和「個人行動意志」的想法都是由我們所參與、但無法控制的互動情境形成的。蕭特（Shotter，1984）把互動過程不受掌控的面向稱為「連動（joint action）……它所產生的後果無法被追溯到任何參與者的意圖那裡」（頁 x）。與個人意圖無關的連動建構了「能讓〔人們〕理解彼此作為的各種社會制度」（頁 x）。蕭特的「對他人負責」說（social accountability）並未完全倚賴「個人行動意志」的觀念。他認為，人們用行動參與、時時帶來可理解意義的對話過程雖不受個人意圖的左右，也並非全然隨機而沒有形式。連動為對話製造出語言資源，讓人們可以用來解釋他們的所作所為。透過連動（包括偶爾出現的意外、動怒、以

及其他非我所能控制的事件），我和我的家人發展出理解事情的方式，使各人能為自己的行為做出解釋。身為家中的一員、「個人」身分（丈夫、父親、教授、小狗的咀嚼玩具）又和家人間的相倚關係緊密交纏，我必須能夠對家人解釋我的行為。

席拉和肯尼斯把相倚關係包括在關係的四個範疇內，但他們選擇用「我們」的概念來取代互動的個我。雖然這個對「我們」的關注和他們對關係過程的關注是一致的，但這個取代動作卻使關係過程難以進行，因為他們忽略了一個事實：個別「我」雖然恆是、必然是關係所建構出來的東西，但它總在連動過程中扮演主要角色。席拉和肯尼斯繼續寫道：「能使惡言惡語、受傷感覺、凶狠反駁發生而存在的是『我們』」（見第一章）。這和蕭特所說的連動關係有所不同：蕭特為關係所建構的行為人（關係中的「我」）保留了空間，認為無可預期的對話狀況總會使個人在無意間做出某些後果嚴重的事情。

我們可以用《神祕約會》這部影片為例，來說明為何把重心轉移到「我們」的這個動作是有問題的。在她和她丈夫所運用、以父權為尊的「我們」敘事語法中，蘿伯塔很難發現她自己的聲音。她之所以會離開那個關係，是因為繼續留在其中的話，她就會被迫繼續使用「我們」的語言——也就是把持在她鈍感丈夫的手中、漠視她擁有行動意志的那套語言——來解釋她自己的行為。蕭特說：「在解釋問題時，我們多少都會受到他人的脅制。除非我們用被社會許可的方式解釋問題，其他人不可能視我們為有能力和負責任的社會成員」（1984，頁 xi）。只要蘿伯塔仍必須對「我們」負責，那麼任何事情都將難以改變，因為她的「我」會繼續在她丈夫的眼中顯得無能和不負責任。使這部影片具有戲劇性的就

是「我們」和「我」這兩種敘事語法之間的張力。新奇經驗及改變之所以發生，是因爲蘿伯塔和其他的「我」發生了連動關係，但其他的「我」雖然有份於、卻不能主導他們在無意中造成的這些改變。因此，關係的改變是由個別行爲人之間的實際互動、而非抽象的「我們」導致的。它是一個無法預期、時而充滿爭執的過程，不可能因爲換上「我們」的語法就會立刻發生改變。

邁可・懷特（Michael White，1994）爲施暴配偶的男人提供的心理治療是個有趣的例子：在強調責任共有的同時，他也傾聽「我」的聲音。懷特出身於強調關係的治療傳統，深信個人的施暴行爲絕對和眾人慣用的語言體系有密切關係。他寫道：

> 認爲這些施暴的男人不正常，反使身爲男人的我可以逃避
> 責任、不去採取行動和別人一起推倒男性特權。就是這特
> 權延續了男女機會不平等的現象，並支撐了男性的主導地
> 位。（頁 70）

這種醫病關係中的反思能力（reflexivity of relational practices）[4]，看起來和席拉及肯尼斯排斥個人責任說的想法是一致的。在他的治療中，懷特並沒有採用一種把施暴者孤立爲「他者」的論述，而是強調「共同責任」──也就是說，他認爲超越「個別行爲」之說、

4　譯註：Relational practices 指協助他人或促進他人福祉的工作，如醫護、教育、社會
　　服務等等。在此根據上下文意譯。"Reflexivity" 一詞出自法國社會學家 Pierre Bourdieu
　　（1930-2002）所主張的 reflexivity sociology，意指研究者（或觀察者）必須具有自覺
　　能力，能察覺自己被所屬之社會場域（學術圈、性別、社會階級等等）制約而成的
　　認知偏見，並能用被觀察者的視角來思考問題。

視個人存有源於對話關係是有必要的。但他並未全然忽視個人自主意志或個人責任的說法，也沒有直接轉移到「我們」的範疇。在治療之初，他會單獨和施暴的男人晤談，用探討的方式使對方願意擔起責任。這一階段的準備工作包括：協助施暴者為其行為負起責任、協助他們體會被施暴者的感受、使他們能夠理解被施暴經驗的短期和長期影響（頁 68）。這些預備步驟看來強調了個人的自主行動意志，但這自主意志卻是深植在「崇拜攻擊力、掌控權和征服者的一般男性自我認知及男性思維當中」（頁 70）。因此，懷特的作法讓責任披上了非常明顯的關係形式，可以在不忘「我」和「我們」持續對話的同時，平衡個人自主行動意志及人人有責的說法。

對話中的權力遊戲

對於席拉和肯尼斯企圖改變社會的努力，我抱有很大的興趣。根據他們的建議，我們應視關係為對話過程，在其中經濟、社會住宅的提供、教育、政治、以及其他各種「廣泛公眾事務交錯在一起，進而被創新和被轉化」（見第一章）。若是考慮到貧與富、剝削者與被剝削者、給他人問題貼標籤者及被標籤妖魔化者之間不斷擴大的差距，這種不需訴諸暴力的轉變聽起來確實是個很不錯的想法。

但我很想聽聽：當雙方的立場相當不同時，轉變——甚至小小的轉變——能以何種方式展開？如果發起對話的是地位較低的一方，力謀意義的動作能帶來什麼轉變？例如：我們很難不對蘿伯塔離開蓋瑞的動作報以掌聲，但我不相信她的動作不僅滿足了共創意

義的要求、也維繫並強化了對話關係。如果她曾認爲維繫對話比她的自我更加重要，她還能逃開丈夫的掌控嗎？

　　如果對話者之一堅信自己有理而不肯妥協，而另一個對話者卻想運用「意義共創」的對話模式，那會出現什麼情況？「我們」之說的邏輯是：如果在對話關係中願意保持回應能力的那方把重點放在維繫對話上，那些無心參與關係遊戲的人也會變得較有回應能力，因爲前者在試圖解決問題時，會把僵持也納入考慮、而非將之排除於外。溝通理論家尤其會持有這種邏輯，因爲他們本身具有足夠的敏銳度，可以避開「再現論」（representationalism）的陷阱，不會認爲「言語內容」（content）和「言外訊息」（metacommunication）互不相干[5]。然而，如果迅速轉移到「我

5　原註：言語內容和透露關係的表達方式是一體兩面的。我們很容易陷入一種想法：有必要在爭執中保持具有回應能力的表達方式、以維繫關係，即使忽略問題或所言也無所謂。這想法反會帶行不通的「容器」溝通模型（container model of communication），視雙方的相對身分（relational contexts）與形成這些相對身分的溝通行爲互不相干。譯按：「容器」溝通模型（如 Lasswell's model of communication）認爲溝通基本上包括傳送和接收兩部分，傳送者把意義放入言語字句的容器中，然後由接收者從中取出意義。此一容器模型被視爲線型或單向溝通模型。「再現論」與容器模型有關，即西方的傳統認知論，視語言文字能反映（模擬）現象世界，包括個人心理內容在內（參見本書序言及第一章）。社會建構論與這傳統的歧異處，在於它認爲語言文字並不指向外在客體世界，而是藉其對話性導引意義事件的發生，進而一再改變個人和社會現實。Metacommunication 是美國精神科醫師 Jurgen Ruesch 及人類學家 Gregory Bateson 在 Communication: The Social Matrix of Psychiatry（1951）一書中提出的概念，意爲 communication about communication，或稱 secondary communication，常以某種不自覺的語言訊號或身體語言（how it was said）爲媒介，暗藏在當下的言語（what is said）中，傳遞出說話者對自己所說之言的看法或感覺，致使主要的言語訊息失效。Bateson 認爲這種自相矛盾或弔詭（paradox）普見於人類的溝通之中——換句話說，日常生活中的人際溝通難用理性邏輯加以規範。

們」而因此把重點放在各自的「說話方式」(how it was said)上，「所言」(what is said) 就會相較之下被視爲不具實際效應（consequentiality）。但從語言成事說（performativity of language）[6]的觀點——我想這也是席拉和肯尼斯的觀點——來看，「說話方式」和「所言」都是能引發新狀況的對話作爲。輕忽後者、以便讓對話持續進行，對話者會因此全然看不到整體對話可導致實質後果（material consequences）的事實。

當具有回應能力、希望維繫對話以保護關係之神聖性的對話者軟化他對問題所持的立場時，被軟化的回應方式會成爲對話過程的一部分並產生效應。如果是在政治場合，這些效應會強化較不願回應者的氣勢。於是，正由於運用了「包容」這個代表回應能力的修辭、並且不拒絕對方所提的無理要求，最後的結果往往都會向不妥協的那一方傾斜（即便有助於關係的改善）。許多人說這就是柯林頓總統在他第一個任期內犯下的錯誤。在試圖和反對黨合作時，他放棄了大部分的競爭，最後雖然說有點結果總比沒有結果要好，但那結果絕對有利於右派。無意在對話中採取回應行動的人不可能有動機去做出回應，尤其在他們知道對方將藉回應來促進關係的情況下。因此，願意承擔回應的責任，反有可能得到一個結果：雖然用意良善，對話之流卻會流向保守封閉的那一方。

在結束之際，我要舉例說明上述的問題，藉以指出有回應能力的對話者在面對咄咄逼人的另一方時會遇到的挑戰。在一篇頗爲有趣、被大眾喜愛、但標題有點誤導人的文章〈如何像男人一樣發號施令〉（Tannen，1994a） 中，譚能舉了一個對話的例子，在其中一個飛機副駕駛試圖向正駕駛示警，要他知道有越來越多的冰覆蓋在機翼上方。譚能指出，副駕駛用委婉的方式來表達他知道自己的

地位不如正駕駛。在佛羅里達航空公司九〇航班於一九八二年一月十三日墜毀後，她提供了從黑盒子取出的一段錄音記錄如下：

> 副駕駛：那看來不對，是不是。（3.0）啊，那不對……
> 正駕駛：沒有錯，有八十。
> 副駕駛：不，我認為那不對。（7.0）啊，也許對。
> 正駕駛：一百二十。
> 副駕駛：我不知道。

為了不想直接牴觸正駕駛而危及兩人的和諧關係，副駕駛用附加問句以及「我認為」、「我不知道」這些修飾語來緩和他所做出的回應。在這情況下，正駕駛的強勢語言以及——也許——他的不知妥協得以把副駕駛用來保護關係的委婉建議撇棄一旁，卻不料因此釀成了大禍。

在另一篇文章裡（Tannen，1994b），譚能提出一個類似、但比較不悲慘的例子，讓我們看到，當人們試圖在強勢對話者面前採取較軟弱回應時，那會是什麼狀況。針對多人會議中兩性表現出來的不同談話風格，譚能認為女人學習到的技巧——

> 例如把自己的意見連結到別人的意見、等待示意而不會自行發言、提議而不下令、支援別人說過的話而不使自己的意見聽來具有創意——*只會在團體每個成員都遵行這些做*

6　譯註：參見譯註 3。

法時，才會具有建設性。（頁 301；斜體字為筆者標出）

　　然而，當這些配合相對身分的談話風格不被所有的人（也就是男人）遵行的時候，女人發現自己在會議中的發言很難被人聽得到。雖然席拉和肯尼斯所提的「回應以共創意義」牽涉到的問題不限於溝通風格，但譚能舉出的例子還是讓人感到不安，因為它讓我們看到：至少在短時間內，強勢者總會趁機利用有回應能力者為維繫關係所釋出的善意。

　　我知道，譚能所舉的例子（1994a，1994b）並無法充分說明席拉及肯尼斯所構想的意義共創作法。顯然的，墜機事件和董事會中的男性睪丸素都非常不單純，牽涉到的現象非常不同於席拉和肯尼斯一開始所設想的。我提出這些例子，除了因為它們能像諷刺漫畫一樣把互動情狀生動描繪出來外，也因為它們無意中提供了一些延伸概念的方向，讓強勢主導（dominance）、權力（power）及話語權（access）[7] 這些問題能被重新定義為出現於對話過程中的事件。

　　在思考這些例子的時候，我發現我們不能把「責任」全部分散到關係成員的身上，也不能把它簡化為個人行動意志的問題。在譚能舉出的例子裡（Tannen，1994a & 1994b），一個相信對話過程、願負起對話責任的說話者，他的善意反遭到話語權掌握者的破壞。我們現在需要一種能讓我們區辨個別意志和關係的新語言，即使這兩者都是經由互動過程而產生。我們的挑戰在於如何發展出如

7　譯註：強勢主導及權力是由社會主流論述（經大眾媒體、醫學、法律、政治、官僚體系、學術等等散播於社會）創造出來的，因此爭取權力或強勢地位的群體或個人必須先爭取社會論述的話語權。

下的究責作法；一方面深知個人的獨特性無不起源於群體生活和權力關係，另一方面不忘舞者、舞姿和音樂的重要性。

第八章

以不確信的心走入對話[1]：
一個默想

The Uncertain Path to Dialogue: A Meditation

莎莉安‧羅斯（Sallyann Roth）

　　我邀請你加入我的默想。下面的問題並不以獲取知識為目的，而是要邀請大家體驗人與人之間的連結感及共同責任感。這連結感和共同責任感之所以會發生，是因為我們容許自己好奇而不自認了解一切，能把被泛化和物化的人重新當作個人，並為未來（也就是我們一起創造、正在成真的世界）騰出空間。當然，以下的問題或許本身就是答案，指向它們自身以外的某處。

　　在邊閱讀和邊思索時，請把第一人稱的「我」當作是你自己的聲音。

　　某些時候，我跟人對話或爭論，跟對方比誰的聲量大卻爭不出結果，或在交手當中徒見雙方怒火直直上升。某些時候，我確信自己完全知道對方要說什麼，而且我用絕對的信心預期對方會說出沒有頭腦的話。

　　某些時候，我很絕望，覺得自己的話不可能被某人、或在某場對話中或某個議題上被聽到、被了解、或被充分聆聽。某些時候，

我感到極度不耐煩，無意再嘗試讓對方了解我、無意再向他解釋我自己；我心懷輕蔑或甚至想痛打對方一頓。某些時候，我想直接輾壓對方所說的話。

在這樣的時刻裡，

我怎樣才能不讓受傷、無助、憤怒或輕蔑的感覺控制住我？

我怎樣才能不認定另一個人或另一群人才真正是問題的製造者？

我怎樣才能不讓自己放棄溝通？

但另一方面，

我做了什麼，使別人不願繼續與我溝通？

我做了什麼，使別人自覺無足輕重、絕望、格格不入、被消音、被防堵在外，因而不想對我暢所欲言？

我做了什麼，使別人試圖要我相信他們是對的而我是錯的、強把他們的想法加在我身上、不跟我直接說話、或忽視我的在場或甚至我活生生存在的事實？

1　作者註：我非常感謝住在瑞典斯德哥爾摩、正在和我一起擴充本章內容的 Michael Hjerth，謝謝他為這篇默想提供了許多有益的意見和觀念。這篇默想具體呈現了公眾對話推動專案 (Public Conversation Project；見 Becker, Chasin, Herzig & Roth, 1995；Chasin & Herzig, 1994；Chasin et al., 1996；Roth, 1993；Roth, Chasin, Chasin, Becker & Herzig, 1992；Roth, Herzig, Chasin, Chasin & Becker, 1995) 提出的許多觀念。為此，我也要向我的同事、也是我長期的團隊夥伴——Carol Becker、 Laura R. Chasin、Richard M. Chasin、Margaret M. Herzig 以及 Robert R. Staines, Jr.——致上感謝。

當我碰到他人挑戰我的看法、我的信念、我的價值觀時，

什麼會讓我願意聆聽他們所說的話？

什麼會使我請他們再多分享一些他們的想法和感覺？

什麼會使我問他們：他們為何會有那些想法和感覺？

當我覺得受到挑戰、甚至受到威脅時，

什麼會使我願意思索、有興趣知道並探問：當我的相信和我的「知道」和他們的相差甚遠時，他們的相信或「知道」是怎麼來的？

什麼樣的動作或情境會鼓勵我

用敞開的心說話？

用敞開的心聆聽？

什麼樣的情境夠安全到

讓我願意敞開心胸對別人說話並聆聽他們，以便讓這番接觸改變我、讓對話影響我？

什麼樣的動作和情境能使我重新詮釋我過去的經驗、當前發生的事、以及我所想像的未來？

我要用何種方式開放心胸，去探索我們之間的許多差異、我們的故事、我們的生活、我們的現況？

　　我要用何種方式暢所欲言，即使暢所欲言可能會讓我們發現彼
此根本無法了解對方？

　　什麼樣的動作和情境可以鼓勵我

　　放棄我的認定，也就是自認了解別人話中的意思？
　　用熱情去探討我不了解或無法了解的事？
　　去發現自己不了解的事情有多少？
　　去騰出空間，以容納眾人對同一事件的不同感受、我自己
　　在不同時候可能賦予那一事件的不同意義、以及凡可能存
　　在的任何差異騰出空間？

　　我做了什麼

　　使得別人開始不尋常地坦誠說話？
　　使得別人的回應不尋常地充滿了豐富和複雜的情感？
　　使得別人說出他們的省思或他們最熱切的意願？
　　使得他們願意說出一些零碎、尚未成形的想法，或那些久
　　經深思、但從未對他人提過的想法？

　　當我認為別人可能覺得我的想法、感覺、信念、或觀點「有
誤」、「有偏差」或甚至怪異時，

　　別人做了什麼，使我願意對他們坦誠、願意思考並說出我
　　從來不曾說過的事？
　　別人做了什麼，使我說出我不敢說、甚至不敢想的事？

（在我當時的想像中——我或許也想像得沒錯——坦誠說
話會使我在乎或依賴的人不願接受我。）
別人做了什麼，使我把全部的感覺和想法說出來，並用一
種願意面對困惑、不再那麼確信、願透過對話來改變自己
的方式說話？

當我覺得別人的想法、感覺、信念或觀點「有誤」、「危險」
或非常不同於我的時，

別人能做什麼或說什麼，使我願意聆聽那些我原本聽不進
去、與我的想法背道而馳、太令我困惑、太具挑戰性、太
不知所云的話？

我能用什麼方式提醒自己：要說自己的話並根據自己的經驗
說話，不要用團體一員的身分或團體代言人的身分來撐起自己的信
心？

我能用什麼方法記住：在聆聽時，要全神貫注，敞開心胸，抱
著真誠的興趣，不妄加評斷，不因對方說出不同或具有挑戰性的想
法、感覺和信念而與之爭辯？

我又能用什麼方法，同樣全神貫注、敞開心胸、不妄加評斷、
大度地傾聽我自己？

如果我不能如此開放，而且如果另一個人（也就是與我「不
同」的那個人）也不能，

在那情況下，我們能否去了解和談論彼此的相似處，避免

用彼此的差異、在爭執不休中定義自己？

我們能否不把對方定義為「他者」？

如果我用這種開放的方式對待「看法相似」的人，

在我們用彼此的相似處定義自己後，我們能否坦誠談論彼
此的差異？

我們能否不把自己當作與「他們」有別的「我們」？

我們如何能創造一個空間，好讓我們在那裡可以透過彼此的差
異，來體驗彼此的相連？在那空間裡，我們都不會放棄自己的核心
信仰、價值觀和信誓，但同時，我們之間的差異雖然造成緊張，卻
也為你、我和我們彼此帶來嶄新的經驗？

要走在這樣的路上，我們每個人會需要什麼，才能取得必要的
視野、意志、力量和不懈不撓的決心？

我們要如何找到完成這旅程所需要的勇氣？

第九章
「責任共有」說：被解構的可能性
Relational Responsibility: Deconstructive Possibilities

瑪莉・格根（Mary Gergen）

一九九六年六月出現在我書房的一頁傳眞寫著下面這則筆跡潦草的訊息：

> 瑪莉，這根本不是我想要傳給你的東西……我一直和困境不期而遇：
> 斷了一角的牙齒——早上我要到牙醫那裡裝牙帽，需時三小時！
> 水井快沒水了——我正在限量用水，還要去買個水深測量器。
> 不速之客來訪。周末就這樣颼的一聲消失了。
> 過敏／感冒／對乾燥和爐火起反應，痛不欲生。但這星期我確定有時間，我一定會寫啊寫個不停。啊真慚愧，竟然列舉了這麼一長串藉口！
> W……

就讓我用這熟悉的故事做本文的序曲吧。朋友傳信給朋友，在信中不停念誦罪惡感、藉口、求情和懺悔，只爲了解釋一件或眞

實、或想像出來的冒犯之舉，以示負責之意。我用這小小的故事當序曲，是想證明：當我們自認有錯時，我們每個人都用過這種傳統的對話方式。這種個人負責的語言深植在每個人的內心，甚至連那些恨不得立即解構它的人也都如此。個人必須為未曾履行的責任承擔罪惡感和羞恥感──這個傳統想法有如一條長黑隧道，但本書的兩位主要作者在本書首幾章提出的「責任共有」觀念可以成為隧道中的一線光明。我們當然還沒走到「錯在個人」這條隧道的盡頭，但兩位作者提供的新語彙可以讓我們暫鬆一口氣。這套語言雖一方面挑戰了沉重的傳統個人責任觀，但另一方面 ──可能怕我們因此太輕易從責任脫鉤──也給了我們一個新的責任觀，要我們用新的方式來理解群體生活以及我們該對何事負責。

我在下面要闡述的一些主題，是在我和兩位作者、他們的回應者以及某些著作對話時出現的。在結合各種討論主軸時，我希望能藉自己的述論過程擺脫一個兩難（這也很可能是大部分回應者面臨的兩難）：一方面用共創意義的態度做出反詰，但另一方面，所反詰的對象卻是跟我關係密切的兩位作者。要針對他們那幾章既複雜、又創新的說法寫出既挑釁又欣賞、因而有趣的補充文字，確實是個艱鉅的挑戰。但同時，去回應這套才剛登上學院大門的新論述，也是一番令我著迷的知性操練。

個人責任說：底面黑暗而表面光鮮

本書的最初幾章已經把傳統責任觀的問題闡述得十分清楚。席

拉‧邁可納米和肯尼斯‧格根說：「無論在思維、意識型態或實際作法上，個人責任的論述……都有很嚴重的侷限和不足之處」（見第一章）。採納個人責任論述的人會認為，生活是由混亂、衝突和爭執構成的，而解決這些問題的方法就是找出誰必須為哪個不幸事件負責。無論在家中、學校內、法庭上、公路上或大海上，把責任、譴責、讚許和懲罰遣送到個人身上的情形至今依然存在。在世界各地的新聞報導中，擴大個人責任的趨勢也非常明顯。美國今天有越來越多的新聞讓我們看到以下的情形：未成年人以成人身分接受審訊、父母為其子女的行為遭到譴責、公司副總裁為其下屬的罪行受審訊、屋主為其鄰居的不幸成為被告、專家為其作法上的疏失受到起訴。就是為了對抗這股個人責任的浪潮，倡導共同責任的人提出了體系大鍋湯的說法。但從當前瀰漫的風氣來看，我們能抱持樂觀的態度嗎？

在探討「從個人轉往關係」這個題目之前，我想稍提一下：邁可納米和格根在他們的說法中並沒有提到個人責任觀的積極面向。我們在日常生活中不也強調個人有做出最好表現的責任？教務主任榮譽榜、本月傑出員工、諾貝爾獎、麥克阿瑟天才獎、普立茲獎、奧林匹克獎章等等，都是為個人成就設置的。我們的社會非常看重誰對企業的成功做出貢獻，致使許多人都想爭取功勞。從公司的總裁（可口可樂的 Roberto Goizueta 自一九七九年以來至少賺進十億美元）、NBA 籃球賽的教練們（波士頓塞爾提克球隊的教練以七百萬美元高居薪資榜首）、到鎮上五金店的經理，他們所獲得的金錢報酬無不和他們為成功所承擔的個人責任成正比。由於社會把最高的獎賞頒給那些為它創造最傑出成就的人，所以大家都熱切希望維繫這樣的評比形式——已成功的人以及正致力追求這種獎賞

的人尤其如此。從贏家的觀點來看，「責任」是一個值得攀附不放的名詞。

　　一般人之所以會堅持究責個人的必要性，則是因為他們相信社會秩序有賴於此（M. Gergen，1992）。唯在壞行為受到懲罰、好行為受到獎賞時，公平正義才算獲得實現。如果取消這種制度，其後果想當然就是混亂，因為：一旦「責任」及其後果從「個人對社會負有責任」的偉大價值觀中被移除，可怕的罪行必會經常發生並隨機發生；於此同時，人們也不可能想對社會做出什麼有益之事，因為如此做並不會得到獎賞。而且，放棄個人責任觀也可能造成另一個問題：如果不再關注個人的動機、目標和行動，眾人還能共用什麼其他框架來思索人類的行為？我想，一旦個人責任觀不再存在，邁可納米和格根的理論探索，或許可以提供某種另類的框架。

　　雖然我最初認為「責任共有」的說法意在顛覆我們對個人責任觀的理解，但我發現自己誤解了作者的意圖。他們似乎並不想全然放棄個人責任觀，因為他們提到要以共創意義的對話過程來「擴大既有的傳統」（見第一章），而非取代它。然而，儘管擁護「兼容並蓄」的價值觀、願意容納各種論述（包括個人責任觀在內），他們的核心主張還是以創造新責任觀為目的，而這責任觀乃是建立在「人類信仰及人類行為無不源自關係」的理解之上。

新的框架：分散責任以及前往新可能性的途徑

　　當兩位作者有意用另一種責任觀——也就是責任共有的說法

——來補充個人責任觀時，我想反過來思索一下：如果個人責任觀被納入以關係爲框架的責任觀，會有什麼後果？改造個人責任觀、使之具有關係形式，這意謂的是：我們必須從所謂體系大鍋湯的全盤樣貌（emergent qualities of the so-called systemic swim）[1]來解釋所有或好或惡的個人作爲。在討論奧克拉荷馬市爆炸案（Oklahoma City bombing）的責任問題時，我們不應只將手指指著放置炸彈的那個人、去追究他的責任。或者，如果想對愛滋病疫苗的發明表達敬意，我們不應只把諾貝爾獎只頒給一兩位醫學研究人員、認爲他們獨力創造了這種血清。在從關係的觀點看待所有事情時，我們必須匯集各種人爲的、大自然的、巧合的、歷史的促成因素，才能解析所發生的一切事情。我們在近視中所恐懼的個別罪魁禍首或所崇敬的個別英雄，必須和天才、創造力、自主、個人意志（無論像天使般崇高或像魔鬼般邪惡）這些觀念一起消聲匿跡。就是這種認爲事件及個人都是共成之物（emergent quality of events and individuals）的想法，促使我們轉去強調共同責任、迎來更精細複雜的人類生活論述。

　　邁可納米和格根說：「意義共創就是對話過程，具有兩個轉化功能：一是轉變對話者對於有問題之行爲……的理解，二是轉變對話者本身的關係」（見第一章）。人們發現：世界的意義是透過他們和別人——內在聲音、朋友、同事、社團以及媒體[2]（例如電視上的脫口秀）——的關係才出現的。促成事件發生的並不是個別意識的心理過程；相反的，在重大意義上，我們所思想、所做、所感覺、所斟酌的每一件事都受到關係網的包圍。我們因而理解到：在擁有個人生活並熟稔這種生活的同時，我們跟自己周圍的夥伴有相倚共存的關係。要把「責任共有」理論的所有面向全部

講清楚，或許得花上一輩子的時間，但如果我們願意認眞試行這個理論，迅速並巨大的改變還是可以在某些領域內發生。想像一下，法律、教育和其他所有以競爭爲特色的活動，以及那些強調合作的種種努力（例如組織志工以推動各項社區計畫），會因此發生什麼樣的改變？在運用「責任共有」的說法時，責任的歸屬有可能會散布到非常廣遠的地方；例如，夫妻的爭吵可以被歸咎到下面任一個、全部、或甚至更多的因素上：原生家庭中以謾罵爲常態的手足關係、前晚飲酒過多、一大早就有要事待辦、工作壓力、啼哭的嬰兒、整體經濟的不景氣、或上次的大選結果。必須爲升職加薪負責的，可能是童年時看過的電視節目、個性果決的外祖母、絕佳的辦公室交際技巧、讀過凱斯西部保留地大學（Case Western Reserve University）工商管理學院碩士班的課程、跟自己的電腦或老闆（或兩者）志投意合等等。一旦採取責任分散的說法，眾人對事情的尋常理解將會變得一團混亂；同時，因爲採用了多變數回溯分析法（multiple regression analysis），新奇的裁決形式也將變得不足爲奇──我們可以想像某位法官在那裡大聲宣判：車禍的起因有十六分之一屬於駕駛、十六之一屬於手機、十六分之一屬於錯誤的交通號誌、十六分之一屬於另輛汽車的顏色、十六分之一屬於柏油地面、十六分之一屬於天候狀況等等。於此我眞正想說的是：即使在裁決

1　譯註：Emergent qualities（或稱 emergent properties）意指元素或部分在共同組成整體時，後者所呈現的形態、樣貌和行爲──統稱爲其屬性或特性（qualities）──必會不同於任一個別元素的屬性。

2　譯註：此處原文爲 mediated relationship，意指非面對面的互動，多藉可以超越時空的科技媒介（印刷、電話、電視、電腦等等）進行。在此根據本書第一章意譯。

車禍（更甭說恐怖攻擊事件）時我們查出了一切有關因素，責任的判定仍然會纏結在選項棘叢中，而這絕不會是一個想釐清責任比例的人希望面對的混亂。一旦被視為嵌埋在錯綜複雜的互動中、以致廣泛分散在不同參與因素的身上，責任反而會煙消雲散，不再是個有趣和有用的觀念。如果決定賞罰的對象是如此困難，那麼大家或許就只好舉雙手投降、即刻放棄繼續談論此事的念頭。

解構責任概念

　　儘管第一章以「共創意義」之責任為題，但它力陳的主題並不是責任，而是關係理論。它的每一節段都在陳論下面的主張：我們誕生在種種關係之中，並把它們帶進我們生命的每一時刻，用以建立我們的自我認知。看來較不明顯、但同樣重要的另一個主題是：我們的個別形式——也就是從不斷連結（flux of relating）中產生的自我——在很大程度上也建構了關係。在這意義上——我非常希望本書的最初幾章對此曾做過更有力的闡述——個人具有創造力和自主意志，但仍必須寄身於關係之中。我認為，這幾章的最重要主題就是珍惜或感知——這是英文 appreciate 一字所具有的雙重意義——關係的轉化能力。我想說的是，「珍惜」和「感知」事實上就是對話中之回應能力的本質。根據這個結論，我也想指出：相較於責任，**感知和珍惜我們與他人他物之間的連結** —— relational appreciation ——更是兩位作者在這幾章致力探討的觀念。我們不僅感知、也珍惜「連結」在創造我們生命之所是時所發揮的強大

影響力。我會在本文結束前再來討論這一點。

　　且讓我回到責任這個觀念。無論是指個人責任或共同責任，我都不贊同這個觀念。首先，我反對使用「責任」這個名詞，因為它讓人聯想到普遍道德原則。其次，我反對兩位作者主張這名詞有被保留的必要——他們所持的理由是，做為理解人類行為的傳統工具，這個名詞已經深入人心。我的第一個反對只想提醒他們兩位：社會建構論視一切說詞——包括道德義務和道德責任的呼籲在內——都沒有本體基礎。「人人都必須為國家盡義務」、「人人都必須為自己的福祉負責」、「我們必須報答家人和朋友」——這一切都在告訴我們，在某個更高權威或超自然神祇的命定下，這些說法都是不能被討論、質疑或違背的普世真理、定律或原則。理查‧史偉德曾稱這些陳述句為「自有永有的普世真理」（non-contingent universals）（Richard Shweder，1991）——也就是說，在任何時間和任何地方，它們對任何人都具有適用性。這一假定的每個面向——不容置疑的更高權威、超越時空的根本價值、以及永恆的真理——都在社會建構論提出語言具有創造力的說法後，遭到了顛覆。如果語言形塑了我們描述世界的方式，那麼跟世界有關的道德宣示就無法超越這些宣示所使用的語言；也就是說，道德宣示受到其語言的拘束和制約。於此，我也同意拉治曼的說法（Rajchman，1991）：「虔誠的道德理論試圖指出什麼事情有益於每個人和所有的人，並告訴我們當用何種方式以及在何處找到這些事情」（頁143）。我因此相信，兩位作者和我一樣，都不會想對「責任」問題做出任何普世適用的宣示。

　　然而，我也可能在我的看法中多此一舉地批判了普世準則。兩位作者也許認為：雖非普世真理，有些道德準則還是穩固了責任觀

念，因此我們沒有必要完全拋棄「責任」一詞。他們也許認為：儘管這觀念缺乏任何本體基礎，但繼續使用這被建構而成的觀念、視之如同顛撲不破的真理，對群體的福祉來講還是很有幫助的。雖然別人也主張這種策略，我卻認為這策略帶有自視高人一等的心態，因為群體的一部分成員竟自恃可代他人決定哪些所謂的真理具有普世價值、哪些必須被唾棄。我願意支持的一個策略是：由群體來決定該採用什麼準則，但他們必須同時承認：在這麼做時，他們所賴的基礎不可能恆固永在。

我的第二個主張是針對兩位作者以下的看法而發：由於「責任」一詞在傳統修辭中占有明確且具影響力的地位，因此公共言論可以繼續使用它。他們說：只要一談到道德，大家就會特別強調責任，因此對抗這個語言習慣、任意將之從集體語彙抹除或排除，會是不智之舉。我的看法則是，言語文字不可能固化到那種程度的，反而很容易在種種社會現實中屢遭覆蓋改寫（如果沒遭到抹除的話）。很顯然的，在日常語言中，言語文字轉眼消失以及突然風行都是司空見慣的事。舉例來說，如今正趨凋零的字詞有：modesty（謙虛）、chastity（貞潔）、virtuous（有美德）、retiring（退休）、illegitimate children（私生子）、mullato（雜種）、Mongoloid trait（蒙古種特徵）、moron（白癡）、crippled（跛殘）、poetess（女詩人）、LP（密紋唱片）、hi-fi set（高傳真立體音響）、affirmative action（平權優惠法案）等等。近來流行的字詞則有：worst-case scenario（最糟狀況）、bottom line（底線）、borderline diagnosis（邊緣型人格診斷）、the physically challenged（身體受挑戰者）[3]、downsize（裁減員工）、postmodern（後現代）、hyperreal（超真實）[4]、whatever（隨便你）、以及無數跟嶄新科技有關的字詞。

即使在語言用法上未遭淘汰，許多字詞的意義還是發生了相當程度的改變。如果我們還記得「離婚」一詞在一九七〇年代時的意義——那時候，某些州的州民只能用證據確鑿的具體犯行（如通姦或家暴）為理由來訴請離婚，而案件的處理方式往往又跟刑事審判非常相似——我們就會發現它如今的意義早已發生顯著的改變。在一九九〇年代，我們使用的不再是「誰該為婚姻破裂負責」的語言，而是強調心理問題、個性不合或「除了不再相愛外，別無理由」的語言。雖然新的說法也會提到雙方都感到沮喪或若有所失，但離婚跟「過錯」已經不再相干，也不再是一種讓人自覺羞愧的恥辱。由於離婚現象越來越普遍，新的意義也就不斷被建構起來。如今一些頗具新意的作法也出現了：雙方當事人會一起慎重其事地寄發卡片來宣布兩人離婚的消息，少數勇於創新的人會舉辦離婚派對來歡慶自己重獲自由，治療師會主持離婚儀式來宣布某對夫妻即將分道揚鑣、家人關係也即將有所改變。到二〇一〇年的時候，「離婚」一詞的意義很可能將會改變到一個程度，即使離婚經驗會變得跟賣屋經驗沒什麼兩樣：壓力雖然很大，但當事人同時也可期望這事將會給他們帶來一筆財富。

最近才經歷「冷戰」之「結束」的我們就能深刻體會到，用以理解世界的眾多語彙說改就改的快速程度實在驚人，甚至連「死

3　譯註：用以形容殘障人士的婉轉說法。

4　譯註：法國哲學家暨文化理論學者 Jean Baudrillard（1929-2007）在 Simulacres et Simulation（1981）一書中首創 hyperreality 一詞，用以描述無所不在之文化符號及媒體影像（尤其廣告影像）所建構的後現代消費主義世界。本具模擬功能的符號及影像如今已無任何實質指義（referents），但所建構的世界卻遠比傳統所說的「真實世界」（reality）更貼近人生和更有真實感。

亡」（dying）這個名詞都逃脫不了被重新建構的命運。輔助自殺
（assisted suicide）和生前遺囑（living wills）的觀念把死亡的意義
從自然發生的生理事件變成了一樁由集體做決定的事情。另有許多
例子也讓我們看到，有根深蒂固歷史的字詞不是消失了，就是意義
遭到了改動。馬克思說：「堅固之物無不化成了空氣。」如果用
這話來描述語言的本質，可說再恰當也不爲過了。我必須說：如果
僅因一個字詞在歷史上對社會具有重要性、或因它可以協助和便利
溝通，就去保留它而不顧它與個人價值觀或個人政治理念不合的事
實，那會是非常不必要或甚至非常不智的作法。兩位作者或許會認
爲我的說法過於苛刻，並認爲我們應讓所有論述語彙都有機會去衍
生其意義。對此我不表同意。雖然我了解兩位作者爲何會主張我們
必須保留所有論述，但我個人仍然偏愛某些論述、遠勝其他論述，
而且我會竭盡所能來強化前者並拋棄後者。

　　雖然責任一詞有可能消失，但兩位作者和許多人並不想立刻拋
棄它，因爲他們怕這樣做會給社會帶來如本書首幾章指出的一些危
險。支持這種立場的有黛安·易蘭姆（Diane Elam）。在《女性主
義及解構主義：鏡淵中的女人》（*Feminism and Deconstruction: Ms.
En Abyme*，1994）[5] 一書中，針對責任（她稱之爲正義）的本質，
她也力圖爲類似的問題尋找答案。易蘭姆謹愼指出，爲實現正義而
負起責任時，我們面臨一個弔詭：「即使正義……不可能存在，
我們仍必須試著尋求它」（頁 120）。她認爲：「『爲他者〔也就
是那些在相當程度上有異於『我們』的人〕負責』的呼喚，是來
源不明的，既非完全出自人心，也非出自人類上方的某個源頭」
（頁 110）。她試圖在理查·羅提所說的「我們意識」（community
solidarity）（Richard Rorty，1989）和上帝所賜的永恆眞理之間，爲

責任找出一個空間。在為「責任」一詞辯護時，她引用了德希達
（Derrida，1991）的話：「責任總會溢越其定義（responsibility is
excessive），否則就不是責任」（頁 108）——也就是說，責任無法
從任何道德準則取得其全部定義；它恆超越此刻的知識範疇。至於
它為何如此，只能說它是我們所承擔的某種義務，但跟無可反駁的
真理無關。　我們可以說，在不訴諸本體根據的情況下呼求正義，
「意義共創」之責任觀的種子就被撒了下去。邁可納米和格根或
可宣稱，易蘭姆在試圖討論這種責任時所缺乏的論述資源，就是某
種把責任之起源置於人類世界和神祇世界之間的關係論述。

　　對易蘭姆來講，沒有任何作法可以滿足我們對正義的需求
（Elam，1994）。她說：「對他者的責任是種無法計算的債務——
例如，什麼樣的單筆全額賠償，可以彌補非白種人在種族歧視史上
所遭受的屈辱？（頁 111）。雖然我肯定她一方面試圖為責任倫理
找到非本體論的正當性、一方面力圖實現永遠難以實現的正義，但
她為說明雙方當事人之責任關係所舉出的這個特殊例子，卻不利她
的述論。我認為，在指出加害者對受害者負有的道德責任永不可能
消失時，她的說法不僅十分悲觀，而且最終毫無意義。在她的想像
中，人即使一輩子致力於修復關係，也不可能有任何進展，有如遭
到永恆懲罰的西西佛斯（Sisyphus），每天把巨石推上山後又見它
滾落下來。在我看來，這種「力謀正義」的見解跟「意義共創」

5　譯註：本書書名副題借自 mise en abyme（placed in abyss，置於深淵）一詞，原指映
　　像在多重鏡面中的無窮複製，後為法國文學家 André Gide (1869-1951) 用來描述文學
　　藝術之劇中劇及繪畫藝術之圖中圖的技巧。後現代文學作者常在其作品中反思文學
　　的本質，最終自行解構該作品的意義，也屬這種技巧。

的責任觀有非常相似的地方。從心理學的觀點來看，這種人生態度對「我們」（the One）和「他者」（Otherness）都沒什麼益處。雖然易蘭姆試圖讓讀者相信我們無可避免會擁有責任感，但對我來講，她的說法只會令讀者退避三舍而已。

除了認爲易蘭姆企圖說服大家一而再、再而三負起責任來謀求正義的論點不切實際外，我還以另一個理由來反對她的「意義共創說」版本：她建構了「我們」和「他者」這兩個用語。邁可納米和格根在多大程度上也倚賴這個二元對立，我並不清楚，但這對立思維何嘗不就是「指責」作法的一個問題所在。

把被公認爲可恥之行爲的責任分散出去，會造成的一個極端困境是：不知責任將歸於何處。如果所有的人必須爲所有的事情負責、以致所有的人也都曾是受害者，那麼「責任」一詞本身就遭到了解構。易蘭姆的版本讓我們發現，個人責任說和純粹的團體責任說都有其極限。這版本雖指出走向更集體而歸屬不明確的責任是必要的，然而於此同時，我們或許也希望，在如此廣泛無比的責任觀之外，會不會另有其他思維，能促使我們去和那些稍與我們不同的他者進入更密切的和諧和更完美的融合？

越過責任，走向彼此尊重

一旦責任被解構，我們也許會希望探索別的人際往還管道。我們能否想像一些以「彼此尊重」（relational appreciation）爲核心觀念的論述？首先，在我看來，「責任」、「應該」、「必須」、

「為……負責」這些字詞就像橋樑一樣，橫跨在自利、自保、私欲等所謂的「天然本能」及利他思想之間的鴻溝上。在防止眾人做出所謂的自私行為時，過去的當權者習慣採用的作法就是創造道德訓令、法典、宗教規範或社會禮教，以確保對整體社會有益的行為能取代所謂的自私自利行為。個人責任觀——不負責任，就得受懲！——的各種極負面效應似乎就與這種理解有關。「意義共創」的責任觀則希望我們了解，關係中的對話具有導引能力，可以為新理解的出現創造條件——也就是說：透過對話，我們可以改變上述的傳統理解，用新的理解來看待自己的欲望、目標和所偏好的行為。在關係理論中，沒有一個人生來就喜歡凌駕、壓迫、控制或摧毀別人。甚至，一個人在面對貧乏或充裕環境時的反應方式，也不是先天註定的。認為世界會變成威廉·高丁（William Golding）在其小說《蒼蠅王》（*The Lord of the Flies*）中所描述的那個社會，就像認為世界會變成一片和諧的烏托邦一樣，是沒有必要的。在對話過程中，我們歡迎任何新理解的出現，並和他人一起創造各自的所是。

當前大家對責任概念的質疑，可以追溯到一九八〇年代勞倫斯·柯爾柏格（Lawrence Kohlberg）和凱若·吉利根（Carol Gilligan）兩人之間的一場爭辯，起因是他們對道德意識的養成以及人如何做出道德抉擇有不同的看法。我說過，責任觀念一向都是由訴諸本體原則的說法所定義。這些說法把個人對其他存體的責任和義務列舉出來，藉以保護後者，而不看重雙方關係的實際狀況。我在此要特別指出這種責任觀的一個重要面向：在成為法則、因而成為成規後，它無法察知個別情況的細微差別性，也無法察知不同情況會發展出不同關係的事實。贊成柯爾柏格見解的人認為，根

據一套成熟的道德觀來善盡個人責任，是實現倫理生活的必要途徑。吉利根則主張（1982），我們必須擁有一種可以感知個別情況之特殊性的敏感度。她也強調責任觀，但以在乎（caring）及擔心（concern）他人是否受到傷害為重點。由於個人在某種情況下做出的行動有可能在他時的相似情況中具有不同意義，她主張一種彈性態度，並以在乎（caring）和顧慮（care）為這主張的核心觀念。我想，吉利根最後強調的是「彼此連結」（connectedness），而不是規則。如果把這連結用來解決「責任分散」所造成的困境，它所代表的意義就是：一個重視相親相愛、在乎他人和尊重他人的社會──也就是一個能讓人從關係中獲益的社會──會比一個把關心和責任劃分為二的社會更值得我們嚮往。在這種社會中，所謂的負責行為會自然而然出現，而非受到道德教條的指使。重視關係和在乎他人福祉的人必會尊重他人，而社會整體所使用的日常語言必會強調互相尊重，而非共擔責任。

邁可納米和格根在本書最初幾章就「責任共有」所提出的若干主張，也可運用在「彼此尊重」的框架中──例如：關係（relationships）形塑個我的方式會跟關係中的連結方式（relations）息息相關；關係會創造和維繫新的現實，也會令之衰微和消失。一個人對連結重視與否，跟他本身曾經歷的連結有密切關係（但這些經歷或理解不可否認都是由片面觀點取得）。個人或許願意相信，在打造自己的一生時，「與人連結」是個看來不可或缺的元素。然而，在面對他自己所擁有的一切關係時，他給予它們的評價卻具有流動性和無常性。並非一切關係都值得保存；其中有許多都必須被摧毀掉。從我的觀點來看，只要新的關係語言能升起取代「責任」一詞，在語言地平線上緩慢消失的這個名詞還是非常有用的。這樣

的更移具有轉化潛能、可以帶來社會革命；因此，如果能夠參與這場社會實驗，我會至感振奮的。

從反對到理解

第十章

「意義共創」責任觀，抑或對話倫理學：請教邁可納米和格根

Relational Responsibility or Dialogic Ethics? A Questioning of McNamee and Gergen

史丹利・狄茲（Stanley Deetz）與威廉・懷特（William J. White）

　　邁可納米和格根問：不同的說法——尤其在用關係的角度討論責任時——能帶來什麼樣的不同世界？在進一步探討這問題前，本文將分析一個案例，用以指出：以意義共創為核心思考的責任觀仍無法使對話暢通無礙。「意義共創」之說並沒有從一般角度和個別角度來充分考慮權力關係（power relations），而這關係就是群體和人際關係中常見的「從同意到順服」的互動模式（consent-and-compliance process）[1]。相反的，目前正在興起的對話倫理學（dialogic ethics）或溝通倫理學（communication ethics）則不僅可使人們充分參與對話，也能創造可令各方較為滿意的關係型態。

　　把討論的詞彙從單獨個人和責任邏輯轉移到溝通過程，意謂的是：不同於以往所說的個人責任，關係成員有敞開心胸以維繫對談的共同責任，同時也有義務去尊重他者的聲音以及另類的存有方式、認知方式和理解方式。我們認為：相較於由扛責（accountability）、敏感度（sensitivity）[2]和義務（obligations）這

些字詞打造出來的共同責任觀，由開放式互動產生的「回應他者之能力」（responsiveness to otherness）更能讓世界往人心啓蒙的目標（emancipatory goals）[3] 前進。

我們可以思考一下面的眞實故事：每年夏天，東北部某個大型大學會爲「經濟弱勢」的新生舉辦一個爲期四週的學習活動，而活動的明確目標是：讓這些學生學會如何運用時間、如何寫作、如何用思辨方式閱讀以及如何適應大學生活。活動負責單位由行政人員、教師以及宿舍輔導員（其中包括曾經受過同樣活動洗禮的高年級學生）組成。每個星期，這些負責人員會聚在一起分享並討論跟這活動有關的資訊和議題。

在某次會議中，當大家正在討論上課內容對學生來講是否太難或太容易的時候，有位高年級學生發言說，教師們常在事先不通知的情況下更改課程大綱。他說，新生們很擔心自己無法有效率地備課，因爲上課時的教學範圍一改再改。許多教師的回應是：這種作法並非不常見；這是學生們必須適應的「大學生活常態之一」，而且必要時，「教授有權力」更改課程大綱。然後有個行政人員插話說：「學生最愛發怨言了。」他接著又說，把這種怨言帶到教職員會議裡是「很不恰當」的作法，「不要忘了，我們是教師，你必須信任我們。」不信任我們，就等於容許那些「鼻屎小孩」來指揮

---

1 譯註：此處的 consent and compliance 是指政權的合法性原建立在人民的同意上，但後來人民卻成了政權的服從者。

2 譯註：參見第二章對於敏感度的說法。

3 譯註：哈伯瑪斯認爲，透過理想的對談形式（如啓蒙運動時代眾思想家的對談），人類可以逐步脫離各種蒙昧（盲從及迷信、教條主義、種族及性別歧視、霸權思維等），建立更平權和自由的世界。

我們怎麼教學。他對新生的學長說：「我不是在對你發脾氣；我說這番話，並不是針對你個人。」（另一個講師似笑非笑地補正說：「盡可能不要認爲他在針對你。」）

儘管這是個稀鬆平常的場景，但個人責任和機構責任的觀念卻充斥在其中。我們要把它當成一個案例，來仔細思考邁可納米和格根所說的「意義共創」責任觀。他們也許會問：如果會議參加者用意義共創的方式討論故事中的問題，什麼樣的情況會出現？如果用別的方式，又會出現什麼樣的情況？

責任之説所導致的情況

邁可納米和格根決定他們有責任對道德準則表達疑慮。責任這概念近年來引起各方學者的興趣，其中有神學家（Smith，1983）、哲 學 家（Johnson，1993；Jonas，1984；Lucas，1993；MacIntyre，1984）、 心 理 學 家（Semin & Manstead，1983；Weiner，1995）、政治學者（Ezrahi，1990）和經濟學者（Posner，1981）。英文字 responsibility 起源於意爲「我回應」的拉丁 respondeo，因而一開始就宣告了自行存有（originary）之單整自我的重要性。責任一詞的歷史、它所蘊含的二元對立觀（system of distinctions）[4] 以及它在語言中衍生出來的其他概念（linguistic interconnections），是很難被打發的。通常，它暗指的「回應能力」（response-ability）表達了三個彼此相關的次概念：（一）事情起源，（二）道德和法律責任，（三）理性職責（rationality or practicality）。只要某一存體的

作爲——無論有心或無意——導致事件的發生，這存體就必須負起肇事之責。我們甚至還可指說無生物或大自然力量必須爲某些事件負責，例如：「地心引力必須爲行星的運轉負責。」

扛起「道德」責任（accountability）是指：一個擁有自知之明的人可以被老闆、法院、選舉人或上帝叫來解釋（account for）他的行動或行爲，而這些聽取解釋者無不被認爲具有某種道德權威、因而有資格做出判斷。道德責任的判斷牽涉兩件事情：將責任歸諸（attribute）某人，並發現此人的意圖是什麼以及該意圖所招致的後果有多嚴重。這些判斷被公認有權左右大家對這行爲人的喜惡反應——例如，被判斷不須爲壞事負什麼道德責任的人應獲得同情，但被判斷必須爲之負起高度責任的人則應遭到怒斥（Weiner，1995）。法律責任——另一種道德責任——則受限於一個規定：法律「在做決定時必須對某一方有利……道德責任可以分派（distribute）給多個當事人」（Moria Roberts，1965，頁255）。另外，「一旦我們認爲可以譴責兩個人或好幾個人，我們就闢出了一條路，循路可以找出一長串原因來做出解釋，而這一長串原因會一直延伸到當事者的生平經驗當中」（Roberts，1965，頁255）。茉拉・羅伯茲對此感到驚恐，但顯然邁可納米和格根覺得這講法很合他們的口味。

理性職責（practical responsibility）是指一種可信任度，代表一個人被別人相信可以完成他正在從事或曾被派給的責任。艾茲亞希（Yaron Ezrahi，1990）稱這是行動的「工具化」（technicalization

---

4　譯註：例如他我的對立。

of action），常見於公領域行為人（public actor）非出自個人利害考量的行動[5]。負有職責的行為人知道自己既是工具性的行動源、也是必須扛責的個人。他會按照這兩種角色採取行動；換句話說，用扛責的態度行動，即意謂在做出行動時必須設想一個可能性：身為行動源的自己將需要為行動後果做出解釋。

讓我們短暫回到本文最初的故事，來看看這種責任說能如何幫助我們詮釋故事中的插曲。在輔導及協助一群新生時，那個高年級學生按照他的職責，以新生代表的身分（可以這麼講）在正確場合把後者的擔心表達出來。就回應的教師來講，他們對教室裡的情況負有道德責任，因此在某種程度上，他們覺得有責任為自己的行動（也就是更改課程大綱）做出解釋。然而，他們也熟知究責機制是如何運作的，因此他們設法不讓事因回歸到自己的身上，反而認為自己的行動無可指摘。他們在回應時堅稱：課程大綱的更動是新生必須學會適應的一個大學生活常態（它沒有起因、也不會改變）。插話的行政人員從另一套信念出發，認為這個高年級學生在講出新生的「怨言」時，非常不負責任，因為教師並沒有責任向學生解釋自己的行動。這行政人員沒有否認講師是更改課程大綱的行動源，但他認為講師有權力這麼做；講師對學生的學習負有道德責任，因此他們有權力控制發生於教室內的所有事情。他沒有把「為行動做出解釋」的箭頭對準上面（行政人員、大學、父母和社會），卻把它對準了下面（學生）。

這兩種回應都有問題並且多所設限，因為——正如邁可納米和格根或會指出的——隱藏在其個人責任和學校責任說詞中的理論（哲學、意識型態），不僅認為人人各自獨立、不具交互主體性，還剝奪了某些對談成員表達意見的權利。在充滿結構性問題的世界

裡，這種說詞想持續使用「個人責任」的處方箋來解決問題。由於我們不是以自行存有的個別自我（只能單向造成影響）、而是以在互動中被建構出來的自我（會與他人共同造成影響）活在這世界上，因此我們有必要把互動的目標設定爲：能使我們在被建構過程中認知到，任何新的存有方式、認知方式和理解方式都是互動的產物。但是，在這麼說的時候，邁可納米和格根自己是否不曾掉入責任語言的陷阱？

轉移責任，但依舊使用責任語言

史密斯認爲（Smith，1983），不負責任「是極壞之事，但再怎麼值得稱讚的負責任，仍稱不上是夠好之事」（頁 83）。換句話說，負責任並不是崇高的道德準則；個人必須爲某事負責任到什麼程度，與他（一個與他人有別的單整自我）造成那事件時的故意程度成正比。但我們不能爲一椿無法溯源至此種自我的事件強求責任歸屬；也就是說，個人並沒有義務去修補非由他造成的問題。「意義共創」的責任觀則再加碼，要我們從「不做壞事」一躍到互爲對方創造利益——只要夠幸運，我們在互動中給予別人的支持也會對我們自己有利。

5　譯註：根據艾茲亞希的說法，工具化的行動常見於政治、經濟等公領域，其中的個別行爲人（individual agent ——本文作者稱之爲 public actor ——是依循規範或法律（皆是本文所說的理性）受託做出無關其個人利益、但對他人有益的行動。

在前述的負責人員會議中，我們顯然看不到這種共創意義的關係。各自使用的權利和責任說法造成無法互相討論和互相商榷的情況，以致彼此休戚與共的關係無從出現，而且交錯複雜的權利和責任也無法被明確表達出來，雙方因此無從對它們取得一致理解。有趣的是，如果大學的教學品質控管長官曾參加會議，他或許可以在介入時聲明學生是顧客，同時介紹一下這些顧客的「權利」。在如此指定權利時，另一種情況就有可能出現。但比起會議原始參與者所理解到的權利，這些權利並不會更帶有關係的意義；學校和個人的權利及責任被重新指定後，它們仍然分屬學校和個人。如果大學曾設有一位「意義共創」推動者，繼起的衝突和討論或許會有非常不同的面貌吧。

像邁可納米和格根一樣，許多人在試圖把責任從個人轉移到群體（也就是各式各樣的關係體）之前，他們必須先轉移權利的歸屬。這轉移似乎是必要的，因為這樣才能使責任之說言之成理。喬納斯（Jonas，1984）認為：人類的科技力量，以及人類行動因此為大自然和人類自身前途所帶來的危險，已迫使人類不得不承認大自然也擁有權利，並且不得不承認他們有保護大自然之存在權的義務。換句話說，權利和責任是相應的；某種權利一出現，與之相應的職責就會降臨在所有跟這權利擁有者打交道的人身上。一旦理解先前不知的某種權利，我們就會同時理解到新的責任。

根據邁可納米和格根的延伸之論，在具有以下特色的情境中，這些新責任的可理解性唯有透過對話才會產生：（一）鏈鎖效應（indeterminant causal and consequent chains）的原始肇因無從被確知，（二）成員間的利害關係密切無比，（三）牽涉到機構、群體或總體系，其中的關連性既複雜且充滿衝突。在這些情境中，明確

的或具體的權利和義務不可能存在。 邁可納米和格根認爲，關係的進行方式、而非關係的個別元素[6]，才是重點之所在。唯當我們發現個人身分（identities）、人際關係（relationships）以及總體關係（systems of relations）都是經由意義商榷的過程被建構起來時，我們才會開始了解爲何維繫對話是必要的。在不獨尊某些理解方式及存有方式之餘，我們還必須採取「共做決定」的倫理觀、不忘一起爲彼此打造新的個人身分和連結方式。邁可納米和格根並沒有告訴我們該如何展開這樣的互動過程，只告訴我們「向前走就是了」。不過，他們倒提出了一個可充當我們嚮導的想法：責任既然位移了，我們就必須重新思考義務爲何。新義務的對象將包括：組成自我的各種聲音、我們生命所繫的各種關係、以及建構這一切的對話過程。

但即使接受邁可納米和格根在最初幾章所寫的序論，我們仍不免覺得他們眼中的世界過於仁慈、他們的感性太屬於中產階級、他們的期望太像學者的期望。他們的世界似乎只有誤解責任的人，卻沒有任何大權在握的、心胸狹隘的、投機取巧的人。在他們的世界裡，有許多理性的思想實驗和無害的嫉妒競爭，但沒有多少七情六慾。在他們眼中，眾人都渴望學習成長，不會因爲自己的世界正在消失而心懷憎恨和恐懼。

在把討論帶到另一個方向之前，我們想藉一幅圖畫來總括我們當前的處境。在一九三〇年代，畫家掃羅·史坦伯格（Saul Steinberg）的一幅作品（見 Tillich，1969）捕捉到了當時正在出現

6　譯註：本處原文爲 structural formulae，原意爲化合物的分子結構式。

的一個新知覺：人與人彼此相生互成，並且互負責任。畫中有兩個人各自坐在蹺蹺板的兩端，但蹺蹺板的支點位在懸崖邊緣，使其中一個人坐在堅實的地面上方，另一個人坐在空虛的深淵之上，而後者拿著一把手槍對準前者。這幅畫用具體意象讓我們立即理解到何謂「相互的責任」（mutual responsibility）：它內建於當下的情境中，並不存在於我們的感性、理性、甚至語言之內。

　　用文字來描述一幅畫、而非用眼睛去看它，這麼做的有趣之處是：只要在文字中加上一個細節，鏈鎖效應和責任就會發生改變。我們不必停在史坦伯格畫作停格的所在。假如我們現在為深淵上方的那個人提供一套「黃金降落傘」（golden parachute）或安全網，會發生什事情？或者，我們拿槍給地面上方的那個人，但他卻拿它對準自己的頭？無論我們用什麼方式來重構這幅畫作，權力、休戚與共感（mutuality）和責任的任何細微差異都會造成不同的關係形勢。

　　無庸置疑的，在前面提到的負責人員會議中，如果行政人員、教師，或同儕輔導曾把自己想像為坐在蹺蹺板上的人，情況必會有所不同。但是——我們認為這就是邁可納米和格根所面臨的主要挑戰——使情況會有所不同的關鍵，並不在於大家改採意義共創的說法，卻在於他們無可避免會認知到：他們的命運緊密交結，並且具有可對換性（interchangeablility）（也就是說，甲如果位在乙的處境，他也會有乙的命運）。邁可納米和格根稍稍扭曲了史坦伯格生動描繪出來的相倚概念，使之變得較為複雜。我們認為這複雜化的動作是有用的，但我們還是想指出他們必須面對的其他挑戰。

　　首先，讓我們想像史坦柏格的畫作不是靜態的、而是動態的。我們把畫筆拿給畫中的兩個人，並假設他們生活在邁可納米和格根

的世界裡。這時有兩個情景會很快躍入我們的腦海：一是兩人以最快速度分別重新畫出對他們自己有利的圖形來，二是兩人更同心協力把彼此的命運結合在一起。

我們對此想說幾句話：如果單靠個人行動就可以保護自己的安全，力謀己身利益和安全的人當然會比較佔上風。然而，如果個人安全無法藉單方的行動、卻需藉雙方的的合作才能取得，這時兩人就會發現合作是必要的；坐在蹺蹺板上的他們這時才會說：「我們的命運可是休戚與共的。」

如果所有其他因素都不分上下，那麼——如邁可納米和格根的說法——對於合作的重視和渴望就會在第二種情景中出現。但事實上所有其他因素不可能平等——有些人畫圖的速度比別人快，有些人為討好另一個人而作畫，另有些人則根本不按理性行事。權力、同意與否（consent）[7]和意識型態都會插上一腳。有權者（the powerful）、一昧順服他人的人（the complicit）或受騙者（the deceived）會想進入意義共創的對話嗎？休戚與共的說法能取代只重個人優勢的思維嗎？在前述案例中，參加會議的學生應該用什麼意義共創的方式來回應那個行政人員？我們為什麼會相信，這行政人員會為了追求更開放的互動而拋卻自己的身分？學校從一開始就在新生訓練的課程目標中使用了「諄諄善誘」（inculcation）和「調整其心態」（acclimation）這些地位不對等的字眼。新生們如何能逃脫這不對等？還是說，這一開始的「諄諄善誘」和「調整其心態」是必要過程，可使學生培養出一種可以導致更佳學習成效的責

7　譯註：參見譯註 1。

任觀？

　　其次，邁可納米和格根使關係成員的世界變得更為複雜。且讓我們想像一個情景：一些長了好幾條腿的人在同一時間站在幾個蹺蹺板上，而且他們有本事跨過不同的蹺蹺板去對調位置。讓我們這時啟動計時器，嚴格限制他們在任一蹺蹺板上停留的時間。然後我們要每個人戴上一片面紗。這面紗只容許他們瞧見自己動作所引發的某些效應，但事實上其他人的動作也一起有份於這些效應的出現。傳統責任觀強調線型因果、預見後果的能力、用理性做出抉擇的能力、以及扛責說。但在這被邁可納米和格根複雜化的關係世界裡，責任一詞還會帶有任何意義嗎？還是說，它僅帶有傳統用詞的空洞道德力量？當這世界上最謹慎和最具善意的人都可能隨時驚覺自己竟是麻煩製造者時，如果全盤的鏈鎖效應無從被數算或被看見，還有任何責任說可以激勵人心或甚至釐清是非嗎？被我們拿來當作案例的那個會議，會因參加者被要求使用意義共創的語言就得以順利進行？還是說，只有在大家無可避免地認知到彼此休戚與共時，會議參加者才會自動形成「意義共創」的責任觀？或者，「責任在誰」根本就不是問題之所在？

一個起點

　　我們認為「責任」一詞或許應該從語言中被剔除，因為——不說別的——它已經和個人主義、理性及心理個人（psychological person）這些概念緊緊結合在一起，以致嚴重誤導了各種討論。我

們可以運用的另一個傳統——也就是德國的道德哲學傳統——長久以來不僅把社會建構論及個人經驗源於關係的說法，也把權力關係納入它的思索範疇。這傳統始於現象學，經詮釋學和文化批評理論，最後終於當代的女性主義，其中跟我們最相關的論點是：人與人的休戚與共感是從溝通過程本身產生的。這方面的許多文獻都很容易取得並爲大家所熟悉，因此我們在此不打算花很多時間來討論它們（Benhabib，1992；Deetz，1990，1992，1995a，1995b；Deetz & Haas，出版中；Habermas，1984）。我們不解的是，爲何邁可納米和格根採取的是關係論的傳統（communitarian tradition），而不是溝通論的傳統（communication tradition）。

的確，他們的探討在很多方面受到哈伯瑪斯（Habermas，1984）和阿布爾（Apel，1979）的啓發。哈伯瑪斯和阿布爾認爲，倫理觀是從溝通活動的眞實情況中產生的，並不源自個人的身體或個人的心理，也不源自社會學所說的文化傳統或群體。日常生活中的微型人際互動（micropractices of everyday life）才是倫理觀的起源。

文化批評理論學者之所以有用，部分原因是他們針對工具式理性（instrumental reasoning）[8] 所做的分析非常完備並具有說服力。但更重要的原因是，他們指出對談情況、而非對談者，才是問題發生的主要原因。困難來自對談過程本身，而非來自責任之說（見

---

8 譯註：哈伯瑪斯把理性分爲 instrumental rationality 和 communicative rationality。前者是資本主義的產物，指現代人尋求有效手段或策略、以便從他者（他人或自然界）圖謀利益時所使用的理性。後者是理想對話狀況——平等互惠的對話者致力於謀取共同理解（尤其關乎公平正義的理解）、以建立集體生活規範——的產物。

Bauman，1993）。

就像許多追隨關係論之傳統的人，邁可納米和格根對「討論」（discussion）和對話（dialogue）所做的概念討論缺乏理論基礎而略顯粗略。在他們的討論中，「談話」和「聲音」這兩個概念都被簡化到令人吃驚的地步。他們的立場之所以有問題，也是因為他們建議的對話機制（dialogue mechanisms）以及他們致力追求的共識理解都嫌論證不足。我們在許多文化批評理論學者——如哈伯瑪斯——的身上也看到相同的弱點。邁可納米和格根顯然有勝過哈伯瑪斯之處：他們並沒有像哈伯瑪斯一樣相信理性。但他們分享了後者強調和諧、避免衝突的見解。針對遊民、安全感之闕如以及追求私利的問題，他們在提出解決之道時，並未認為訴諸更多理性和群體共識是一個選擇，卻認為，群體共識和根本信念的失落，反而可使眾人更自由地尋求更好的群體生活（另請參考 Giddens，1991）。他們也知道，我們需要的不是更多道德論，而是更有效益的對談形式。然而，在重拾「雜異聲」（voices）一詞的時候，他們卻未曾討論這些聲音出現的原因、極端衝突的正面意義、我們如何走向共做決定之路、以及所有對談狀況的無可掌控性。

女性主義學者——如班哈畢樸（Benhabib，1990）——在評論哈伯瑪斯的論述時，似乎更能了解兩個事實：大家的命運交織在一起，以及權力和討論之進行同會受到對談情況的左右。她們一方面既不賦予實體規範（substantive claims）、也不賦予程序規範（procedural claims）[9] 普遍適用性，一方面提倡一種以溝通為核心的倫理觀（communication-based ethics），因而克服了哈伯瑪斯論述中許多已被指出的弱點（見 Deetz & Haas，出版中）。就像邁可納米和格根的世界，哈伯瑪斯的理想對話社會假設所有成員都是平等

的。然而，如班哈畢樸清楚指出的，一旦面臨性別和種族不平等的
情況，哈伯瑪斯的溝通倫理理論（theory of communicative ethics）
就會行不通。

　　然而，我們仍可修正一下哈伯瑪斯的理想對話社會和人際溝
通主張（Habermas，1984），使之在這種情況中也能有利對話的
進行。班哈畢樸提出「具體他者」(concrete other) 之立足點的
概念（Benhabib，1990），強調一個人的「具體個別性」(concrete
individuality)（頁309）。我們在展開對話時想到的不是共同責任
或如何適當發言，而是如何面對一個有血有肉的他者、一個不是抽
象概念可以盡述的他者。這個他者身上的「他異性」會把我們自
己不願輕易放棄的某種東西召喚出來：我們自認對自我、他者和世
界所擁有的完全了解。

　　對文化批評理論的學者來講，要達成相互了解，我們有必要
共同依循道德準則來消弭爭執，並把溝通的難處（例如種種使相
互了解窒礙難行的溝通過程）明指出來。從這種看法以及班哈畢
樸之看法（Benhabib，1990）產生的「共同參與論」（participation
perspective）也把追求相互了解——未必是共識——當作是它必須
建立的一個規範（normative goal）。共同參與論探討的一個問題

9　譯註：哈伯瑪斯把康德的至高律命說（categorical imperative）——「如果你在行動中
同時相信自己的意圖會成為普遍法則，你才可依照這意圖採取行動」，亦即普遍法
則源生於個人良知——轉換為論辯倫理觀（discourse ethics），強調普遍法則是在眾
人論辯的過程中產生。「律命」於此變為「程序」（procedure of argumentation）。
實體規範即權利與義務的規範。哈伯瑪斯為此倫理觀提出一個「全體參與原則」（the
universalization principle），以之做為論辯過程的指引、確保理性討論的發生。（法律
中有實體法 substantive law 和程序法 procedural law 之分，是此處譯詞的參考。）

是：在具有以下特色的溝通中，溝通之困難是如何出現的：不容許價值辯論和價值衝突發生、用印象及想像出來的權力關係取代自我表達（self-presentation）和信念的陳述（truth claims）、武斷限制誰能運用溝通管道及參與論壇、終而由專斷獨行的權威做出決定。

如果追隨這溝通理論到底，我們會發現，它的分析重點與其說是致使意義事件發生的語言（vocabulary of action）[10]，不如說是互動過程和使用話語的權利（language use）。如果了解這一點，我們就會發現，共創意義的責任看來並不是一種美德，而是在衝突中用話語做出回應的權利之一。問題並不在於如何以負責任的方式進行互動，而在於如何在互動中有權做出回應。把聲音賜給人的不是新的概念或菁英團體；聲音是那些在真實情況中有話要說的人要求擁有的東西。身為知識分子，我們所能做的就是提出更一般性的分析和表達工具，用以阻斷那些封鎖討論、壓抑衝突與不同聲音的互動過程（見 Deetz，1992，第七章）。

舉例來說，當身為同儕輔導的那個大學生對課程大綱的更動提出質疑時，他頗有可能帶出一場針對學生和講師之共存關係的討論──當學生或當教師，這些身分有何意義？針對該學生的發言，其他參加者所做出的各種回應卻只想結束討論，藉不同方法來封鎖某種話題，目的就是要壓抑衝突。套用狄茲的話來說（Deetz，1992），這些封鎖方式包括了：消毒（neutralization）和自然化（naturalization）（「課程大綱更動是大學生活常態之一，學著適應吧」）、不認為對方有資格說話（disqualification）（「學生最愛發怨言了」）、不承認自己意有所指（meaning denial）（「我不是在對你發脾氣」），以及為自己找正當性（legitimation）（「我們是教師，你必須信任我們」）。如能認出這些說詞實際上來自阻礙

對談的溝通風格，對談的另一方才有可能去挑戰它們。也就是說，許多可以打開、而非關閉討論的溝通方式是存在的，而能否指出這些方式才是問題的所在。筆者自己恐怕也不知該如何說服這案例中的活動負責人員、要他們擔起更多共創意義的責任。但我們可以指引那個學生，讓他知道該如何回應那些出現於對話中、令討論無法進行的具體阻礙。

這篇東西至少提供了另一種詮釋。我們雜七雜八地提出我們的問題，並在論及所舉案例中的對談情況時，從理論和實際兩方面來思考這些問題。最後，針對邁可納米和格根的樂觀願景，我們也曾嘗試思考其他可實現這種願景的途徑。我們的對談還沒有結束。

10　譯註：指對話者在做出解釋、爭論、指導、協商、建議、告誡、威脅、命令、安撫，或鼓勵時可能運用到的一切說詞。

第十一章
責任和關係：話語權、互動、差異
Responding and Relating: Response-Ability to Individuals, Relating, and Difference

邁可‧馬山尼克（Michael J. Mazanec）與史提夫‧杜克（Steve Duck）

　　責任是一個給予和承擔、解放（liberating）和禁聲（silencing）、擁抱和漠視的過程，既會成為我們的願望（「我想在工作上承擔更多責任」），也會成為我們的負擔（「不要把一切都怪罪到我頭上」）。筆者很想探討一件事情：在日常生活中討論各自應負的責任時，未必平等的發言者會如何互動？這種探討在角度上會大大不同於空洞的「責任均分」說的角度，因為在日常生活中，責任的討論往往都會受到權力因素的干擾。話語權（being able to respond）、指派責任（assigning responsibility）、承擔責任（taking responsibility）、避談責任（silencing responsibility）都讓我們看到責任的討論如何和權力及資源（material existence）[1] 之有無的問題結合在一起。在這篇討論中，我們希望跟邁可納米和格根一起探討的問題是：在關係過程中，權力和聲音之有無如何影響責任的討論？

　　身為共同作者的我們不僅跟本章的原稿對話，也互相對話。藉著這些對話以及本章的書寫（這也是我們跟邁可納米和格根的直接對話），我們希望探討現有的觀念、表達不同或相反的看法、並

提出新的問題——這些問題都牽涉到某些可助我們討論「差異」
（difference）[2] 和「責任」兩字之其他重要意義的關係型態[3]。

權力和差異：責任和相對地位

些有時候，某個關係時刻會容許一個回應者「指責對方」；在

1　譯註：此為意譯。此處所言應和 Michel Foucault（1926-1984）的權力論有關。Foucault
　　認為：十七世紀以來，西方世界的權力機制不再是任意賜生賜死的脅迫式或暴力式
　　集權政府，而是各種人類科學（human sciences；參見第一章註 2）所建立的社會體
　　制（social institutions），其中包括政府機構、政黨、法律、醫學、學術機構、教育政
　　策、宗教組織、媒體、金融體系、公司財團、社團等等。這些體制宰制了眾人的生
　　老病死方式、性慾對象、學習模式、行為模式、階級等等，並架構社會的準則規範
　　（norms），定義所謂的「正常人」，主導個人的自我定義，甚至形塑個人的身體姿
　　態和言談舉止。誰能掌控這些體制，誰就佔有政治、經濟及社會資源，因而也獨佔
　　話語權。Foucault 認為，要取得話語權，被壓迫或邊緣化的個人、階級、族群或種族
　　首先必須發現權力機制如何滲透和掌控論述語言。這見解影響了許多女性主義研究、
　　性別研究、西方殖民史研究的理論學者，包括本章最後提到的 Trinh Minh-ha 在內。
2　譯註：指掌握話語權者和無話語權者之間的差異，如男女、師生、異性戀者和同性
　　戀者（以及跨性別者）、醫生和病人、資本家和勞工、白人和有色人種等等二元對
　　立造成的尊卑高下之分。在 1980 年代，西方學界雖開始倡言兼容並蓄的多元主義，
　　但仍以論述之強勢主導者自居，並未真正納入他者的觀點，也不知強勢者和弱勢者
　　各自的自我定義（identity）是由彼此的差異建構而成的。後結構主義哲學家 Jacques
　　Derrida 進一步創造 différance 一字（difference and deferral of meaning），主張所謂的
　　identity（與 difference 相對）或 presence（不變之存有）事實上隨時都在改變，其終
　　極定義永無底定之時，恆在推遲狀態中。
3　譯註：此處為意譯。原文為 ... other relevant intelligibilities of relating that invoke important
　　nuances of difference and responsibility。參見第一章「關係一詞的共可理解之義」
　　（intelligibilities of relationships）所討論的四種關係型態。差異不僅存在於人與人之
　　間，也存在於個人的自我之內（見譯註 2）；本文作者想要討論的一個主題就是差異
　　的這種雙重意義。

另一個關係時刻，某人會因其社會地位只好「承擔責任」。我們同意邁可納米和格根的說法：這些狀況會發生的原因跟兩人的互補動作有關。然而，我們現在要離開這個主張，提出另一個看法：這些關係狀況之所以會發生，主要原因是責任的判定往往和一個人是否擁有權力及資源（power and material resources）有關。下面的事件發生於中西部一個試圖釐清責任及關係（responding and relating）的小鎮上，可被用來說明我們的這個看法。故事中的每一個聲音都是由一連串部分重疊的相倚關係形成的，把權力問題——由關係和責任的種種意義架構而成——召喚了出來。

鎮上有間以學生為主要顧客的酒吧最近被罰鍰數百萬美元，因為它被捲入了一椿喝酒造成的多人傷亡事件（一個多喝了幾杯酒的年輕人在開車途中出了車禍，使自己和別人一起受了傷）。許多鎮民僅關注責任屬誰，而法院判定酒吧應當負責，因為它賣給那個年輕人的酒超過了法律所許可的限量。酒吧的律師則辯稱那年輕人必須為他自己的行為負責。另外，大家也發現，酒保和那年輕人的互動也為這不幸事件的發生創造了條件。這些情況使得本書所提出的個人責任、共同責任、相倚結構等等議題都另增了其他必須被納入考慮的面向，因而變得更為複雜。

我們同意，責任的意義是在相倚結構中產生的。但我們不相信所有當事者都地位平等到可以全部進入這種結構。例如，由於相對地位不高，故事中的年輕人或酒保無從**鼓勵**（邁可納米和格根的用詞）法院去發現一個事實：法院本身正在扮演專制決策者的角色。就算我們都相信責任的意義是從相倚結構——邁可納米和格根稱之為互補行動（見第二章）——中產生，這也無法制止我們的一股強烈願望，也就是一心一意想根據權力和地位的差異來判斷責

任的歸屬。我們最終當然也不可能要求所有參與互補行動的人（如果確有這種行動的話）共同承擔責任。責任歸屬的判定是根據人與人在關係過程中的相對地位決定的。換言之，唯有在權力和資源（materiality）不平等的關係型態中，「責任」的意義似乎才可被視爲關係的產物或關係的現象，否則我們必將無從談論「承擔」、「賦予」、「指定」或甚至「分擔」責任。因此，甚至在主張責任意義來自互補行動時，邁可納米和格根事實上也暗示地位差異自始就存在；就是這種差異使得某些聲音能被聽見且被賦予正當性。

在談論責任時，我們相信自己生活在一個人人有能力用道德倫理關懷他人的社會裡，也相信：當地位差異（social exigencies）使承擔－賦予－分擔責任成爲問題時，我們還是有能力審度並回駁一個人的說法。然而，就算能以這種方式進行對話，我們仍然不可能中立，因爲這方式仍然訴諸並賦正當性於某種特別說法，同時也勢必不會允許別種說法發出聲音。博爾克說（Burke，1985）：「每一個看見都代表了一個看不見」（頁 20）。種種關係之所以要訴諸責任概念，就是因爲我們發現：禁聲或互不相讓、因而令人不快的對話狀況隨時都會發生。

舉例來說，邁可納米和格根用了一個例子，來說明願意分擔責任的態度可如何鼓勵「蠻橫無禮或充滿敵意的人」做出轉變，願意「跟我們合作，並把我們想像爲具有善意、願意關心和幫助他的人，同時也把他自己想像爲重要且受尊重的人」（見第二章）。這個說法有很多問題。首先，它的口吻——在我們看來——似乎認爲平順的、合作的和沒有問題的溝通遠比對立的、衝突的、憤怒的以及其他不利人際關係的對談模式來得重要。就算這樣的表面和諧是可能的，但僅僅訴諸一種對談模式，又豈是值得嚮往或負責任的

作法？其次，這個說法假定所有關係都發生在平坦的運動場上，其中每個人在起跑時都帶有等量的責任感。這似乎排除了責任為關係現象的可能性，進而忽視人們每天面臨到的地位及資源不平等現象（social and material exigencies），而責任就是在這些現象中取得意義、被判定歸屬的。我們並不鼓吹持續的敵意和衝突；衝突和對立不需要鼓勵，就像快樂和尊重不需要鼓勵一樣。我們關注的是，在日常作法中，社會地位相異、話語權範疇也因此相異的人會以什麼樣複雜的方式互動，以致只有某些人可以、但其他人卻不可以使用某些回應方式。總之，我們試圖把責任共有說變得更貼近真實的日常生活。

我們對責任共有說的一些直接回應

　　針對邁可納米和格根提出的其他議題，我們的回應將聚焦在差異問題（question of difference）上，以及為何把「差異」納入考慮，會有助於我們討論責任共有說（而非個人責任說）背後的授權論述。從邁可納米和格根的討論來看，他們並不認為「個人責任」一詞本身也是一個具有關係意義的概念。事實上，承擔責任的個人不可能不「對」某人負責或「為」某事負責。即便想把所有被邊緣化者的問題攬為自己的責任、成為各種問題的交叉路口或橋樑[4]，這也是一個「被拉向」什麼人和「被推向」什麼事的連結動作。在成為問題聚集的橋樑時，一個人也很可能會擁有極度衝突的不同身分（Anzaldúa，1983，頁 206）。因此，甚至連邁可納米和格根所反對的種種個人責任說都很難不具有無法去除的關係性質。

這些責任說仍會越過位於自我和他者之間的那堵牆（請讀者暫且原諒我們用這圍堵的說法來比喻他者和自我之間的分隔），一直延伸到討論地位、權力和邊緣人（marginality）的社會論述場景中。

　　我們不會像邁可納米和格根一樣去從關係角度重新思考責任的本質，卻想用下面的方法來處理這個問題：思索責任的意義，以及審視責任觀念如何影響實際生活。與其說責任必須從個人所有轉為群體共有，不如說打從一開始我們就沒有必要去重新定義責任，因為責任概念原本就具有關係性質。我們需要做的是：用更多時間去找出個人能用什麼方式，在討論個人責任或共同責任的情境中針對另一方的言語模式做出回應[5]。我們需要做的是探討各種狀況，並探討人們能用哪些策略去處理那些因權力差異而引起的個人責任問題。

　　邁可納米和格根前後不一的用詞也是有問題的。他們提到自給自足的兩個自我成為第三存體的一部分（「在兩人進入新的關係時」，見第一章），使得不相信獨立自我說的讀者甚感不解。問題

4　譯註：本段所言都和 Gloria Anzaldúa（1942-2004；墨裔美國作家、詩人、酷兒理論學者及社運領袖）所寫的短文 "La Prieta"（Anzaldúa，1983；見書目）有關。她在 "La Prieta" 一文中說 "I am a wind-swayed bridge, a crossroad inhabited by whirlwinds"，因為她同時是她的墨裔美籍同胞、第三世界（黑人及亞洲人）、女人、同性戀者、社會主義革命、法術等等備受白人主流文化歧視或排斥之群體或信仰的代言人。

5　譯註：本句原文為 One needs instead to spend more time working out the ways in which individuals construct rhetorical responses to the situations where individual and relational positions of responsibility are called to account，其中 rhetorical responses 一詞，是指一個對話者針對另一個對話者之言語模式（如隱藏於其中的權力心態）所做出的回應。Rhetoric 一詞在本書中指討論或論述（discourse）之參與者基於意識型態所運用的說詞。

顯然出在他們所使用的語言：學者們至今都還無法建構出一套可避開個人主義陷阱的關係詞彙；在討論關係時，他們總會不可避免並不由自主地把關係成員視爲獨立自主的個我。

共同責任，抑或帶有關係性質的責任？

　　針對邁可納米和格根的主張，我們另外想提出的問題與其說跟他們背後的授權論述有關，不如說直接跟他們的語言有關。我們認爲，他們的「邀請」比喻——邀請大家做出回應——就把他們概念中的若干問題顯示了出來。邁可納米和格根說，他們希望「藉這種意識去開啓新的行動、尤其那些可取代『究責個人』之傳統的新行動」（見第二章）。這個新行動就是把責任移至相倚互動的雙方身上，並使雙方都能聽到對方的聲音。這個「責任共有」的概念——邁可納米和格根相信——會帶來新的回應方式，使雙方更能合作、更能互相包容不同的意見。即使我們可以假定合作或其他有利關係進行的方式無所不在、能使關係因責任被「平均」分配而變得不再沉重，但這畢竟是假定、並不是事實。被邀請來合寫這篇回應，這件事本身就牽涉到同時會製造負擔和帶來自由的關係，使得責任平分不可能發生、甚至也不可能是促使文章得以順利寫成的主要力量。

　　在寫出這篇回應的期限之內，我們兩個人都必須各爲其他的人完成某些責任。一個正教授邀請一個正在展露頭角的研究生閱讀一份討論關係的文章，並請他寫出回應。在期中考前後的忙碌旋風中，兩人顯然都置身在各種要求回應或請求回應的關係裡頭。課

業、家庭、同事、（心中期盼的）戀愛等等關係似都屬於邁可納米和格根所說之「相倚型態」（patterns of interdependence）的範疇，展現了個人所擁有的各種其他連結（見第二章）。但我們認為，由於這些相倚關係互相衝突，某些關係會因此被邊緣化，而其他關係則會變成首要，恰好符合了個人意識形態對於做出抉擇以及履行責任的堅持（ideological constraints of choice and responsibility）[6]。

的確，能否寫成這篇回應的責任或許既不在史提夫的身上，也不在邁可的身上，而在——根據相倚關係的說法——「任何一個用同樣模式一再製造困擾的人」（例如，一個總是無法準時交稿的寫作夥伴）身上（見第二章）[7]。邁可納米和格根認為，在兩人的相倚模式中，我們還會發現另有其他關係在那裡影響雙方的互動（比如共擬文稿）（見第二章）。但如果依循這樣的思考，我們會禁不住納悶：誰（或什麼關係）應該為寫不出回應受到譴責或鼓掌？情人、室友、朋友、或老闆？我們的確同意，向個人究責（「邁可，你到底有什麼問題？」）並不是一個處處有用的作法。然而，在試圖改變責任架構時，我們難道有必要把責任平均分配到所有和我們有關係的人身上（例如把無法專心寫作的責任推給室友和自己的母親）？並非所有關係都會以相同比例涉入某種互動或全都負有

6　譯註：Ideological constraints 是美國著名政治學者 Philip E. Converse（1928-2014）在其重要論文 The Nature of Belief Systems in Mass Publics（1964）中提出的觀念，是指個人總體信念（ideology, belief system）內單一信念（或態度）之間的連貫性，也就是說：個人所持的某一信念能否讓人預測他可能持有的其他信念。（但 Converse 認為，一般人的信念體系常缺乏此種內在連貫性。）

7　譯註：原出處（第二章「打造相倚關係」中論皮爾斯及克羅能所做研究之首兩段）的上下文與此處上下文完全不同，因此這句話無法照原出處翻譯。

責任，但它們都會牽涉到此刻發生的權力問題以及架構這些問題的言語模式（rhetorical, local exigencies）。

討論過程會牽涉到地位、差異和權力；就是這三者使責任變成了具有多種意義的關係經驗。如果認爲關係只存在於個人內心[8]及兩人之間，那麼這種分析就必須忽略個人所擁有的其他關係。問題不在分析本身，卻在分析者無法做出完整的分析，因爲被分析的關係無法再連結到被排除的其他關係那裡，而後者之所以被排除，又無非是爲了使用某種特別的分析方法。

合寫回應的決定把我們兩個人置於一種張力之中，一方面各有各的聲音，另一方面又必須在各持己見的過程中商榷文章的連貫性，而這商榷過程大有可能壓制聲音和不同的詮釋（suppression of voice and nuance）[9]。由於我們當中有一個人是另一個人的博士學位口試委員，權力和地位差異的問題便出現了。在把一個人的責任轉爲兩個人的責任時，這樣的轉移使得一個人受到了束縛，同時卻使另一個人獲得了自由，而沒有使雙方都獲得自由、有利關係的維繫和「聲音」的表達。「在說話時，我不可能站在一個坦蕩磊落的*中立*位置上（斜體爲筆者標出）；我的言語很可能會以命令的口氣去影響或介入他者的經驗」（Alcoff，1993，頁 101）。語言的這種介入性質也會造成他者聲音的被挪用。而且，就在討論責任之際，我們也很可能無法以公正之心對待他者。我們並不否認責任共有說有其道理；然而，「漠視他者的困境是公然的不公平，但處理那困境也未必公平」（Elam，1995，頁 235）。自認給予他者公平的表達機會，事實上卻可能進一步違背對話的平等原則[10]（Burke，1966），並忽視必然內建於話語權互爭過程中的權力動能，而這些動能竟也隱然存在於「在背後授權的主流論述」（contexts of warrant）[11] 之中：這些論述賞賜聲音（或說它們的聆聽之耳）於人，彷彿是高高在上的判官或被覲見的大人物。因此，邁可納米和格根對於缺乏正當性、製造敵意和高唱自我的「究責個人」傳統所持的反對理由，同樣也可被我們用來反對責任應為關係成員所共有的說法，因為這說法顯然忽略了關係架構中的權力問題，以及因之出現的各種現象，例如壓抑他者、禁聲、或偏重某些聲音甚於其他聲音。

在某種程度上，我們同意邁可納米和格根的一個看法：只知發表自己的意見就是一種倒退到個人主義、「用孤立否定人性」（見第一章）的行為。但我們發現，默不作聲也是倒退到個人主義的行為，並不能代表中立的立場，因為它容許「現有論述繼續主導一切，並藉不作為去強化這些論述的主導地位」（Alcoff，1995，頁108）。此刻，我們也不應毫無作為、默不作聲地任憑個人主義被拋廢一旁，卻應該仍視之為創造社會意義及文化意義的有用資源，可以不時帶來關乎責任和關係的新見解。比如說，我們可以就本篇回應提到的兩個例子（酒駕和合寫文章）問幾個問題：是什麼狀況和資源問題使得重新訴諸個人責任變成可能？故事中的酒吧是因為

8　譯註：指個人內心的各種聲音。

9　譯註：人與人溝通時常起誤會的原因是，由於立場、地位、行業、文化背景、經驗等等的不同，各人會賦予相同字句完全不一樣的意義或詮釋。對話的強勢主導者往往會主觀認定一種意義而怒斥對方所言。

10　譯註：此處原文為 "The assumption of equality of expression further violates the rhetorical principle of hierarchy"，與文意不合，無法照譯。

11　譯註：Contexts 指種種社會體制所建構的主流論述，其中必然存在的權力意志一方面賦正當性於某些人的發言（texts），一方面也削弱或剝奪另外一些人的話語權。

沒錢請能幹的律師才必須爲車禍負起責任的嗎？或者，在合寫這篇回應時，當一個作者的學術經歷遠比另一個的豐富、當後者非常清楚自己決定說出的每一句話都有可能影響他自己的前途時，他們兩人還有可能公平分擔撰寫論文的責任嗎？個人變成了責任之眾多落腳處中的一個，並爲權力和資源的探討提供了有用的分析角度。因此，「個人」未必是不好的概念，也不一定會使人性遭到全面否定；相反的，它是眾多社會資源之一、能協助我們建構關係的意義。

責任的不平等是維繫各種互動系統和關係系統（social and relational systems）[12] 的必要條件（Sampson, 1993）。邁可納米和格根所提出的相倚概念（connective-relational framework）無可避免會把他者建構爲相倚結構中的倚賴者、否認他者本身擁有主體性。他們從某種社會地位出發、可以決定這結構的意義；於此同時，企圖擺脫屈從地位的個人卻無法參與對話，反而常被認爲是氾濫的個人主義信徒。另外，自主之我僅是一個自欺欺人的想法，因爲自主者必須先把他人設定爲依賴者，如此才能把自己想像爲獨立自主的行動者。無論如何，「自主」（autonomy）和「連結」（connection）並未分屬個人和關係，反而是富有意義的文化用語，可以激發我們對新意義──也就是邁可納米和格根所主張的意義無限可能性──的渴望。

邁可納米和格根的責任共有說會導致以下的問題：（一）否認差異的存在；（二）使人屈服於關係網的壓力（致使屬於某一團體反而令人不得自由）；（三）在重視婚姻和關係的社會中，使無意於此、異類或反傳統的人被迫屈服於刻板的性別角色並同化於主流價值。就這樣，文化權威把責任變成了負擔，終使少數族群和被壓迫的團體不僅無法獲得自由、反而受到更大的箝制（Huston

& Schwartz，1995；Moraga & Anzaldúa，1983）。權威也會自然而然形成外在壓力，使正常（normality）不只是統計學所說的平均值（norm），還必須符合一般規範（norm）的期望。自我反思的責任（responsibility to be reflexive）也是一個沉重的負擔，因為：跟內在他者對話所需的自我反省能力多屬於知識階層，因此這一種責任說只會重視某些思想形式或行為風格而輕視其他的。甚至連文化對於禮貌和合作的強調──排斥粗魯、敵意和獨立──也是一種禁聲的方式。這種強調和睦相處、避免衝突（差異之一種）的責任說也是由文化權威所命定的。

結語

　　我們之前引用了博爾克的一句箴言：「每一個看見都代表了一個看不見。」從關係產生的責任不僅要求我們設法發現彼此的相同處，也要求我們設法在差異和階級必然存在的對話中積極發言。差異的存在是使對話成為必要的原因，而差異本身又會成為對話的焦點。毫無疑問的，差異不僅持續存在於社會的階級結構（hierarchical structure）中，也持續存在於個人所屬的群體（social contexts）內 [13]，而這些都有待進一步跟邁可納米和格根提出的說

12　譯註：社會學所說的 social systems 包括家庭、社群、社區、士農工商各行各業、城市、國家等等。一個人往往屬於好幾個互動系統。

13　譯註：此處原文為 such difference is often sustained…also in social contexts…. 。Social contexts 是指個人根據其性別、興趣嗜好、職業、階級、族群、種族等等所認同的群體。

法進行對話。在寫這篇回應時，我們有另一個目標：建構一個關係世界觀（view of the relational world），視關係世界充滿了複雜且相互衝突的責任及差異，而我們的個人故事都是從這些責任和差異發展出來的。因此，自我（identity）和他者（difference）都是因時因地被發明出來的東西，並不具有獨立自主性。鄭明河（Trinh T. Minh-ha）說：「因此，『我』並不是一個單整的主體，一個固定的身分，或一個被層層表象覆蓋、唯在漸次剝掉那些表象後才會現出其真實面貌的實物。『我』本身就是不計其數的層（layers）」（Trinh，1989，頁94）。在層內和層間做出回應及說話的能力，就是責任和差異縱橫錯落的所在。

第十二章
一起建構責任
Co-constructing Responsibility

卡爾‧湯穆（Karl Tomm）

　　我要對席拉‧邁可納米和肯尼斯‧格根的創見——把責任的基礎從個人擴大為關係——報以掌聲。在描述我自己臨床工作所使用的一些相關作法之前，我想略提一下我的個人背景，為自己在這場對話中定位。

　　我是精神科醫師；近三十年前、在當住院實習醫師的期間，我開始對家庭治療產生興趣。最初的幾起臨床經驗讓我發現：親人關係會嚴重導致混淆、焦躁、暴力、退縮、自殺等等個人行為模式，而這些又被認為是精神疾病（mental illness）或心理障礙（mental disorder）的呈現。身為精神科醫師，我被認為有責任去診斷和治療具有這些行為模式的人。大多數的教授、住院實習醫師以及精神醫學同事都用「有病」來描述這些人、視之罹患了個人「心理障礙症」。但我卻想知道他們的問題是否跟生活在「關係障礙」中有關，後來我也的確發現家人的某些互動模式是問題的癥結。自此而後，在多年的臨床工作中，我把重點都放在人際關係上，就這樣漸次走上了一條偏離主流精神醫學的路。

　　我的精神醫學同事們宣稱，在用「心理障礙」或「精神病」描述行為有問題的個人時，他們並非沒有同情心。他們指出：我

們的文化並沒有要病人爲生病負責，因爲沒有人會故意向疾病招手、希望疾病降臨在他們的身上。因此，指稱某些不被接受的行爲是病兆，事實上可使我們較少怪罪當事人。但我認爲，被貼上精神病的標籤，會給個人帶來毀滅性的影響，不僅使他不再相信自己的生命具有正當性與價值，也使他在社會上失去他人的尊重；結果，更惡意的汙名化取代了譴責，使個人同時失去了自尊和社會地位。當個人發現汙名化具有如此嚴重的剝奪效應時，診斷標籤中所含的同情成分頓時就蒸發得一乾二淨。被美國精神醫學學會之《精神疾病診斷與統計手冊》（*Diagnostic and Statistical Manual of Mental Disorder*；DSM）他者化並歸類、然後再被社會看不起的個人，很難不陷入灰心喪志和動彈不得的心理狀態，以致無從再爲自己的生命帶來建設性的改變。更確切來講，標籤化反而穩固了他們的偏差行爲模式，使之更加難以改變。身爲精神醫學的專家，我們實應爲病人的被社會排斥、以及他們的無從改變負起很大的責任。面對這存在於精神醫學界的可嘆情況，我有時感到十分憤慨，其他時候又感到非常難過。

　　我是透過我和家庭治療同事們的對話，才開始意識到這種醫源性病態化過程（iatrogenic pathologizing process）的。這些同事們也認爲，個人行爲和行爲的意義都和人們置身其中的人際關係密切相干。在越來越了解這種狀況後，我在作法上也越來越不依賴精神醫學的診斷方式，以及跟這些方式相配套的生物醫學和個人心理學。相反的，我開始轉移工作的重心和方向，試圖在關係和文化中找出原因；隨著時間遞移，我的診療模式也就發生了戲劇性的轉變。如今，比起我的精神醫學同事們，我很少爲案主開藥物處方箋，反而比較留意如何回應案主的人際關係。因此很自然的，我強烈偏向支

持邁可納米和格根提出的責任共有觀念。

在每天的診療工作中，我是如何實踐責任共有說的？就像多數精神醫師的案主一樣，我的案主也都是由於「個人」症狀之故被轉介來我這裡。由於我認爲那些症狀深受案主正在經歷（或曾經經歷）、足以致病之互動模式的影響，我試圖找出並維護其他可導致更大安全感、因而可降低個人痛苦及關係衝突的互動模式，同時調整我自己回應案主及其生命中之重要他者（significant others）的方法。首先，我會在對話治療中跟案主及其重要他者一起建構方法來修復關係。這工作的一部份會特別強調如何一起擴大責任。

責任的擴大可能發生在三個區域：案主自己、案主和其重要他者之間、案主和身爲治療師的我之間。在我的新作法中，我非常重視案主做出建設性回應的可能性，並努力在治療中引出及擴大他們以負責任方式採取行動的能力。這種作法會即時把我和案主的相互責任上演出來。在和案主共同建構他們的責任時，我會盡可能導引他們，使他們生出某種自覺、知道如何做出較好的決定。在我看來，與其說個人責任屬於個人，不如說它源自關係。我們可以相信，責任（人類現象的一種）最初來自人與人的互動關係，接著被個人內化爲其心理的一部分，最後則由個人在關係中透過他的行爲體現出來。換句話說，在我看來，責任最初來自關係，而後演變爲專屬個人。雖然負責任的個人行爲是大家樂見的治療標的（endpoint）[1]，但對治療師或其他人來講，眞正可行的倒是：盡力在責任現象的發源處——也就是互動關係——促成所謂之個人責任

1　譯註：又稱 clinical endpoint（臨床效果）。

感的萌生。

我給「責任」下了一個定義，用來做為我的工作指南：「生活在一種自覺裡，能覺察自己所做之事的後果。」在這定義的引導下，我用創造自覺的方式和案主一起建構責任，而創造這種自覺的主要工具就是對話。必須注意的是，責任感形成所需的自覺分為三個層次：第一，能覺察自己行為（而非意圖）的實際後果；其次，能感覺到自己喜不喜歡這些後果；第三，能覺察自己真正想要的是內心的整合和一致性。就最後一點而言，我相信每個人都希望自己的所思、所感和所為三方面是一致的。因此，只要一個人發現自己行為的實際後果令他不喜，他就比較不會重複那類行為。當一個人能持續生活在這種自覺裡，他就會盡力避開後果為他所不喜的行為。另一方面，如果一個人喜歡他所做之事的後果，他就會繼續採取類似的行動、希望看到類似的後果。

因此，要在臨床工作中把責任感導引出來，我們可以要求案主和我們進行對話、一起為做出正確選擇創造所需的自覺。我們首先可以問一些問題，鼓勵案主思索一下他們所做之事的性質、以及這些事情的實際影響（對他人、對他們自己或對環境），然後再問他們對這些影響有何感覺。如果他們不喜歡這些影響，那他們可以選擇什麼不同的做法？透過這樣的詢問，治療師可以引導案主生出必要的自覺、進而知道如何採取較為負責的行動。這過程中的一個重要步驟是：要讓案主知道（或擴大這種知覺），個人所意圖的行動後果跟實際的行動後果是不一樣的。首要之務是要案主了解並關注實際後果。如果僅僅在意自己的行動意圖，案主是不可能生出責任感的，因為過度在意自己的意圖，只會使他不斷重做相同的事並不斷為過去的行為做出辯解，卻始終無法步上責任之途、因而沒有能

力在不同的行爲選項中做出選擇。

　　我的意圖是要增加案主的負責能力，並使我自己成爲負責任的治療師。但在發問時，我也得留意我的言談舉止會製造出什麼問題。我意圖的是騰出空間、讓案主的自覺能力可在其中成長。然而，在回應我的問題時，案主卻可能覺得被我逼到了角落、沒有空間可言。當案主覺得我的問題充滿譴責意味時，這種情況最容易發生。譴責最可能導致的狀況就是案主開始拒絕溝通、不再坦誠暢言，因爲在人的感受裡，譴責就是威脅。因此，如果我想達到與自己意圖一致的結果、成爲一個能協助案主產生責任感的負責任治療師，我就必須避問一些帶有譴責意味的問題。

　　在和案主共同建構責任的治療工作中，我盡可能在一開始採用積極回應的方式和案主對話，並藉肯定案主來創造某種信任感、某種更利於實現我的意圖的關係情境。我的肯定既是一般性的，也是針對性的。一般性是指我一向都盡力和每個案主維持友善關係；針對性是指我在面對個案時，我選擇相信：至少有某種善意的動機——無論再怎麼微不足道——存在於案主的行動背後（無論那是什麼樣的行動）。因此，在建立一般必要的友善和尊重關係後，我會問案主：他曾經那麼做，是出於什麼善意的動機？

　　在第三步驟中，我提出一些能讓案主覺察實際後果的問題。這些問題騰出空間，讓案主一方面仍然相信自己的意圖可嘉，一方面也能發現並承認被他無心造成的某些負面後果。一旦案主能在意圖和後果之間做出區別，一個可能性就會大增：他在表達真誠懊悔之餘不致自覺不堪。在這時候，治療師甚至可以進一步幫助案主發現：羞愧或罪惡感（或兩者）也具有建設性，可以導致正面後果。

　　最後一個步驟是鼓勵案主思考：他之前可以採取什麼更好的、

甚至值得用於未來類似情況的作法？這個問題的答案，常可幫助案
主學會如何讓日常行動的實際結果跟他所想望的結果相符。

　　由於案主會在對話中提起相關的事件以及他們的經歷，治療工
作在本質上就以合作為特色。身為治療師，我的貢獻在於如何引導
對話，讓案主及其他相關者能意識到某些行動的後果。這樣的意識
或自覺可使案主更有能力預想不同的回應方式，並用更負責任的態
度選擇行動之道。

　　這些被我用來在治療中培養更大責任感的間接方法，其目標都
是要增進案主對於一般人際互動模式的了解，因為這種了解通常可
以促成責任感的自然出現。我之所以稱這些方法為間接的，是因為
我的直接意圖並不是共同建構責任，而是共同建構更充分的知覺，
讓案主可藉之理解人際互動中的某些行為會如何影響關係。我們可
以把這些間接方法輕易運用到邁可納米和格根所說的四種關係：內
在他者、相倚關係、群體間的關係以及總體關係。

　　在過去幾年裡，我發展出「和內在他者對談」的療程。在對
談中，我會向被內化的他者問話，企圖讓案主觸摸到他者的感受。
我的方法是：在對案主說話的同時，我也會直呼他者的名字、對之
說話。為了讓案主為此做好準備，我要求他們用他者的身分說話、
講出他們對他者的感受有何感覺。我自己為此做的準備是：把案主
的「自我」想像成一群對這自我來講十分重要且被內化的他者。
我認為，在發展關係的同時，個人會給他者分類，並把他對他者之
感受及行為的理解、以及他自己對這些感受及行為的感覺串連成無
數內在對話，進而轉化為他的記憶。在向案主的內在他者發問時，
我並沒有要求案主扮演他人，而是要求他們把自己對他人感受的感
覺說出來；換句話說，我希望他們盡可能進入他人感受的深處、然

後從那裡說話。爲了強調這一點，我會建議：在以他者之「我」的身分做出回應時，他們應把他們直覺到的他者感受直講出來。這些感受很可能從未被他者表達過（或許是因爲他們不能或不願這麼做），但案主卻感覺它們反映了他者當時的眞實經驗。

這種對談可能導致許多後果，但對責任問題來講最具意義的後果是：案主得以更察覺到他們對別人造成了什麼實際影響。在他們用自己的嘴說出被內化他者的感受時，他們對於某些互動情況的了解會有所改變，使他們更可以看出那些互動所導致的後果。事實上，這整個過程就是在邀請案主進入「交互主體性」（intersubjectivity）的空間。在藉這種對談方式來促成個人責任感出現的同時，我會問被內化的他者：案主的行爲對他造成了什麼影響？「當（案主名字）做……的時候，你（他者名字）有什麼感受？在你（他者名字）的內心深處發生了什麼事情？你表達了哪些感受、又隱藏了哪些？是什麼使你不想把更多感受表達出來？」這些問題騰出了空間，使案主更能覺察到，他的某些行爲對他人所造成的實際影響全然不同於他所意圖的。這些問題至少可使案主變得較關心他的所做所爲對他人有什麼影響，以致當他後來親耳聽到他者說起這些影響時，他會變得更願意傾聽。

另一種能讓案主對互動行爲之影響生出基本了解的方式是：區分互動（邁可納米和格根所說之「相倚關係」）的各種模式。爲說明出現於重要關係中的互動模式，我曾精心設計過一個具體模型，試圖把臨床評估的重心從描述個人轉移到描述互動模式。事實上，一般被認爲專屬個人的特徵，都可以被重新定義爲某種重複出現之互動模式的零組件。在試圖說明不同互動模式的努力中，我曾把互動模式分爲病態互動模式（pathologizing interpersonal patterns，

PIPs)、療癒互動模式（healing interpersonal patterns，HIPs）以及健康互動模式（wellness interpersonal pattersn，WIPs）三種。在思索和指出這些模式的過程中，我所強調的是互動者的相應行為（coupling of behaviors），也就是那些一對一、具有相互強化作用的行為。這些行為組合成一個結構（Maturana & Varela，1987），成為重複的互動模式以及關係中相對穩定的一個面向。在案主的配合下，治療師可以把病態互動中的某組相應行為誘導出來並指出其模式，然後建議案主採用某種療癒互動模式，或任何可促成健康互動的模式來取代之。這些模式中的一對一相應行為被視為總在「相互發出邀請」。這樣的說法提供了改變的可能性，因為案主從此可以拒絕重蹈覆轍的邀請、改採別的行動來邀請對方進入另一種互動模式。在相互邀請下，治療的所有參與者會發現他們對以下狀況負有共同的責任：接受停留在某種模式中的邀請、拒絕邀請而脫離某種模式、以及邀請對方進入新的模式。

當我分析並發現個人所屬之群體彼此權力不平等時，男性與女性、家長與子女、白人與有色人種、富人與窮人等等的關係也開始成為我臨床工作的重點。我們會發現，某些被認為屬於個人的特性事實上起源於個人所認同的群體，而非來自他的天性。當個人認為自己或他人屬於某一群體時，他常會把群體的特性或行為模式——如男性氣概、女性特質、家長的權威、子女的義務、種族、階級等等——歸為自己或他人所有。這種個人主義的傾向在很大程度上會限制個人或他人的行動選項，並常誤導個人對事情的理解。相反的，一旦個人能發現某些特性或行為反映了他所屬的群體，更大的行為彈性和改變的可能性就會出現。例如，兩性關係十分重要，因此我們可以認為某些行為模式和互動模式跟個人的性別有關。在發

現這些行為屬於文化所造就的性別模式後，個人就較容易把自己和某些行為區隔開來，進而決定是否繼續接受文化為其性別所訂的規則，抑或拒絕那些規則。因此，一個男人會發現他自己盛氣凌人的行為其實反映了父權文化對男人的期望。這種發現——加上發現自己盛氣凌人或恫嚇的行為如何對異性或同性伴侶造成負面的影響——很可能轉變他，讓他找到別種回應方式。他也許會調整方向，去認同另一種看重謙虛、敏感和尊重他人的男性氣概。

邁可納米和格根最後列出的關係領域相當廣泛，而我的思考和作法也曾涉及這個領域。做為一個與時俱進的臨床工作者，我最重要的改變之一是從一階的「被觀察者世界」（first-order observed system）進一步去探究二階的「觀察者世界」（second-order observing system）[2]，越來越發現自己有必要對藉分類以從事觀察的臨床作法、以及這作法中的權力遊戲做出反思。我不斷自問：把案主歸為某一類，卻不將他歸為另一個也許同樣可行的類別，會造成什麼影響？在決定僅從家人互動或決定從整體社會的文化因素來探討問題時，我能否察覺自己納入及排除了什麼考量因素？在對話治療的關係情境中，這樣的自覺可促使我更認真思考某種歸類對案主及其親人可能造成的影響。精神醫學界研議出 DSM，用來診斷個

---

2 譯註：此處所說和 second-order cybernetics、亦即 cybernetics of (about) cybernetics 之論有關，意指系統元素循環式互動（cybernetic feedback loops）之觀察者（研究者）的自我反思能力（reflexivity）。傳統上，西方哲學和科學研究（包括社會科學在內）強調研究者必須自外於所研究的事物或人、視被研究的對象和自己隸屬不同的世界（系統），然後對之做出客觀的觀察及描述。1950 年代後，透過 second-order cybernetics 的理論，哲學家、認知學家和其他各領域理論學者開始發現，他們事實上也是自己所研究或觀察之系統的一部分，是其中因果循環現象的一環。

人並爲後者提供適當治療，是一回事；能了解整體精神醫學界在用疾病分類系統診斷個人並將之歸類時，如何造成個人的被汙名化以及社會價值的定於一尊（social control）[3]，又是另外一回事。

分門別類和使用類別，這兩者所牽涉到的權力問題也出現在邁可納米和格根對責任概念所做的探討中。我雖傾向贊同他們強調共同責任的說法，但我也發現這說法很可能造成無人負責的後果。一旦強調個別行爲源起於互動情境或互動歷史，我們就可輕易爲個人的「脫鉤」找到正當理由，讓他們得以擺脫應當承擔的責任。但由於我們將因此無止無盡地尋索個別行爲的關係性肇因，在尋索過程中，我們必會來到某個報酬遞減點（point of diminishing returns），自此而後越來越無所得、最終陷入絕望。在尋索過程的另一個點上，我們也可能發現個人似乎有必要做出決定、採取行動，並承擔責任。這些點在哪裡？分別定義它們，是有用的嗎？還是說，我們最好不要用這類定義來分出類別？這些點可如何被定義？誰有資格去定義它們？邁可納米和格根顯然做出選擇、認爲共同責任更值得重視。我倒想知道：當共同責任的追溯變得困難重重時，他們會怎麼說？在沒有明確指出或至少提示尋索範疇的情況下，他們是在招募我們加入一個無限逆行、沒有盡頭的尋索，最終要我們落腳在虛無之界嗎？無立場會如何影響個人的選擇？寧可沒有本體立場的人，是否會較容易被自認擁有本體立場的人利用？我們可以找出某些可爲關係肇因之尋索確立方向的準則，致使這尋索本身就能反映責任共有嗎？我們能明確指出尋索中的危險點嗎，例如，當責任共有的觀念竟然讓毀滅性的行爲找到了脫罪的藉口？我認爲，不經思索且漫無方向地尋找這類解釋和藉口，會給社會和文化帶來極大問題，是極端不負責任的作法。我個人非常不樂於立足在虛懸的空無

之上；我可以沒有確信，但不能沒有某種立場。

　　我比較想見到的是：大家共同尊重某些在我們的生態圈內自然發生的細胞分裂現象（natural biological cleavages）[4]，並承認某些觀點以及行動選項顯然要勝過其他觀點和行動選項。我們的生物神經系統非常可能設限，會要求分類作法多少能夠言之成理（coherence）和具有可信度（authenticity）。事實上，我發現，馬圖拉納和維爾登—左勒（Maturana & Verden-Zoller，1996）的說法——他們說：使人類異於其他物種的就是愛和親密這兩種經生物演化而來的人類屬性——相當具有說服力。和他們一樣，我自認有必要爲我的個人偏好負起更多責任。在這樣做的過程中，我也必須容許他人（特別是那些權力地位遠不如我的人）挑戰或審視我的偏好，讓我更能察覺這些偏好所造成的影響，進而使我有能力變得更負責任。Just Therapy 小組（Tamasese & Waldegrave，1994）如今爲探討社會和文化責任設計了一些十分創新的方法，其目的也是如此。我發現他們的努力非常具有鼓舞作用，因爲這努力似乎提供了具體步驟、讓治療者可以透過實際作法了解自己的相對責任。

3　譯註：Michel Foucault 用 power/knowledge 的概念指出，近代西方社會的權力掌握者不是政權，而是 regime of truth，亦即種種專業知識之論述所認定的眞理。Foucault 曾以十八世紀開始出現於西方社會的監獄制度、教育制度及精神病醫院爲例，來說明這些無所不在的權力形式如何形塑社會規範及群體價值。

4　譯註：此爲比喻；生態圈（ecosphere）在此比喻的應是精神醫學的理論及實作體系。本段所言都涉及智利生物學家暨哲學家 Humberto Maturana（1928-）的自我生成說（autopoiesis）。Maturana 認爲，無論低等或高等，所有生命體（living system）在運用認知功能時，其目的並不在客觀了解外在世界的眞相，而在協助它自己面對這外在世界並與之互動。觀察者（研究者）也是這樣的生命體，在觀察外物或他人時，他觀察到的其實是他自己對之做出的分類(distinctions, categories) 和描述（description, definition）。Maturana 是 second-order cybernetics 理論家之一。

第十三章
啟發性的對話與意義共創
Inspiring Dialogues and Relational Responsibility

伊羅‧黎寇能（Eero Riikonen）

對話哲學的觀點

從醫療服務和社福工作的角度來看，即使邁可納米和格根並沒有明確談到這兩個領域所面臨到的問題和挑戰，他們的文章還是非常有趣並值得參考利用。在明確說出一套不同於個人責任觀的概念時，他們也順便提到一些關乎精神醫療的另類見解以及這些見解的實際作法。在下面，我打算把邁可納米和格根的主題連結到我自己的作法重點——這些重點都和我在從事精神醫療工作時採行的對話哲學有關。

在某些方面，我的想法和邁可納米及格根的並不相同。我同意他們的這個意見：要解決西方社會中的孤立和個人主義問題，我們唯一能訴諸的方法就是重新找回關係一詞的各種意義。然而，他們的文章只列出了少數幾種意義，重點卻是拿被他們修正的語言（也就是強調關係的語言）來給予較廣泛的結構性問題更大的關注。我認為，他們的說法——我們必須改造語言，使之難以指責（或稱

讚）個人──聽來頗有問題。

如同我們在本世紀[1] 所見到的，把語言或思考的主詞擴大爲
「我們」也照樣會帶來極其可怕的後果。對我來講，與其創造新
規則來建立正確的語言，不如用自我觀照的精神（irony）[2] 來反思
因果論的思維、絕對二分法（如個人與社會的劃分）、以及被社會
定義的個人身分（identities in social life）。

拓出新路、較具對話精神的那些概念（如**聲音**和**內在他者**），
並不是邁可納米和格根思索出來的。他們就這些概念所做出的討論
有許多問題，其中之一是他們認爲（雖然沒有明說）：聲音和內在
他者可以被認出身分，也可以多少受到治療師或案主的控制。只要
了解這些概念首創者巴赫金（M. Bakhtin）的說法（參見 Morson &
Emerson，1990），我們就會發現，聲音是無比複雜的現象，只會在
些微程度上受到意識的控制。在「進出於不同身分之間」一類的
說法中，我也發現類似的問題。被巴赫金對話哲學打了預防針的我
不禁納悶：我們何時眞正擁有過某種身分，然後又從這身分轉移到
另一個確切可知的身分？

另外還有一些原因，使我不解爲何邁可納米和格根的出發點
──它們在許多方面都被大家寄以厚望──感覺起來並沒有被好好
地發揚光大。他們頓步不前的一個原因，是他們常喜歡運用反情感
後現代社會最重視的抽象思辨和智性思考，使他們對萬物之總體關
係所做的討論廣泛到沒有確切的範疇和結束的可能。在我看來，要
能**不斷創造意義**、使合作發生，對話者必須使用活潑的日常語言和

1　譯註：指二十世紀。

2　譯註：後現代主義所說的 irony 就是 reflexivity（反視自我）。

表達方式；這就是社會詩學發生過程的眞實樣貌（true process of social poetics）[3]。大多數人——包括我自己在內——似乎都對總體關係（或類似議題）的抽象討論不怎麼感興趣，因爲這種抽象思辨（無論在言詞上或在文字中）對他們實際生活中的人際關係並無太大益處，也很難使他們的關係更充滿活力。在多數人的立即感受中，這類討論非常排外，只有少數人有能力參與。

還有另一個問題：就實際改善世界來講，我無法相信抽象的動機能導致任何實際成果。我認爲「強化共創意義之責任觀」的說法太過學術性，根本無法大規模感動人心。要使世界眞正變好，新觀念必須先讓眾人覺得它們具有日常實用性才行。

這些問題讓我發現，在他們的文字中，邁可納米和格根並沒有討論到某些已被廣泛接納的互動形式。例如，強調對話精神的互動形式一直都在我們的眼前發生；它們看重的是人們如何藉眞實言語來善待自己和他人。我覺得，如要解決那些被邁可納米和格根明白指出的問題，我們可在強化「眞正對話」之必要條件的互動作法和社會作法內找到解決之道。

什麼是對話？

但我所說的「眞正對話」是指什麼？要如何維繫它？我在這裡要先釐清一些觀念。「對話」概念至少含有兩個非常不同的意義：在知識層面上，它是指地位大致相當的人彼此理性地交換意見，但在另一層面上，它和合作（connectedness）及給予啓發

（inspiration）有關。對我來講，這第二層意義更為有趣，並更有可能協助醫療和社福領域發展出新的作法來。它和巴赫金的對話哲學（Bakhtin, 1981）密切相關，意指一種把不同個人連結起來，讓他們暫時分享某種經驗的合作行為。在這意義上，對話完全不同於任何摧毀好奇心的作法；它的主要敵人應該就是各種「自認無所不知」、把案主他者化的治療方式。自認無所不知使人自限於均值或既定類別的運用、不覺有必要探索其他可能性；它是使人拒絕參與對話的主要原因。

對話要能持續進行，就必須對所有參與者具有吸引力，也就是說，真正的對話必須具有啟發性或至少有趣到可以繼續進行。如果參與者不關心什麼會是大家都感興趣的話題、或不願試圖創造這類話題，對話是不可能持續進行的。要使對話關係發生並健康發展，基本之道就是把個別參與者的自利之心（這在邁可納米和格根的眼中可能有害無益）、或個人對啟發性經驗的渴望連結到他們對他者利益／興趣（interest）[4]的關注上。

另一個重要關鍵是：大家可容忍意外狀況——它們是新鮮感和興趣的來源——到什麼程度，以及互動情境能否給人充分的安全感。因此，「真正對話」的一個先決條件是：在某種程度上，它容許個人觀點以及不斷出現的不同觀點被表達出來，也容許個人或共同的洞見、驚喜和願望被表達出來。

3　譯註：社會詩學一詞來自社會建構論，指互為主體之個人透過日常對話共同建構自我、意義和現實世界，強調語言即是人類存有的基礎，而語言的詩性功能、亦即想像和創造的功能遠遠勝過它的理論功能，因為前者動態地持續改變群體文化及世界，而後者僅給予世界靜態的描述或分析。

4　譯註：Interest 一字有兩解：興趣、利益。

　　對於邁可納米和格根在個人與社會之間做出的絕對劃分，我也無法認同。對我來講，巴赫金的對話哲學（Bakhtin，1981）相當具有說服力地指出了一個事實：介於這兩個看來黑白對立概念間的，其實是無數不同色度的灰色（shades of gray）。這個劃分的拋棄，有可能就是邁可納米和格根所追求的「共可理解新義」之一。

　　巴赫金一以貫之地強調（Bakhtin，1981），語詞之用無法脫離社會或關係。在（至少）三種意義上，語言和關係密不可分：（一）言語會創造、維繫以及改變關係；（二）所有說出的話都會反映對方說過的話；（三）言語不僅為接下來的言語、也為後者將形成的新關係創造脈絡與背景。第三個意義可能最難讓人理解。它指的是：言語會為正在發生以及即將演變出來的互動創造脈絡。這脈絡即是「我們目前的位置」、說話時的情境；一個說話者從這情境做出回應，對方則再回應這情境。人們很容易創造出令人窒息、徒勞無益、盛氣凌人、令人沮喪，或令人害怕的互動情境。但反過來說，他們依然有能力創造出鼓舞作為能力的、強化自信的、增進信任感的對話環境。

　　我在此所說的「真正對話」和「共創意義」有非常密切的關係。巴赫金所說的對話事實上就是「共創意義」概念的呈現。當對話者不再願意一起創造具有啟發性的對話時，真正對話就會乍然終止。一旦他們不再用「我們」稱呼彼此、不再認為一起有責任（以及正當理由）關懷彼此的利益或興趣，對話就不存在了。

　　以上的討論是要指出：有益或可鼓舞個人有所作為的對話，顯然和人際互動以及個人福祉的非理性和美學面向[5]有關。有許許多多作者討論過這些面向，其中最重要者包括巴赫金（Bakhtin，1981）、約翰・蕭特（John Shotter，1993）、加斯東・巴什拉

（Gaston Bachelard，1992） 以及尚・布希亞（Jean Baudrillard，
1994）。我認為這些作者有一個共同的信念：使互動／對話具有啓
發性或意義、能創造共鳴，因而可減少孤立且促進合作的因素，是
無法透過任何抽象知識或理性討論來理解的。

否認個人福祉是對話的產物

　　許多社會學家——如齊格孟特・鮑曼（Zygmunt Bauman，1993）
——以為，在西方社會中，「大眾」這個觀念歌頌的是「合格的消
費者」（qualified consumers）、「購物商場內的快樂閒逛者」；也
就是說，大眾是指一群有能力購買和使用專業人員及專家所創造之
產品和服務、進而從中獲得幸福感的消費者。生活無虞並享有健康
保險的大眾就可以被稱爲消費者；如果恰恰相反，他們就被稱爲乞
丐。這兩種角色的定義含有一個公因數：消費者的角色是由他人設
計和製造出來的。這種被動形式成爲了強調量化生產之現代社會的
主要特色。這強調量化的思維在許多方面——不僅就商品來講，也
在醫療和社福工作上——把使用者和提供者區隔爲二。
　　主流的醫療服務與社福工作模型，既不認爲個人的健康和福祉
是專業人士和案主合作所致的成就，也不認爲它是對話的成果。大
多數的相關作法和方案都採取干預措施，把大眾當成教育或治療的

5　譯註：指語言的想像和創造（建構）功能。參見譯註 3。

對象。但就是因為如此，專業行動反可能帶來適得其反的效果，而醫療和社福工作也就這樣忽略了個人的健康和福祉是合作的產物。要強調意義共創的責任觀，我們就必須從互動和對話的觀點來定義醫療服務和社福工作。

根據客觀論（objectivism）行事、仰賴權威的互動作法往往使疾病惡化並造成缺失。常見的醫療作法和復康服務（rehabilitation）之所以容易造成問題或缺失，是因為它們對疾病和問題抱持了非常狹隘的見解（參見 Beahrs，1986；Engel，1980；Riikonen & Smith，1997）。

對分析的強調也把支配這些領域、視人心如機械（mechanistic metaphors）的偏見凸顯了出來。它們相信，分析問題是解決、化解或解構問題的必要手段；也就是說，要尋找治療方式或解決之道，我們只需要分析以往的負面案例即可，不必從尋找現有資源及使用這些資源兩方面來著手。許多以「健康提升」（health promotion）為主題的文字討論都告訴我們，這樣的取向導致了各種不必要的侷限。把重心放在病理學上的結果是，大家一方面習於漠視案主及其親友已擁有或可能擁有的能力，一方面也無從了解互助和同儕這類資源的重要性。有越來越多的證據顯示，如果把重點放在案主及其重要親友為了改善情況曾經做過的、能夠做的或可能做的事情上，那將會更有利於問題的解決。

可再造個人福祉的互動形式

無論在案主和專業人士的互動或一般的人際互動中，創造對個

人福祉有利的行動、活動、經驗及環境是必要的。這些決定個人福祉的重要資源似有一些共同點：首先，服務的使用者或案主在其中是真正的專家；其次，在多數情況下，這些資源原本就存在於使用者或案主的日常生活經驗裡。這見解的一個可取處是，它視使用者或案主為正常人。創造這種可改善個人福祉的環境，對我們大家來講都是一大挑戰。

專家們的確站在一個倍受挑戰的位置上。沒有人能把健康或福祉送給另一個人或為他創造這些。它們是個人在和四周環境進行多方面且複雜的互動後才可獲得的東西。因此，專家們必須非常敏感，能察知案主心目中的解決之道和他所想望的啟發，然後根據這些來採取行動。

個人福祉（或困境）也牽涉到權力的問題。被認為站在專家立場的個人、小組或機構，會宣稱他們有權運用各種公私資源來改善個人福祉或減輕個人困境。在我看來，這種權力若是掌握在那些從醫學或心理學之狹隘客觀論觀點看待個人福祉的專家和機構手中，那會帶來非常大的災難。這些專家和機構必會貶抑和排斥那些從互動、對話和真實生活（而非專業領域）產生的知識，絲毫不知這類知識對改善個人福祉有無比的重要性。

關於個人福祉以及如何再造它，專家普遍持有一些錯誤的觀念。首先，在論到這些題目時，多數專家都會用或明示或暗示的方式強調自己是知者，並把大眾當成無知者。其次，他們極端貶抑大眾從生活經驗取得、能改善其個人福祉的知識。以理性知識為目標的客觀論語言就這樣中斷或阻止了真正的對話。

在下面，我想討論「健康提升」運動的一些基本想法和概念，因為這運動可助我們了解為何個人福祉是從對話產生的。藉著這簡

短的繞道，我希望能一併指出為何我們應進一步延伸「共創意義」的說法、以及為何目前通行的醫療和社福概念很有問題。

世界衛生組織的「健康提升」計劃

世衛的「健康提升」計劃（Health Promotion）以協助個人最大化其健康潛能為宗旨，並認為每一個人都可受惠於「健康提升」的活動──的確，有誰可以自稱已經充分實現了他的健康和幸福潛能？「健康提升」的定義是：一個使個人更有能力去掌握及改善自我健康的方案。它的目的是把控制權、知識、技能和其他跟健康有關的資源歸還給個人、家庭和全體大眾。

那麼，為達最大效果，我們當如何訂定這類促進方案的目標？我們應該推動哪些事情或那些活動？或許，我們可以試著把主要目標訂為：相信大眾／服務使用者有能力自行（或和別人一起）創造有利其自我福祉的環境、時刻、經驗和實踐夢想的計劃（life projects）。這目標有兩個有趣的特點：它一方面強調互動，另一方面也強調大眾／使用者的個人行動。

我認為，個人福祉來自能促使「被祝福情境」（providential realities）發生的互動或對話過程。個人福祉的再造會牽涉到：相互尊重、信任感、以及分享啟發或希望（參見 Penman，1992；Riikonen & Smith，1997）。「被祝福情境」是個複雜的概念，因為賦予活力、具有啟發性、使人獲得作為能力的互動是由許許多多彼此糾纏的因素共組而成的。

在批判傳統上倚賴工具以再造個人福祉的作法（instrumental approaches）時，以上的說法似跟邁可納米和格根的共創意義說有些相似。他們兩人關心的是我們當如何商榷出新的意義：「這些意義會邀請、鼓勵或建議新的行動方式」。我當然贊同他們所設定的目標，然而我對達成這目標的可能性卻抱著謹慎而不樂觀的看法。我感到猶疑的原因跟被祝福之對話或互動（providential dialogue or interaction）的必要條件有關，也跟我們某些互動傳統、語言傳統和美學傳統的難以改變與創新有關。

我認為，關乎合作和再造個人福祉的兩種對立觀點——所謂的外在觀點和內在觀點——可讓我們發現問題的癥結何在。蕭特曾經指出（Shotter，1993a），關係成員在不斷改變之互動過程中所體驗到的互賴模式，會非常不同於外人對之所做的任何概念性描述（generalizations）。概念性描述——包括體系通論 [6] 在內——正是靜態、強調客觀論之知識體系的最愛。

大家都知道，西方國家處處都有設計指導綱要、訂立活動計畫以改善他人福祉的善行機構。當我們想為自己和親友創造美好的互動時刻時，我們往往會從非常抽象的觀念出發，卻不知直接了當做去。想一想我們跟朋友的一場快意談話是怎麼發生的。在多數情況下，我們不會考慮並決定下一分鐘要說什麼有趣的話，也不會計劃在三十分鐘後要如何鼓勵對方。美好的對話是自然而然且往往不按預期展開的。真實的趣味和跳躍的火花會隨機出現在任何一個對談

6　譯註：此處原文為 systemic generalizations。參照本章前文，應是指第一章提到的體系通論（general systems theory）。

時刻。在我們為美好對話做出完備計劃或舉行專案會議之前，它想必早就奄奄一息了。我相信，如果能把共創意義視為共同創造剛剛所描述的美好對話，這才更能導致正面的成效。如果只知從外把一套原則輸入對話，那麼美好對話就難以成真。在試圖創造啟發性或增進作為能力的對話時使用理論工具，反而很有可能導致無趣和做作的對話。

大多數絞盡心思來促進互動的作法也有這樣的問題。「促進」一詞本身就預設了準則和工具思維的必要性。我們可以促進並倡導成功的互動（也就是可改善個人福祉並具啟發性的對話），但在作法上，我們必須尊重互動的本質；我們必須對難以捉摸的個人喜惡、厭煩的可能性、突生的渴望、幽默、一時的衝動等等具有足夠的敏感度。

這類作法——也就是支援並催使案主為本身福祉做出努力的作法——很難被解釋得一清二楚，也很難被人接受，因為對主流的醫療和社福模型來講，它們仍然令人感到陌生怪異，尤其是其邏輯思維完全不同於把服務量化的思維。我們當然應該要求案主和醫療／社福的專業人員擁有更好的互動關係；然而，每當這要求一出現，它馬上就被人指為不切實際或太過理想主義。不像許多其他話題，這種話題並不讓人覺得具有什麼預算或行政上的急迫性。從行政人員的觀點來看，他們的確應該嚴肅考慮這類議題，但要等到他們完成更緊要的工作之後再說——治病（醫師的首要責任）以及社福人員根據指導綱要來解決案主的問題，就是這些緊要工作中的兩項。在我看來，這是非常嚴重的謬誤。如果我們繼續戴著客觀論和個人主義的有色眼鏡，我們的醫療和社福體系必將成為破壞靈感之源（也就是生命之源）的機制。

互動有賴譬喻語言和對話精神

　　對所有置身於實際生活並日復一日爲個人福祉實際付出努力的人來講,「被祝福的對話」、「被祝福的情境」、「被祝福的互動」這類概念是不難理解的。但是,「善待自己和他人」的眞正意思又是什麼?在此,我要援用溝通學(communication research)的一些討論來探究這個題目。

　　溝通學研究者珞繽・潘曼(Robyn Penman)最關注的問題是各類互動如何創造眞正的參與。最近在以後現代主義觀點探討何謂「好的溝通」時(Penman,1992),她得到一個結論:要定義溝通是好是壞,我們必須以道德爲依歸;好的溝通就是對人有益的溝通。

　　潘曼用四個準則來描述這樣的溝通(Penman,1992)。第一個準則是「創造性」(constitutiveness)——我們使用的語言能創造新的現實。其次,「因應性」(contextualness)——溝通過程會因應時地人因素[7]不斷調整方向。第三,「多元性」(diversity)——溝通者彼此願意聽取對方所提出的不同見解。第四,「不完整性」

7　譯註:潘曼認爲,在溝通時,人的發言、行爲和意義的表達總受到多重因素(multiple contexts)的影響。這些因素包括:現場環境、彼此關係、個人身分(族群、性別、性取向、政治立場、宗教信仰、世界觀或人生觀、國籍)、家庭／組織／團體的文化等等。這種種因素由大到小彼此套合在一起,有如俄羅斯的套娃組合,但因素之大小差別(也就是重要性的差異)常會對換,並非一成不變。參見Arthur Jensen & Robyn Penman 論文〈CMM: A Brief Overview〉(https://cmminstitute.org/wp-content/uploads/2018/03/65_CMM-BriefOverview.2018.pdf)。

（incompleteness）——溝通中被創造出來的意義不可能是最終的意義。

因此，溝通絕不是把資訊傳輸給接收者、或把資訊從一個腦袋傳到另一個腦袋，而是不斷創造共同的故事、共同的用語或當下的共同世界（見 Shotter，1993b，頁 63-65）。這些共同世界在不斷快速變化中會有它們自己的規則、誘惑和絕望。它們無時不在創造某些可能性、某些意義、某些關係形式和某些不成文的道德約束。

專家的語言和科學的思維之所以有問題，不僅是因為它們重新創造出權力的差異，也是因為它們讓人不知語言其實充滿了譬喻、啓示和生命力。只要觀察一群閒聊者，我們就會發現，他們總會不斷從一個話題跳到另一個話題、或從一個觀點跳到另一個觀點，以致舊話題或觀點常變為乏味而不再被人提起。然而，在製造問題、不合人性的互動中，我們卻看到某些或全部成員不被允許改變話題或使用譬喻（卻被要求最好使用工具性語言）。維持新鮮感和使用譬喻——這兩者當然頗有關聯——顯然就是讓所有互動成員保持興趣、繼續對話的必要途徑。

巴赫金說（如 Morson & Emerson，1990 的引述），形塑和轉變言語互動的是當下的時地人因素。互動之所以被認為具有生命力，是因為這些因素會不斷影響對話者的說詞，因而一再創造和改變互動形式，並使對話者將新的互動形式納入考量、去思索下一步的說詞。在某種意義上，這些因素同時是對話的背景、促動者和衡量者。

互動的時地人因素會不斷改變所發生之事的意義。解構主義的「補充」（supplement）一詞就曾充分說明了這一點。之後發生和被預期發生的事情，會不斷改變和補充現在發生以及已經發生之事

的意義和效應。由於意義不斷改變，我們根本無從在互動關係中發現確切不變的原因和結果。

　　我之所以提出對話觀點，是希望大家發現所有「解決問題」（包括孤立問題在內）的行動都需要對話作法。我們可以說，問題都發生在排斥對話的經驗範疇中。顯然的，有很多方法可以使真正的對話再度風行起來。

　　如果能夠運用對話觀點，我們必能找到更多途徑，可以共創邁可納米和格根所說的新意義。所有的互動和對話都會為社會帶來活力和啟示，也能使人互相連結和合作。人們必會不斷尋找那些可以一起分享、或有利新意義之出現的話題或題材。我相信，如要減少孤立，使用那些可以增進個人作為能力、強化合作的譬喻和概念，將會是最好的方法。

享有對話權並為對話負起責任

　　我希望用「享有對話權並為對話負起責任」的概念來取代「共創意義」的說法，因為前者似乎碰觸到某些重要問題，其一就是共同興趣或共同利益對合作的重要性。如我之前主張的，沒有真正的趣味和新鮮感，真正的對話是無從持續進行的。

　　人們的道德立場和他們感知到的自我價值，會直接或間接影響一切對話和討論，無論他們的對話和討論有多一時興起或專業。一切互動都會僅僅支持某些社會角色和地位。在令人絕望或充滿挫折感的互動中，一定會有人自覺被拋到無望的社會角落中、被當作是

某種異類。同樣的道理，對談（以及文字上的互動）若不是促成、就是讓人無法取得樂觀、歸屬感、奮發精神和自我價值感。

我認為，有權享有良好的互動應該是服務使用者的基本人權之一，重點在於每一個人都應擁有被當人看待的權利，而這權利唯有透過互動、或在互動過程中才能獲得實現。

我認為，有權享有良好的互動是真正的首要之事。但從對話的觀點來看，僅談權利當然是毫無意義的。真正的對話是一種合作，因此所有參與者都應該為其成果負責，而所有參與者基本上負有相同的責任：主動積極、值得信任、具備人性關懷的精神。

我在此主張的是：在醫療和社福工作上，即使困難重重（我已解釋過困難發生的原因），我們還是需要花更多心思，來關心如何培養有益、有趣、能使人重獲作為能力的對話技巧。由於我們參與的是具有生命力、需要我們持續專心以赴的互動，這些技巧不可能是抽象的原理或公式。這些技巧也不應屬於個人，卻是機構、小組或團體文化的一部分。我們或許可以拿室內樂團的訓練當比喻。在學習、琢磨和練習技巧的時候，我們需要運用到許多互相對應和培養默契的方法。也就是說，參與者必須用盡方法來使有益且受到祝福的互動能夠持續進行。對此，我們並不需要深奧的知識，因為成功與否唯賴我們是否能夠發現、使用和改進我們既有的生活技巧而已。

創造新的服務觀念

在實際層面上，以上看法能帶來什麼影響？我們可以根據它們

來研擬某些方案嗎？我認為可以的。首先，如果方案涉及專家和使用者雙方，其研擬者就必須慎重把一個事實納入考慮：專家和使用者都渴望獲得啟發。這個渴望必須時時成為我們在研擬工作各個面向時的指南。例如，在建立評估和反饋系統時，我們必須設法讓使用者覺得那系統攸關他們的切身利益、而且確實有用並有趣。

　　就心理健康和個人福祉來講，許多服務和治療機構（包括專門提供復康服務或就業輔導的中心和組織），可被認定就是「給予啟發的中心」（centers of inspiration）。啟發的工作涉及時地人因素、活動、會議、諮商和對話，並以發現適合及有趣的觀點、啟發、以及不同的可能性為目標。簡言之，我們的目標應該是：一方面創造新的服務形式，另一方面改進就業輔導、技能訓練和資訊傳播的作法，把參與者或使用者當作國王或王后，而不是把他們當作可憐蟲。

　　我用以上的討論來呼籲：在提供協助和支援時，我們必須重新定義主要的工作目標。比起案主或尋求幫助的人，我們也許更應該把某些說話方式和風格、某些言詞、某些互動形式當作「病人」。由於我們面對的是「致人於病的」或剝奪他人能力且毫無啟發性的互動語言，我們必須盡快拋棄這樣的語言。我這麼說，絕不是在否認痛苦的真實性或宣稱對話就是一切。我只想指出我所認為的服務缺失。

　　因此我認為，研究者和臨床專家有責任去重視被祝福的譬喻、也就是能使真正對話發生的譬喻語言。唯有那些在某種程度上可被理解、有益個人、引人入勝的譬喻，才可能完成這個任務。這意謂的是，我們應該毫不羞慚地去使用那些屬於日常語彙、詩和小說的語詞和譬喻。

平行的說法

第十四章

創造有利意義出現的對話情境[1]：
盡責回應詩性的「動作」和「時刻」

Creating Relational Realities: Responsible Responding to
Poetic 'Movements' and 'Moments'

約翰・蕭特（John Shotter）與

阿爾琳・卡茲（Arlene M. Katz）

詮釋者就是演出者（executant）；他把眼前作品的創造過
程「上演出來」(act out)，以便賦予它可理解性……身為
演出者的他把自己的生命投入詮釋過程。他的詮釋、他對
被挑出之意義或價值所做的演譯（enactments）[2]，絕不同
於客觀審視者的詮釋。他的詮釋是必須承擔風險的承諾，
是「負責任」的回應，因為「負責任」（responsible）的
原始意義就是「回應」（response）。

——史泰納（Steiner，1989，頁 7-8）

進入我們的「他異性」使我們成為了他者。

——史泰納（Steiner，1989，頁 188）

但如同每一靈魂
都是由他們所不知的複雜元素組合而成的，

愛情又再把這兩個複雜的靈魂組合在一起，

把原本互為你我的兩者合而為一……

當愛情把兩個靈魂的生命

如此結合為一時，

一個更能幹的靈魂就形成了，

能夠抵擋孤獨所帶來的痛苦。

——約翰·鄧恩（John Donne），

〈靈魂狂喜〉（The Extasie，1638）

就讓我們在使用字詞之際得知它們的意義吧。

——維根斯坦（Wittgenstein，1953，頁220）

　　席拉·邁可納米和肯尼斯·格根邀請我們在回應他們所寫的頭幾章時和他們「共舞」。這正是我們打算做的事情……他們也邀請我們在共舞的過程中「說起」（talk of）、而非（或盡可能不要）「討論」（talk about）這個共舞，因為「討論」無法立即回應或表達共舞時的情況。我們也不想站在遠處討論已經結束的過程、在

1　本章章名的原文是 Creating Relational Realities。本章的討論用到美國著名社會學家暨社會心理學家 Erving Goffman（1922-1982）的觀點：具有真實感（對參與者來講）的互動經驗是自然而然發生的；參與者會不自覺地、不需腳本或預先設計就能進入並全神貫注於這樣的互動。反過來，不具真實感的互動總使人坐立難安並自覺與之格格不入。

2　譯註：Enactment 一字除了「演出」之義外，也有「用另種形式呈現」的意思。George Steiner 認為詮釋者不僅是演出者，也是翻譯者（translator）。這兩種角色都「用另種形式」把原作呈現出來。

所有真實動作都已終止後去描述不變的結果、或無視我們的言語和他人生命之間的關係。這是因為非常奇特的事情總會在共舞過程中發生：它發生在兩人以上的前後和來回對應動作「之間」；我們不僅感覺有某種東西在我們的「裡面」前前後後、來來回回移動，也感覺自己在它「裡面」如此動作。這幾乎就像有個第三力量在操縱一切，而「它」——舞蹈——是我們的帶舞者，我們也是它的帶舞者。我們感到自己參與了某種難以理解的神祕，而這神祕只會出現在舞伴與我們能夠互做回應的時候。只有在「你」能察覺你我動作間的「關係」而對「我」做出回應時，「我們」才能以「一體的我們」（collective we）成為共舞者。只要我覺察到你缺乏那種敏感的心思，我立刻就會覺得你冒犯了我，而且是在道德上冒犯了我。我覺得你不甚尊重我。

戈夫曼是這樣討論對話者之責任的（Goffman，1967）：

> 自然而然的專注參與（joint spontaneous involvement）是一種
> 神祕的合作（unio mystico）、一種由合作導致的入神狀態
> （trance）。相反的，我們必須視一般談話（conversation）
> 擁有它自己的生命、會自行訂出規範。它是具體而微的社
> 會結構，因而也對固守各種界線（boundaries-maintaining）
> [3] 有所偏好。它是一小塊表達信諾與忠誠的布製軍徽，有它
> 自己的英雄和惡棍。（頁 113-114）。

他進而深究我們在和他人對話時應盡責任的各種面向，並探討：當對話參與者不遵守這些責任時，會發生什麼事情？就像舞蹈中每分每秒出現的動作，參與者必須能意識到自己的對應是否恰當合宜、

是否尊重了對方的「邀請」舉動。如果參與者不認為自己必須對彼此的關係負責，那麼共舞是不可能發生的。

　　當然，這些相互對應的動作、對話夥伴互相回應邀請的方式，也帶有不少輕鬆有趣的面向。這輕鬆有趣的性質至少表現在兩方面：（一）對話的各階段、各時刻，或各面向都僅僅鬆散相連，以致「缺口」（gaps）、「空間」（spaces）或「無確信地帶」（zones of indeterminacy）不僅會出現在個人的言語中，也會出現在大家的相互對應中；（二）因此，對話活動時時帶有即興和創新的可能性，不會像機械一樣再三做出重複動作。新而獨特的事件總會突然出現在對話活動中——也就是說，「創新」（poiesis）總在其中調皮搗亂，而這也許就是我們不僅從未注意到對話具有這種奇特性質、如今還繼續在學術和知識活動中盡可能漠視它的原因之一。直到最近之前，如想在知識活動中被視為專家，我們在面對「研究對象」時，都必須把自己當成旁觀的、不置身其中的、外在的觀察者，冷眼注視著他們的活動，彷彿與他們相隔甚遠或彷彿站在單向透視窗的另一邊。要能覺察對話的創新能力如何在我們的日常活動中發揮影響、如何創造出無數我們先前不知的可能性，我們有必要改變我們的研究作法。席拉和肯尼斯在本書中敦促我們去做的就是這件事情。

　　因此，在和他們「共舞」時，我們想做兩件事：（一）較仔細探討對話本質，並發現：在打開自己的心胸、使自己和他者（我們過去遠觀研究的對象）能建立相互回應和參與的關係時，我們的

3　譯註：Boundaries-maintaining 跟 boundary-crossings（也就是本章主張的對話精神）背道而馳。

社會研究思考模式（或科學研究的思考模式？）在本質上會如何大大改變；（二）繼續探討如何把出現於一連串「言語動作」和「時刻」中的「空間」及其「可被感覺到的形狀」[4] 表達出來：我們可如何說起（而非討論）這些空間？它們可以提供更具生命力和「觸動人心」的知識及理解，使我們得以感知之前未曾注意到之事物與事物間的連結和關係。

充滿相互回應的對話才是真正的對話

每當第二個人回應第一個人的動作、並根據後者做出動作時，他的動作永不可能全部為他所有。由於是針對第一個人之動作所做的回應，這些動作恆有一部分是由前者形塑的；它們不可能不如此。但一旦我們接受這事實，一旦我們願意承認個人不僅時時刻刻活在跟他人的關係中、也時時刻刻活在跟環境的關係中，那麼我們就不可能再認為自己是獨立、自給自足的生命體，也不可能再認為我們的世界外在於我們。在這種情況下，與其說先有一個人自主並獨立地做出動作、然後第二個人繼續自主並獨立地做出動作，不如說他們在相互對應中一起做出動作、是「一體的我們」。在真實生活裡，他們常藉身體自然而然地即刻做出這些動作，不會預先設想回應對方的方式。如此做的時候，他們彼此連結了起來，也必然會和周遭環境連結起來。換句話說，我現在所做的動作必須依賴我們一起做出的動作……可以說，我的動作是一個無比複雜的複合物，是由我的個人心理因素和外在因素共同導致的結果。由於所有

影響因素之間的關係相當鬆散（雖然非常複雜），我們的動作僅有一部份具有明確的意義，將會不斷從所有參與者那裡進一步取得新的意義。就是這種一部分封閉、一部分開放，一部分屬於個人、一部分來自關係，一部分自然而然、一部份受到文化影響的特性，使得動作相倚的現象（sphere of joint action；Shotter，1980，1993a，1993b）格外引起我們的興趣。

　　的確，充滿回應、有如共舞的對話之所以會具有這般引人注目的奇特性，是因為：它們不僅讓各種動作（這些動作不能被認為來自個人）得以發生，它們本身似乎也具有生命，是無數個一面抗拒某些意義、一面又使其他意義進一步創新演變的「它」。的確，當我們彼此專心對話時，我們之所以會覺得自己有道德義務、必須對一個超越我們的「它」負責，原因似乎就跟席拉和肯尼斯所說的「共創意義」責任觀有關：「在關係過程中負起責任，就是指盡力為意義……的發生創造契機」（見第一章）。

　　因此，具有互應性之對話活動的特色——或說它們的奇異處（相較於古典與現代自然科學所灌輸給我們的觀念而言）——就是：如果我們真的用共創意義的方式對話，那麼我們的生命就會發生全面性的改變。我們的心靈生命不再對立於一個遲鈍無感、死沉的物質世界[5]，反而似乎變成了更廣大之集體行動力（collective agency）的一部分，似乎位在擁有具體生命、「一體之我們」的身體內。（即使仍依照現代主義語法使用「心靈」與「大自然」這

4　譯註：此處原文為 sensed shape，意同於 sensed presence，指可被感知而不可言喻的意義出現時刻。另見譯註 6。

5　譯註：此句所言係針對是笛卡爾（René Descartes，1596-1650）以降的心物二元論。

兩個對位概念，貝特森在提到心靈位於大自然「內」時，似乎表達了類似的想法。見 Bateson, 1979。）因此我們要再度強調「盡力爲意義……的發生創造契機」這幾個字，並且相信：唯在我們願意爲對話過程負起責任時，對話過程爲意義所提供的創造契機才可能出現。如果我們不願這麼做，我們就會失去這些契機，也無法促使它們出現。喬治・史泰納（Steiner，1989）是這樣談到意義可能性的[6]：「當這些信念——如當前語言哲學所說——透過彬彬有禮的對話產生時，它們將『超越證明』；證據、邏輯或論述都無法證明它們的眞僞」（頁 214）。他繼續說：

> 但是，我追隨笛卡爾和巴斯卡（Blaise Pascal）的理性神學，願意在這裡打賭：《伊底帕斯王》或《包法利夫人》的文字、畫家格林沃特（Matthias Grünewald）所繪之〈伊森海姆祭壇三聯畫〉(Issenheim Triptych)的顏料或雕刻家布蘭庫西（Constantin Brancusi）之作品《鳥》的刀痕，都藏有某種令人無法抵擋、有如神諭的意義在其中。

（接下來他繼續列舉了一長串偉大的藝術作品。）

在每個互動時刻（如果我們可以跟著席拉・邁可納米這樣稱呼它），都藏有一個可能性：一個獨特的空間被建構出來，使針對第一個說話者做出反應的第二個說話者不由自主進入其中並回應它，接著每一個進入其中的對話者也會不由自主地進一步做出回應。無疑的，在處處受到規範約束的人際往還習慣中，這些微妙的、稍縱即逝的、獨特而不可能重複的變異情況才是對話的實質部分；它們就是巴赫金所說「僅發生一次的存有事件」("once-occurrent event of Being"；Bakhtin，1993，頁 2）；藉由這樣的事件，我們互相表達了當下自己內在生命的獨特性質。而且，在理解這些事件時，我們就置身於正在進行的實際對話中，並沒有踏出對話之流、用探究剖析（referential）或描述再現（representational）的方式「針對」它們做出思考，而是在實際對話情境中自然而然地做出回應、與他人一起參與事件的發生。筆者在此也正在跟席拉和肯尼斯對話、正在對他們的共舞邀請做出回應。

意義從共舞的動作中產生

在用一連串輕鬆動作回應席拉和肯尼斯的部分文字時，我們的下個動作是探討：在這半自由、半受限制的空間裡，新的動作是怎麼出現的？我們打算列出一些不相連貫的文字片段，以免「指引」讀者如何一步步追隨它們。相較於我們在前面做出的回應，我們現在打算在讀者的閱讀過程中製造中斷或停頓的時刻，讓讀者能在回應的同時漫遊於充滿意義可能性的大地。我們想做個實驗，看看我們能否幫助讀者為他們自己創造一種知覺、知道如何以共創意義的

6　譯註：史泰納認為，我們在和音樂、繪畫和文學作品對話時（也就是在詮釋它們時）瞬間體會到的意義指向了上帝存在的可能性。這些被他稱作 real presences 的意義如同上帝一樣神祕和難以言喻，短暫出現於我們在面對他者或他異性時自然而然發出回應之際。它們短暫出現的時刻（一種 epiphany 的經驗），就是本章前面所說之似打斷尋常對話的「缺口」（gaps）和「空間」（spaces）。

方式去回應文字中的他者或他異性、也就是外在於我的「它」。的確，我們自己就是一邊把席拉和肯尼斯的文字放在心上、一邊做出下面回應和回答的。我們遵循史泰納的建議（Steiner，1989），並不會用我們的文字去描繪或再現我們對他們說法的理解，卻會將他們作品帶給我們的眾多理解——在我們回應之際、在我們踏出下列舞步時——上演出來。

舞步一

　　背景……「無法言喻 （也就是令我覺得神祕且無法表達）的剎那時刻，或許就是把我所能表達之言語的意義映襯出來的背景」（Wittgenstein，1980，頁 16）……事實上，在各種對話之流匯合而成的對話之流中，沒入其中的話語幾乎可以全被忽略掉。

　　「『語言遊戲』一詞是要我們發現：我們所說的話只是某種群體活動或某種群體生活方式的一部分」（Wittgenstein，1953，段23）……我們所說的話永遠只是更廣大活動的一部分。

　　意義背後永遠有個「更大」的背景；就是在這「更大」背景的襯托下，我們的話語才能改變事情……這就是話語的用途……它指向那「更大」的背景……我們的談話指向我們沒入的更大對話之流。

　　要使那在說話時出現、經手勢表達出來的模糊意義更為精確，我們必須謹慎並負責地用字遣詞……我們必須精心打造這些字詞的「移動形式」……它們的表達必須是一種盡責的回應……而非只在「討論」一個剎那時刻……

舞步二

Play 一字的定義：（一）一種特別的快意活動；（二）輕鬆有趣；（三）比賽的進行；（四）音樂劇；（五）戲劇……具有戲劇張力的場景……令人感動的時刻……令人著迷的時刻……

那些可用「令人感動」、「令人著迷」或「具有戲劇張力」來形容的時刻，都擁有我們無法理解的「生命豐富感」……它們似乎就是嶄新的開始……尚待完成、尚未結束、迎向進一步發展……初始時刻……種子……某種稚嫩、還未全然成形的東西……我們從未遇到過的他異性……

詩的力量是：「初被寫出時，它是單純直接的語言」（Bachelard，1992，頁 xv）。

舞步三

舞步的風格和節奏：（一）輕鬆的舞步：和諧的花式……進退有節……擁有詩的節奏感、戲劇的幕和景、樂曲的節拍、繪畫和雕刻作品呈現出來的動態幻覺……（二）嚴肅的舞步：由一群人設計出來、用以達到某一明確目標的一系列作為和事件……軍隊的戰術性移防……

文字書寫也離不開節奏……書寫是有序的、按節拍的、擁有獨特風格。蘇珊‧桑塔格寫道（Sontag，1969）：

雷蒙‧貝伊爾（Raymond Bayer）說：「任何藝術作品都會節拍有致地在我們身上留下一樣東西：促使生命之氣流

動的獨特配方⋯⋯每一個藝術作品都體現了進行、停下
來、仔細思量的原則，讓我們可以想見藝術家費勁和歇手
時的模樣、以及他們的輕撫之手或銷毀之手所留下的獨特
印記。」我們可以說這就是藝術作品的特色、它的節奏、
或──這是我較為喜歡的說法──它的風格。（頁28）

藝術作品：一個充滿動能的場域；許多聲音、風格和存有方式
在此交會。

舞步四

賞玩：那麼，在凝視一件藝術品的時候⋯⋯當我們趨前「望
入」一件畫作或雕像的細部時，我們想要做什麼？⋯⋯我們為
什麼要佇足觀看那麼久？⋯⋯我們為什麼會走回去看了一遍又一
遍？⋯⋯是想找遍所有能與他者連結、能與某人或某物「發生關
係」的方式？⋯⋯藝術作品：一個充滿動能、可容許多注視觀點在
其中交會的場域⋯⋯在這情況下，我們無從定義它的性質，只能透
過探索去了解它。

「人要如何藉思考來獲知真理？要像畫家一樣：只有在描繪
一張臉孔時，他才能更看清楚那張臉孔」（Wittgenstein，1981，段
225）⋯⋯在一遍又一遍描繪人臉時，我們越來越熟悉它、看到更
多的細節⋯⋯並發現它變得越來越神祕和神奇⋯⋯

被喚醒時感到驚奇⋯⋯

關係在轉瞬變化中所擁有的完滿性：滿有生命（living）、無限
廣闊（unending）、超乎理解（ungraspable）[7]⋯⋯

舞步五

　　共振……就像樂器所產生者……原音或原始泛音用諧波喚醒了樂器的另一部分或另一個樂器……第一個事物的動作用難以理解的方式引起其他事物做出動作……

　　巴什拉認為（Bachelard，1992），我們聽詩或讀詩時感覺到的共振（resonances；相同的樂音）和迴響（reverberations；詩的弦外之音透過回音被複製出來） 是不同的兩件事：「共振是指我們聽見詩；迴響是指我們把詩說出來，使它成為我們自己的東西。迴響使我們的存有發生變化；詩人的存有彷彿變成了我們的存有……那首詩完全擁有了我們」（頁 xviii）。

　　「這時，讀詩時感受到的意象真正成為了我們自己的東西……它成為了我們語言中的一個新事物，在替我們表達心聲時把我們重塑出來……在此，表達創造了存有」（頁 xix）……

　　詩人的隱喻結合兩種普通、但常被視為互不相干的知識……新的關係因此被建構了起來……奧立佛・薩克斯（Oliver Sacks）這樣談到 P 博士（他把自己的妻子誤認為帽子）：「他用耳朵看著我。」一讀到這，我們注視周遭世界的方式便改變了……我們透過「用耳朵『賞玩』世界」的意象來注視世界……

舞步六

　　在這麼做的時候，我們開始「進入」一個新而奇特的世界……

7　譯註：這些形容詞原是猶太教和基督教用以形容上帝的語詞。

開始用頗不一樣的方式把自己和周遭環境連結起來⋯⋯我們怎可能不「進入」或避不「進入」這種新關係？⋯⋯在關係「內」具有意義的事情（沒錯，我們在這裡可以使用「內」和「外」的說詞），在關係「外」就失去了意義⋯⋯

「且試著——在真實生活裡——懷疑別人的恐懼或痛苦」（Wittgenstein，1953，段 303）⋯⋯我們被他們出聲說話時的**風格**[8]「呼喚」而與他們進入某種關係⋯⋯這些出聲的動作是「思考方式的雛型，而非思想的結果」（Wittgenstein，1981，段 540）⋯⋯但要被他人的痛苦完全「觸動」（moved），我們必須——可以這樣說——努力「進入」其中⋯⋯以「利於」真實回應的發生。

舞步七

「唯在遇見和接觸另一個不同意義時，某個意義的深度才會呈現出來；這兩個意義進行某種對話，超越了個人意義和個人所屬文化世界的一面之詞」（Bakhtin，1986，頁 7）。

重新注視這熟悉的世界：訓練醫師時，要讓他們知道如何在生物醫學的世界和病人的世界之間穿梭往返。醫師和病人一開始就分別著眼在非常不一樣的事情上：實習醫師希望證明自己的專業能力，病人則希望自己說的話能被醫師聽見。

一個老人正在被實習醫師問診。在最初五分鐘，針對實習醫師的問題「你怎麼會住進醫院的？」，老人答說：「我身心交瘁，我太太死了，她得了腦瘤，我照顧她，我感到筋疲力盡，就開始咳嗽了。」

實習醫師這樣回應：「所以你得了這咳嗽的毛病。你已經咳多

久了？」

　　很明顯的，這兩個立場——實習醫師的生物醫學立場和病人生活世界的立場——同時存在，但其中之一享有特權並受到信賴，另一立場則遭到邊緣化；病人痛失親人的故事被推到了舞台的後方。

　　然而，如果我們能把一種特別的對話作法引進疾病診斷的例行作法、讓實習醫師跟一位醫學指導教授及另一位非屬醫學領域的指導者一起重看錄影帶，情況就會有所改變……對話作法可以騰出一個空間，讓實習醫師在其中有機會反思自己的診斷方式、找到專心回應病人的可能作法（見 Katz & Shotter，1996）。

　　在重看錄影帶中的問診情況時，學生不禁問：「我想我可能沒留意病人說了什麼重要的事情。我要如何再特別提起那件事（如果它很重要的話）？」

　　在一起觀看錄影帶時，另一個問題也出現在實習醫師和非醫學領域指導者的對話裡：「醫師要如何跟病人說話，好讓兩種敘述法——醫學世界的和病人生活世界的——有交集在一起的機會，可以同時容納病人的聲音和生物醫學的聲音？」

　　這時，實習醫師發現她自己竟然開始對老人說：「所以，自從你太太去世後，你都得自己煮飯和打掃，這對你來講一定不是容易的事情。」這對於醫病間的對談來講意義非凡，因為在答說「是的」之後，病人又主動提起他的身體功能因此受到了影響，讓實習醫師可以取得她需要的生物醫學資料……她把自己的世界織進年老病人的世界裡……也就是把他的世界並列於她的……他們成為了對

8　譯註：參見之前被作者引述的蘇珊・桑塔格所言。

話夥伴……在相互回應中，雙方也許會一起對病人所說的問題感到惶惑不解。雙方成爲了合作者，共同創造了一個可讓新想法……新感受出現的敘述方式。

結論

　　我們試圖探討的那種意義——透過相互回應、在生活實境中隨機出現的意義——非常不同於至今仍主導學術界、可被稱爲正統的、機械的、講究邏輯的、再現論的、探究剖析式的意義。後一種意義架構了圖畫、文句或任何被視爲具有價值和重要性的人爲產物；我們根據這些產物在結構上或圖形上是否對應、反映或再現所謂的眞實事物來判斷它們的意義，因此它們的意義可說就是它們的內容。然而，在對話者相互回應中出現的意義，是透過發聲者的口吻、風格、說話方式（相似於書寫方式）表達出來的。最重要的是，把意義揭示出來的出聲動作會觸動我們，不僅使我們忽略對方所說的話或所寫的文字、卻望向那出現於此時此境的某種可能性，也使我們的回應和反應被呼喚了出來。

　　根據傳統再現論的意義觀，我們和我們的世界基本上都不會改變；我們彼此交換的東西僅是訊息罷了。在討論「關係組態」（relational scenarios；見第一章）以及跟這些組態有關的責難和懲處模式時，席拉和肯尼斯指出：我們之所以會固執於傳統相處模式，是因爲我們在互動中持續使用再現論的、而非共創意義的說話方式。由於持續用單一方式去理解發生於人際關係中的問題、

並在談論這些問題時總認爲它們源起於個人的心思和意念（mental representations inside the heads of individuals），我們因而無法在目前的僵局中找到前進的可能性。

像席拉和肯尼斯一樣，我們試圖掙脫再現論的束縛及它所導致的言語和文字形式。在介紹被他們稱作「可助我們調整對話方向的理論資源」（見第一章）時，我們不僅探討了回應他人言語動作之呼喚的可能方式（在過去，我們每個人都對這些呼喚充耳不聞），也探討了某種「大於」意義的東西……也就是賦意義於我們當下言行的整體環境氛圍。我們覺得，一個比意義「更大」的東西隨時都存在……我們尋求意義的行動仍然在起步階段。

第十五章

以案主為尊的探討方式（Relational Inquiry）[1] 和共創意義：可帶來改變的作法

Relational Inquiry and Relational Responsibility: The Practice of Change

羅伯特・考托爾（Robert Cottor）與
莎倫・考托爾（Sharon Cottor）

　　多年以來，創造改變對我們兩人來講一直是個迷人的挑戰。身為治療師、公司組織與家庭企業的管理顧問及教師，爲促成我們所冀望的改變，我們一直在尋找新的思考方式和可帶來有效行動的隱喻語言。我們發現，創造或改變意義是改變得以發生的關鍵因素，而行動的改變就代表了意義的改變。我們如今相信，意義的建構是一種「我們」現象，是關係體成員共同參與的對話過程[2]，因此「思識」（mind）是關係的產物。我們相信，我們的意義是在關係中建構起來的，而隨後產生的集體意義（collectives of meaning）又分成各種故事；這些故事在我們個人所屬的不同群體中指引我們的信仰、價值觀以及未來行動，使我們在不同群體中會用不一樣的方式看待世界、有所主張和有所行動。這些不同的群體經驗讓我們發現自己是由多重自我組成的，而多重自我又是由各種故事組成；只要改變一個故事，我們的自我就會改變。無論在跟自己對話或跟別人

對話的時候，我們都會以一個「我們」的身分這麼做，透過意義的商榷來改變自我。在這過程中，我們會用很多有趣的方式來想像自己和他人；我們會發明新的自我、新的世界和新的存有方式。在我們的想像中，只要有心改變，改變就會立即發生！

　　那麼，為什麼改變總是那麼困難？那麼無法預測？那麼不可能？我們傳統的思考方式和所使用的語彙或許就是原因。我們仍然把自己說成是單整和真實的自我，仍然認為解決問題的首要之途就是找出原因、創造步驟井然的解決之道、然後訂定明確的行動計劃。或許，就是這種思維壓制了我們原本擁有的一項潛能：想像不一樣的未來。或許，與現狀有關的集體故事看來如此具有說服力而且難以動搖，以致我們理所當然地認為改變不可能發生。我們似乎創造了極其僵硬的共舞方式、一再讓計畫中的改變成為空想。由於相信（或僅僅猜測）過去決定了未來，我們甚至覺得連改變的企圖都是多此一舉。然而，如果我們相信，我們在無數群體中與他人共同創造的故事建構了我們的自我和我們的生活世界，那麼我們自己──我們的世界觀、信仰和行動──無疑就是我們所說的故事。我們的身分會因故事改變而改變，而故事會因我們各種關係的改變而改變。

　　在這篇回應中，我們打算把我們跟案主合作、創造他們所期

1　譯註：以服務對象為尊（而非以專家為尊）的專業工作（英文稱作 relational practice，包括心理輔導／治療、護理、教育、社工、諮詢顧問等等），在探討問題狀況時會有三個探討方向：案主的內在他者、案主的外在人際關係（包括他和專家的互動在內），以及相關的社會／政治／經濟因素。

2　譯註：此處原文為 a relational process within a social context。Social context 之義，參見第十一章譯註 13。

望之改變的作法分享出來。在和他們一起探討問題時，我們把共同責任、關係因素與環境因素、積極態度的建立、以及建構新的未來定為探討的方向。我們認為改變是可能的──不僅可能、而且必會發生。我們也相信維持現狀會比改變未來更辛苦費力。有意改變現狀，就必須費心改變我們的故事。但我們也知道，任何改變所帶來的後果都是無從預測的。改變總發生在混亂的邊緣上、或在充斥複雜因素的空間裡，因而會一不小心就陷入混亂當中，是以這種作法必須能夠容忍不確定性。治療師／管理顧問也必須了解：案主才是故事的改變者；我們必須尊重這一點，絕不可企圖把案主變成我們的殖民地屬民。

最後，在探討問題時，身為治療師和管理顧問的我們拿兩個關係概念當作指引：（一）任何問題狀況或問題互動中的「我們」，以及（二）即時回應的概念──重視任何當事人的行動或任何新出現的狀況。我們發現，談論「我們」可以搭起一個舞台，讓案主不必正式學習理論就能理解和使用關係概念，也使案主能夠自由想像這種作法可能帶來的改變和有效行動。我們也發現，強調共創意義的責任觀，不僅激發了「我們」的力量，也讓案主願意關注行動的可能性以及任何可帶來更大改變的改變。

我們的關係、而非我們個人才是負責任行動的來源──這想法在一開始時對大多數人來講都是個陌生觀念。然而，一旦大家開始思考這個觀念，一個充滿嶄新思維、行動及可能性的多元宇宙便出現了。向個人究責的現象不再出現，合作反而開始受到重視。用合作方式創造有建設性的結果──而非糾正犯錯者或修補有問題的狀況──就成為了大家在共謀改變時的努力目標。此外，共創意義的責任觀要求專家也必須為改變的成果負責，如此一來更彰顯了改變

過程的合作本質。

我們先要描述我們在臨床工作中如何運用以案主為尊的探討方式，然後再描述我們對公司組織及家庭企業提供的管理顧問服務。

在臨床作法中使用以案主為尊的探討方法

以案主為尊是一種思考和行動模式，被用來因應隨時出現於作法中的新情況。它並不是一套可以學得、然後被拿來運用的技能或方法，也不是透過一場密集研習會就能學會的專業技巧。唯有把案主視為意義的共同創造者、並和他們協力創造他們所冀求的改變，我們才可能發明可激發新思考和新行動的問話題目，讓案主在回答之際發現以往不曾想像過的改變可能性，也讓他們能用新的觀點來看待他們自己、彼此、他們的困境、以及他們的家庭關係和社會關係。

雖然案主最初會覺得這種想法和說法相當奇特，但他們仍不免會對之充滿好奇心。這種想法和說法尊重他們創意思考、認真衡量不同選擇、以及下決心為新未來採取行動的能力。它們提供了立即可以上手的改變方法：說話和對話。日常生活所使用的語言、日常生活常見的無數不確定性及無可預測的變化，會取代一切超出他們理解能力的玄奧專業理論。案主依然是一般人，帶有他們自己的個人特色和態度，並沒有被貼上「有問題」或「心理有病」的標籤。

我們現在要速寫一下我們在臨床情況中會問案主的某些問題。這些問題是我們可能提出之問題的樣本，而非問診指南。我們的問

話方式透露了我們的基本想法；以下就是暗藏在我們的問題中、我們對改變所持的一些基本想法：

透過合作和對話，改變才可能發生。

優勢、有利條件和可用資源可以促成所冀望之改變的實現；問題、弱點、缺陷則會阻撓它的實現。

肯定和欣賞賦予改變以動能，批評和譴責則會禁足它。

好奇心促成改變，判罪究責則使改變繞路而行。

探討和對談提供獲得新知的機會；我們可以從中發現新的意義，而新的意義又使我們有能力發明新的故事。

嚮往及創造新的故事能促成改變；一再重說舊的故事則使現狀僵化不動。

去挑戰被視為理所當然的現況並想像新的可能性，可以強化創造故事的能力，並使人對未來抱有更大期望。

尊重不同觀點可以打開新的可能性；岐異並不是應被迴避的障礙，而是該受到重視的意義。

如果能透過多重自我、各種故事和各種機會的建構來發現問題的複雜性，我們就可以為改變創造有利的條件。

視未來為標的，可以讓願景和希望引導改變的過程。

視過去尚待取得最終解釋，我們就能逃脫既定說法和究責作法的挾持。

我們發現，我們有必要串連以上觀念、把它們詳細介紹給案主，好讓他們可以開始成功地運用它們。我們僅在兩件事情上展現自己的專業知識：構思可以達到預期結果的問題，以及在問答過程

中引導對話的方向。我們手上沒有任何所謂的正確答案。

在做完臨床個案報告後提出的問題中，我們會針對改變的可能性來設計問題。例如，由於認為創傷事件仍可能對未來具有正面意義，我們在設計最初的問題時會特別著重在如何讓案主發現他（她）自己的長處和可用資源、讓他（她）用肯定和珍惜的態度面對問題、讓他（她）願意尋找新的機會和觀點、以及讓他（她）找到重建未來的能力。

在臨床作法中，就責任提出問題一直是個特別的挑戰，因為個人責任觀是如此牢不可拔地深植人心。何況，在關係緊張的情況下，有太多人似不認為他們個人應負什麼責任，更不認為責任感是使互動交流能夠發生的主要媒介[3]。在探索的一開始，我們把「責任是關係不可或缺的部分」這個概念介紹給案主及其家人，然後在接下來的對話中繼續讓他們知道責任具有相互性（mutuality）和媒介性（in-between-ness）。

> 瑪莎是個四十歲、領有專業證照的職業婦女。她跟她十四歲的女兒住在一起，但女兒開始進入叛逆期，在家裡和在社區裡都成了麻煩製造者。瑪莎的前夫非常有錢；他再娶的妻子是個傳統家庭主婦，跟他生了兩個小孩。

以下是我們請瑪莎回答的問題樣本：

> 在離婚提供給你的改變機會中，你最珍惜感謝的事情

3　譯註：此處為意譯，原文為 a primary currency embedded in their relationship。家庭治療師用 relational currency 一詞比喻家庭成員各自珍視、但往往造成衝突的不同價值觀。

是什麼？

有好幾個瑪莎，但我們現在只考慮其中兩個就好：傳統的瑪莎和比較現代的瑪莎。這兩個瑪莎有什麼不同、又有什麼相似的地方？

如果十年前沒有離婚，傳統的瑪莎和現代的瑪莎會變成什麼樣子？

當你想到女兒十年以後的模樣時（那時她已經二十四歲了），你希望她曾經從你這裡學到什麼？

當你女兒跟她父親在一起時，你希望他們會怎樣描述你？他們對你的描述會有什麼不同？

當瑪莎想到她對女兒和工作都負有責任時，這兩種責任在哪裡發生了衝突？要讓這兩種責任互補，什麼事情必須發生？

你認為你的女兒對她自己、她的雙親和後媽、以及她同父異母的手足負有什麼責任？

你女兒會像了解她自己的權益一樣充分了解她對別人的責任嗎？

身為女兒，如果你希望你母親更信任你，你會怎麼做？

你認為你母親多久才會發現你的行為不同以往了？

在公司／組織顧問的工作中使用以案主為尊的探討方法

以案主為尊的探討方法也可以應用在公司／組織和中小型企業

的改變上，甚至比它在臨床上的應用更容易造成改變，原因是：在這些領域，像「心理有病、人格有缺陷、因此不可能改變的個人」一類的刻板想法並不算根深蒂固，而且公司／組織也較能透過生產力及收益來衡量諮商的成果。在公司／組織的改變上，思索及探討的過程跟臨床作法中的過程並沒什麼兩樣。然而，為公司／組織提供的諮商服務卻讓我們有機會直接運用實際狀況，而這些狀況本身也為有建設性、可帶來改變的對話提供了實際場合。另外，管理顧問直接針對成員關係提出的問題，也會在改變過程中扮演一定的角色，而且有時會因公司性質之故成為改變的主要工具。

我們為許多家庭企業提供過管理諮詢服務，因而有機會廣泛運用關係的探討來改善家庭企業的經營和管理模式。我們很快就發現（雖然這些企業所雇請的其他管理專家未必有相同的發現）：就企業能否成功來講，家庭成員（包括未參與經營的成員在內）的關係是個關鍵因素。透過關係的探討，這些家庭企業在某種程度上得以改善財務和經營績效；對其他經營不善或尋求某種改變的家庭企業來講，這種成果通常是可望而不可企及的。類似的情況也出現在合夥事業中，例如律師事務所、診所、會計師事務所、不動產公司等等。這些事業的合夥人最終認知到：要能維繫成功的經營，良好的合夥關係是何等重要，尤其在他們的行業正面臨各種快速變遷之際。

我們曾經協助過一個由許多營利和非營利部門——這些部門全在同一州內提供服務——組成的機構。在此我們要速寫一下諮詢的過程。

基本上，我們諮詢的那家醫護中心是一個由營利和非營利醫護機構組成的產業協會。這些機構在過去是基於政治

和立法的原因結合在一起的，但如今管控式的醫護制度
（managed care）和改變中的公共政策都使他們在經費和
任務上面臨巨大的挑戰。這醫護中心的所有成員——為數
約四十個左右的獨立機構——開始不確定自己還能繼續
提供什麼樣的服務，也對各自和整個中心的未來生出焦慮
感。我們被邀請去主持一場為期一天的研習會，以協助他
們了解並處理他們所面臨的環境變化。每個機構都派出一
個一級主管當代表。研習會一開始，我們就把我們對改變
的基本想法——這些想法都出自強調相對關係的後現代主
義觀點——簡介給這些主管。然後我們把這群人分成四個
工作小組，並向每個小組提出下列問題。每個小組都設有
一個小組長，是我們的管理顧問公司派出的人員。

我們請一級主管回答的問題樣本：

回想一下五年前你自己的機構。過去五年來發生了哪
些你曾經預期會發生的事情？哪些你曾預期發生的事情沒
有發生？哪些你不曾預期發生的事情發生了？

在過去五年中，身為主管的你運用了哪些方法來創造
改變？哪些方法是成功的？你的機構如何看待「創造改變
是一種責任」的說法？

從你機構的觀點來看，（一）這機構最大的優勢是什
麼？（二）身為這機構的一員，你最大的優點是什麼？
從你自己的觀點來看，你在你的機構中經歷過哪些最美好
的時刻？哪些最美好的時間？什麼時候你曾對自己為同事

們做出的貢獻最覺得自豪？

　　請用以下步驟來為醫護中心創造有利的改變，就像你為自己的機構或公司創造改變一樣：（一）欣賞現有的最大優勢，（二）想像可能的未來，（三）透過對話討論可能的未來，（四）創造未來。

　　試想一下：你希望在下一年內能為你的機構帶來什麼改變？那樣的改變會有什麼好處和壞處？不做那樣的改變，又會有什麼好處和壞處？

　　想像一下：你們是某醫護機構的一級主管，正在為未來三年訂定計劃。你們知道自己在這三年內會面臨以下的挑戰：（一）經費減少，（二）接案量增加，（三）員工士氣低落，（四）董事會愈來愈對你們確保服務品質的能力失去信心。在處理這些挑戰時，身為領導小組的你們會如何想像未來、為未來三年建立一套策略性計劃？[4]

結論

　　在促成改變的工作上，我們把個人比喻為說故事的人；他說的故事在被說出和被回應時是一個「我們」，而必須為行動負責的就是我們的關係。因此，對話不可能會有沉悶或言不及義的時候；

4　譯註：此處最後一句所言和管理學所說的 strategizing under uncertainty 及 scenario planning 有關。本章作者把兩個概念混為一詞 strategic scenario。

對話是我們用最有效方式共同展開行動的途徑，可以協調我們的關係，並使意義、價值觀以及無數溝通作為與努力可以朝著我們所願的方向演變並成形。對話是我們用最有效方式創造改變的途徑。藉著我們的想像力以及發明各種可能未來的能力，我們在對話——最重要之關係媒介——的流變過程中創造故事，而故事又會一再創新我們的群體生活；就這樣，我們努力用心地朝著改變前進。

我們過去是誰、現在是誰、將來是誰，都不是我們個人可以決定的事情。我們是各種關係的產物，而且不可能不如此。我們怎樣說自己的故事，就會成為那故事；我們的自我是由我們的故事形塑而成。這些故事在我們的關係中出現，是人際互動——尤其是言語互動——的結果。我們在說話、聆聽和一起行動時自視為一體，因此理所當然共同負擔責任。這樣的理解是我們從經驗、而非論述中取得的。在促成改變的工作中，我們發現：「責任不屬於個人、而屬於全體」的這個理解只會慢慢出現，而且難以言傳。當它開始被案主了然於心並開始帶出改變時，我們感覺到，最能把關係理論的聲音傳揚出去的途徑就是使改變發生。

「意義共創」的概念很難被人理解接納。它涉及說話者的倫理責任、聽者的倫理責任以及與人合作時的倫理責任。要「踐行」它更是困難，因為那牽涉到「正向探討」作法（appreciative practice）[5]的運用。一旦你具備了踐行的能力、一旦這概念已成為你思想的一部分，它就會變成探討、理解、創造改變、以及行動的最佳嚮導，而關係世界也將會隨之改變。

5　譯註：參見第四章對 appreciative inquiry 的討論。

第十六章

聲音循環

A Circle of Voices

佩琪・潘恩（Peggy Penn）與
瑪莉琳・法蘭克福（Marilyn Frankfurt）

　　我們在此要分兩部分來對席拉・邁可納米和肯尼斯・格根《在對話中共創意義》一書的書稿做出回應。第一部分是佩琪在目睹湯姆・安德生（Tom Andersen）於一九九五年十一月在艾克曼學院（Ackerman Institute）為一對罹患愛滋病的同性伴侶（也是我們書寫治療計畫中的案主）提供諮商時的感想。第二部分是瑪莉琳・法蘭克福針對佩琪的想法做出的評論。

　　這分為兩部分的回應將要描述並評論：一節治療時段中的「聲音循環」（circle of voices）[1] 如何體現了席拉・邁可納米所說的「所有在場者的專注參與」。這種專注參與配以治療時段不可或缺的對話倫理[2]，不僅會影響案主在對話中做出的選擇，也會影響治療師

1　譯註：是教學或家庭治療的一種作法，由幾個人（包括教師和治療師在內）形成一個對話小組，大家圍坐一圈後就一個題目輪流發言、互相聆聽並互作回應。

2　譯註：意譯。原文為 ethics inherent in the session。這裡所說的倫理（ethics）就是聆聽與回應的態度，與巴赫金（M. Bakhtin）所說的對話精神（dialogism）相同。醫師、心理治療師、教師、社工等掌握知識權力的專業人員尤其需要具備這種視案主為對等者的對話精神。

的選擇。你來我往過程中的聲音循環，能使治療師和案主雙方都重視對話倫理，因為唯有如此，他們才能在對方話語中選擇對他們來講特具意義的言詞以做回應。在這節諮商中，一個詩意的解決之道發展了出來：「聲音循環」的作法讓案主最終發現，生命將會越過死亡、繼續延伸不已。

第一部分　佩琪・潘恩

每年一次或有時兩次，湯姆・安德生會來到艾克曼學院，參與佩琪・潘恩和瑪莉琳・法蘭克福共同主持的書寫治療計畫。在湯姆和約翰及克里斯對談時，我（佩琪）坐在一旁觀察他們。我事先已把湯姆・安德生路經紐約時將在艾克曼學院短暫停留的消息告知了書寫治療計畫中的所有家庭成員；而且如果他們同意的話，他會在下週加入我們並提供諮商。我告訴我們的案主，我們和他有過共事的經驗，而且他是個言語溫和的挪威人。針對他們提出的一些問題，湯姆和我決定先把注意力放在「治療師應當知道什麼事情？」的問題上。

克里斯立即回答說：「感覺」。我問：如果「由湯姆來跟他們談話」，他們會有什麼感覺？由湯姆主持對談，可以讓我在治療室中站在一名旁聽者的制高點上，也可以讓他們因為有機會和一個男人、而非兩個女人對話而覺得新鮮有趣。

兩個男人都說他們是被捕的動物。我覺得開場的對話氣氛非常愉快；大家在說笑之間都覺得相當輕鬆並充滿了期望。克里斯問湯

姆的家庭治療是否會把家人納入。我不知道為何我們兩人都想回答
這個問題，但我們仍然一起給了一個答案：我們會歡迎他們決定邀
請的任何人來加入對談。

　　一旦我們覺得對話已經安全上路了，克里斯和約翰便開始回
頭談起他們上星期的一些想法。上星期，我們曾經間接談到一個問
題：就他們當中有一個人可能會先死的情況來講，他們有否預做了
生前遺囑之類的計畫？克里斯現在主動提一件事情：我當時曾用
「突然消音」四個字來形容那時的談話狀況。他並把那無聲的沉
默比喻為小號喇叭上的弱音器。他覺得，那沉默代表了他們對大寫
D³話題的逃避心態。雖然他（克里斯）現在覺得自己還算健康，
但他已經預立了生前遺囑。相反的，過去六個月來由於接受卡波西
氏肉瘤化療而變得更加病弱的約翰卻還沒有照著做。克里斯說：
「這話題就像飛機墜毀的那一刹那，你需要有個好朋友在身旁才
行。」我希望他指的是我們和約翰。我必須指出，這兩個男人無論
在身體上或心靈上都受到了非常可怕的折磨。雖然克里斯目前情況
已經轉好，但在我寫下這篇感想後不到兩個星期，他就因腿部感染
和迄今診斷不出原因的肺部問題在醫院住了兩週。約翰一直在跟他
身體內和皮膚上大量孳生的卡波西氏肉瘤奮戰。兩個男人現在都住
在家裡，用休息和準備三餐打發時間，但克里斯偶爾會出去打工一
下。

　　在這裡我要描述一下他們兩個人。約翰是酒吧的駐店表演者；
他有很大的眼睛，笑的時候嘴角會從一隻耳朵延展到另一隻耳朵。

3　譯註：死亡 death 的第一字母如果大寫，是指死神。

他臉上的豐富表情——有如瞬間千變萬化的天氣——非常吸引我。在你或他才說完什麼話之後，他會用完全接受的態度回應那句話，然後眨幾下眼睛之後，他接著便大笑起來，笑中帶著親切的自嘲意味，最後再用悲傷和極其懇求的眼神注視著我們兩人中的一個。克里斯是建築師，非常高大，也非常英俊，擁有一雙專注且充滿知性光輝的眼睛。他的頭總是抬得很高，一副勇氣十足的樣子，並且由表情豐富的下巴為它打頭陣。但在這一切表象之下，他覺察到自己或許最終必須做出一個最好的決定，但這決定對任何人來講都不會公平。他們的健康情形使他們的關係變得有如一個山脈遍布的島嶼，上面沒有任何可以耕耘農作物、可以種下下一季植物的平地。這就是那天湯姆和我的一個共同感覺。

湯姆的第一個問題是：「你們希望怎麼利用這次的對談？」幾乎從對談的 一開始，我就看到湯姆傾身向前、專注聆聽這兩個男人說話，而且在整個對談過程中都保持著相同的姿勢，不是用手撐著下巴、就是兩臂交叉地向前注視著他們。他的身體語言感動了我，彷彿他們的痛苦正被刻寫在他的身體上，而他堅忍地承受著那痛苦。

關乎生死的對話總是如此貼近我們的心，以致我們自己的過往也隨之一再被召喚出來。我發現這情形正發生在湯姆的身上，就像它曾經發生在我們兩人的身上一樣。克里斯和約翰一年多前為了分居的問題初次來找我們談話。九年前，在同一天，彼此相愛的他們因為發現兩人都患了愛滋病而決定結婚，希望藉此能就近互相照顧。現在他們覺得自己不再需要那個「舊關係」了，因此他們認為兩人或許應該分居。約翰希望自己在死前一個人過日子，不相信兩個人有能力改變關係。克里斯對分居一事感到不安，想要改變

關係。在現在的對談中，湯姆似乎馬上對他們生出了強烈的認同之情，就像我們之前一樣。我了解到，無論我們今天如何認同他們，我們仍不可能有辦法阻止疾病在目前和未來對他們發動攻擊。這節治療讓我不再覺得那麼沮喪，因而願意放下並且順其自然。

　　我必須指出，這並不是常見的諮商模式——在其中某位同事以觀察者或旁聽者的身分去了解個案的內容，然後治療師和諮商師在諮商結束後開會，好讓前者聽取後者的不同見解，然後前者再擇期把這些見解分享給家人。但在我們這次的諮商模式中（這模式是由所有在場者一起建構起來的），我們每個人都必須聆聽他人所說的話、反思自己正在說的話、並嚴格檢視自己的感覺（因為它們會逐漸變成對話的一部份），不會有所謂的個人說法。在諮商過程中，我們聆聽的不只是言語，還包括家人的特殊用詞、他們之間的裂痕和衝突、以及——當然——他們的沉默不語。在聆聽的時候，我們會調整自己的感覺和看法，以便接收他們的感覺和看法。家人對整個過程的信任感以及我們能否從旁支援他們，都是我們最關注的事情。

　　在起初的一些問題之後，安德生常會接著問：「對你們大家來講，這次的對談是很尋常呢，還是有點不尋常？」他的目的是要了解全部家人的心理狀態；也就是說，這場跟陌生人的對談在他們的心中引起了多大焦慮感？如果他們在諮商過程中確實感到緊張或不悅，他會停在那裡，仔細聆聽某些或全部家人遭遇到的問題。我曾看到他把整節諮商都拿來討論「說話」的觀念（何時說話、對誰說話、說話的方式、口吻、誰先開始等等），希望家人能用正面的心態來看待說話這檔事。當家人能夠評估正要成形之對話的節拍和深度時，他們就不再會覺得自己的隱私受到了侵犯，也不再會覺

得諮商師是個非親非故、可怕或來歷不明的陌生人。

雖然大家都覺得這場諮商具有開放性、不下任何結論，但在這特別的一天，我們共同面對了一個與之完全相反的未來[4]。用我們共有的詩意詞彙[5]來講（這詞彙來自一路建構我們的語言），我們最大的希望也許就是用語言編織一張吊床，讓他們——在某種意義上——可以躺在上面、紓緩他們的痛苦。

埋藏在言語深處、把我們大家集結起來的就是某種失落感，甚至是種深沉的悲慟感。我知道湯姆和我有一樣的感覺。但奇特的是，失落感竟把我們大家連結了起來。因此，在幾個月之後，當湯姆問我這兩個男人的近況如何時，或當他們問我們湯姆計畫何時再來的時候，我一點都不覺得訝異。那節諮商具有一種縈繞人心的輓歌調性。他們把自己的過去和未來不僅分享於我，也分享給一個他們之前從不認識的男人。我知道，如果他們在任何時刻哭了，我們也會一起哭泣。但他們看起來——不知何故——那般快樂。

在接下來的對話中，我們彷彿同在一個生動的夢境裡，覺得一起被一種壓縮的氣氛包圍著。沉默、等待的時間、眼神的交換，以及跟死亡有關的言語——這種種使得意義被壓縮到了一個讓人幾乎無法忍受的臨界點。這時已是一節諮商的最後半小時，兩位案主都利用這時間來描述他們目前的身體和心理狀況。在做結論時，約翰說他現在最需要的是睡眠。湯姆問他：「那會是個有夢、還是無夢的睡眠？」約翰說他不知道。湯姆繼續問：「哪種會比較好？」他沒有直接回答，卻自動說到，他現在位在深淵之底、不知何時才能從那裡爬出來。他說：「我現在全身開滿了卡波西氏肉瘤的花。」於此同時，他想到自己的死亡會給別人帶來的衝擊。在生活中，他

一向是個給予者，因此當接受者對他來講是非常困難的事情。湯姆問克里斯：「少了他的日子，你會覺得難以想像嗎？」克里斯點頭說：「是的，我不願去想。」他提醒約翰說，有多少朋友在關心他，他參加的身體自愛小組（Body Positive Group）成員如何依賴他、打電話給他等等。就在這一刻，語言突然為我們每個人帶來了一種可以觸摸得到、具有形體的意義；我們可以用身體感覺到每一個字、眼神和彼此的連結。在對話的這一段，湯姆好幾次發出低嘆聲，我則是淚水盈眶，但我們不曾互看一眼。我們每個人似都覺得自己正把心胸打開、要去迎接這對話即將釋放出來的所有意義。湯姆問：「你們的關係有可能長久存在嗎？」他們的身體有點重心不穩地晃動了一下。克里斯終於開口說，他希望先死者的骨灰能被保存起來，好讓它將來能和另一個人的骨灰混合在一起。約翰笑說，都已經成為壁爐台上的「灰塵」了[6]，還要苦苦等候另一個人。但克里斯堅持說，如果他們雙方的家人——好比克里斯叔叔和約翰叔叔——想一起悼念他們兩人，他們沒有必要跑兩個地方。克里斯又說，他希望他們的家人會在那小片土地上種一叢杜鵑花。湯姆問：「如果杜鵑花叢會唱歌，它會唱什麼歌？」克里斯選擇了維瓦爾第的《四季》、甚至貝多芬的《田園交響曲》——它們都是歡樂頌！我記得湯姆以前也非常喜歡《四季》，但他現在沒有把他的這個喜

4　譯註：指終結一切、不具開放性、不給人未來可能性 的死亡，恰好和開放性的諮商模式相反。

5　譯註：參見第一章譯註 23 對隱喻一詞所做的解釋。

6　譯註：西方人常把親人的骨灰罈放在壁爐台上。灰塵（dust） 就是骨灰，在此是雙關語。

好說出來。約翰有另一個想法：他希望有一場紀念派對，其中有七
〇年代的歌曲、各式各樣的酒和食物、以及性交（這是為還能做這
檔事的來賓準備的節目）。他們應該開開心心享受一番！他不太認
可杜鵑花叢，而會選擇一株健康茁壯的橡樹。

　　約翰說，他目前的願望是除了活著之外，他還能做些別的事
情。我被他的願望感動，並把這感動說了出來。一直到現在，我都
還記得他的這個願望。由於一小時的諮商已到了尾聲，他們轉身問
湯姆：「你怎麼看這次的對話？」湯姆回答：「……我……不知道
要怎麼說……但我的想法一定只能用悲傷的字眼……和美麗的字眼
來表達。」兩個男人一邊點頭，一邊謝謝他明白和理解他們。克里
斯說他們的問題一定有衝擊到他，但湯姆答說：「我不覺得受到了
衝擊（hit），而是深受感動（touched）。衝擊是一個很短的字，
感動這個字長多了……我知道自己不會忘掉這次的對話。」外邊下
著雨，但在走出治療室之際，我感覺房間非常明亮，不是因為錄影
打光的關係，而是因為我們四個人能夠一起移動往前。

　　約翰所說的話──他希望自己的生命有點意義、希望自己除了
活著還能做些別的事情──在我的腦海中盤旋不去。這兩個男人曾
經同意湯姆在教學時可以使用錄影帶的副本，因此我問湯姆：如果
要求他們寫一點他們的生活故事、然後拿這些故事搭配錄影帶，他
認為可以嗎？這樣做的話，我們在播放錄影帶時，他們的文字就可
以被放映出來並可因此被保存下來。他表示贊同。當我問他們的時
候，他們也同意寫點東西。

第二部分　瑪莉琳・法蘭克福

在佩琪寫完她對湯姆・安德生諮商作法的感想後，我要求她在我的面前大聲朗讀她的感想。即使我已經在錄影帶上看過湯姆、佩琪以及我們的案主一起參與的那節諮商並且深受感動，但我覺得佩琪的感想仍然用另一種方式打動了我。原本出現在被我稱爲「聲音循環」作法中的情緒、感覺和神妙時刻，如今被她的文字淬取了出來。我問佩琪，她是否知道她捕捉到了出現在所有對話中的意義接流現象（hermeneutical flow）[7]。她答說：「我倒沒意識到這一點。做爲對談的旁聽者，我當時只專注在那些感動我的事情上。」我們都認爲，我應該針對她的感想寫篇評論，並詳述爲何我認爲湯姆的諮商作法是一個最好的示範、可以讓我們看到家庭治療師的詮釋位置如何引導了意義共創的過程。佩琪和我都了解，「共創意義」在廣義上指的是：透過對話來探索關係之各種新可能性的過程。我們認爲這是體現對話倫理的過程；它要求我們無時不對未來的任何可能性抱持開放的心態。

身爲社會建構主義的信徒，我們的目標是提倡符合對話倫理的治療作法，爲案主提供一個安全的對話空間，讓他們可以在其中發現並擴大他們從種種關係取得的內在複調性[8]。在這空間裡，在藉

7　譯註：即哲學詮釋學所說的詮釋循環（hermeneutical circle）。每個對話者言語中特具意義的部分——對其聽者、亦即其詮釋者來講——會被聽者納入他的回應中。因此，對話中每一個回應的意義都不可能是原創的意義，也不會是最終的意義，就像圓周看不出起點和終點、或流動的河水找不到確切源頭和截流點一樣。

8　譯註：此處原文爲 ...in which our clients can discover and expand their relational voices。

語言和想像力從事探索時，案主可以為他所擁有的重要關係找到新的故事和改變的可能性。佩琪針對湯姆作法寫出的感想讓我們有機會看到：以社會建構論為基礎、重視語言功能的對談作法，如何在創造和維繫聲音循環的時候，能使治療師和案主更容易一起發現新的意義。我的評論會聚焦在以下的問題上：（一）這複調的、充滿自我反思的對話如何打開了情感之門？（二）時時刻刻透過言語和意象、在你來我往中出現的思想及情感交流，如何使當下生命中的過去被未來取代？（三）所有在場者在對話過程中如何一面調整自己的位置、一面調整他們和別人的相對位置？（四）發生在討論情境（public sphere）[9]中的諮商作法，為何會帶來實際效果——也就是說，這旁有觀聽者、具有倫理本質的意義交流作法為何具有轉化功能？（五）「聲音循環」的作法如何使所有在這作法中出現的情感元素不僅並存，還能藉著這種對話所建立的心靈連結被長期保存在記憶裡？這各種元素並存在同一空間裡的情形，會使這些元素在衝突中導出新的聲音。這個意義生衍的過程（generative process）常會帶來意外而奇妙的結果。

約翰和克里斯這對伴侶在這諮商過程中為自己雕鑿出了一個新的關係空間，在其中他們可以各自擁有更多的個人自由，但同時也可更了解和接納對方的需要。他們也發現了一個表達他們痛苦的新方法：根據佩琪的觀察，他們雖然決定討論他們對死亡的感覺，但他們使用的語言以及對談時的氣氛卻出人意外的活潑，甚至相當愉快。

在這場對談中，我們目睹這對伴侶如何透過想像力，把他們日漸縮小的視野擴大成了一個願景——他們在死後仍將繼續生長、繼續擁有美麗的事物、繼續歌頌生命。而這都必須歸功於能用聆聽做

出深摯回應並針對未來提出問題的湯姆。他使用的這些溝通技巧具有成事的功能（performativity），因爲它們能使改變發生。這對伴侶的聲音之所以會變得不一樣，就是因爲他們的視野已經延伸並超越了死亡的地平線。他們的言語和意象——這些都是透過對話被創造出來的，同時也被旁觀者聽見——不僅爲他們個人、也爲他們的伴侶關係創造出了一個新的故事。這個使他們的視野得以超越死亡的新故事，改變了他們對其伴侶關係的認知，使他們可以用新的聲音來講述這關係。即使約翰希望自己在他們的關係中能擁有個人空間，但對他們兩人來講，他們對死後之未來所抱持的不同想像都在對話中得到了肯定。

在對談之初，佩琪和湯姆就一起創造了善意的氛圍。他們不僅尊重約翰和克里斯，也透過他們的行爲讓後者知道，這節諮商的目的是要讓所有在場者透過對話取得相互了解。爲達這個目的，公平對等的關係必須存在於彼此之間。治療師建立了這樣的對話空間，以致所有在場者的話語都有機會被人聽見並被賦予意義。這種對話態度跟吉利根所說的「『在乎』倫理觀」（ethic of care；Gilligan，1982，頁 90）很相似。她的這個倫理觀以回應關係中的需求爲重點，並以維繫她所說的「相連網」（web of interconnectedness；頁57）爲途徑。另外，佩琪和湯姆的作法也讓我想到邁可納米所說的「所有在場者的專注參與」（relational engagement）。湯姆在感同

9　譯註：溝通學者 Gerard A. Hauser 把 public sphere 定義爲 a discursive space in which individuals and groups associate to discuss matters of mutual interest and, where possible, to reach a common judgment about them（Hauser, Vernacular Voices: The Rhetoric of Publics and Public Spheres, 1999）。

身受中發出的聲音以及他所使用的隱喻語言──這一切都能促成聲音的交流，而他在感同身受中做出的聲音反應何嘗不也是聲音循環中的一環。佩琪對此所做的描述深深打動了我。

佩琪在感想中提到她淚水盈眶，甚至願意在自己心中騰出空間來容納那兩個男人的痛苦。這個描述讓我看到這場對話中的意義接流現象。要能支援目前的約翰和克里斯，治療師必須知道他們此時把哪些過去的想法、信念和感覺帶進了這節諮商，因為如果他們要透過對話取得新的視野，他們的舊認知就必須先接受檢視。佩琪和湯姆始終讓自己處於學習的狀態，盡可能求取新的理解並隨時做出必要的調整。他們在回應中所說的話和所表達的感情，都是由那兩個男人所說的話、以及此刻在治療室內被創造出來的意義導引出來的。由於佩琪和湯姆願意敞開心胸、在這過程中時時求取新的自我理解，他們用打開雙手、歡迎新可能性的姿態定位了自己。這個隨時準備迎向未來的空間，也邀請了那兩個男人擺出同樣的姿勢。伽達默爾（Hans-Georg Gadamer；參見 Wachterhauser，1986 中的引述）把這不同時間階段同時存在的情形稱為「過去、現在和未來地平線的合而為一」（頁 37）。在這流動空間裡發生的積極交流過程，不僅為案主、也為治療師促動了新故事的產生。因此，要打造理解的氛圍，治療師必須對那「使人進入心靈交流而不再執著舊我的轉變契機」（Risser，1991，頁 105）抱持一種開放的心態。

聲音循環的現象代表所有對話者都專注參與了意義創造的過程。這種專注──加上一節治療不可或缺的對話倫理──不僅會影響案主在對話中選擇用什麼言語或情感來做回應，也會影響治療師的選擇。由於對話過程的每時每刻都會有情況發生，因此治療師必須隨時持守對話倫理。在回應案主的認知和他們自己的認知時，他

們必須不斷做出可以保證對話品質的決定。他們本身就是聲音循環一部分的事實也會促使他們遵守對話倫理：他們一方面必須彼此負責，另一方面也必須對案主負責。佩琪繼續描寫湯姆在「傾身向前、專注看著這兩個男人說話」時，如何擁抱了那兩個男人的痛苦，彷彿那痛苦正被刻寫在他自己的身體上。他容許他們的痛苦並存於他自己此時被召喚出來的情感和記憶。在用這種方式了解他者時，治療師也爲自己把新的聲音召喚了出來，使意義的交流可以持續不已地進行下去。這種用自己的感官去「洞悉」案主他異性的想像過程，也是治療師必備之對話精神的一部分。詩人唐納・霍爾這樣論到讀詩的行爲：「在被聲音和意象打動時，我們的感官全面吸收了詩人的情感記錄，而這些記錄又將帶我們前去探索自己的情感」（Donald Hall，1993，頁6）。情感則會繼續帶我們航向意義。

在湯姆問克里斯「少了他的日子，你會覺得難以想像嗎」的時候，對話開始移向未來。「你們的關係有可能長久存在嗎」也是一個和未來相關的問題。在想像未來時，克里斯夢想他們混合在一起的骨灰將會變成一叢美麗的杜鵑花。「如果杜鵑花會唱歌，它會唱什麼歌」的問題使轉化變成了可能；聲音的循環開始有了成事的功能，使兩個男人可以從生命中的死亡轉移到死亡中的生命和死後的生命。約翰想像了一場充滿七〇年代的派對音樂、酒、食物和性的慶祝宴。對克里斯來講，他們這對伴侶將會轉化爲維爾瓦第的音樂。約翰最後也受到了激勵，能夠拋開他現在的痛苦，反而把死後的自己想像成一株茁壯的橡樹。

佩琪在她的感想中說，當她和湯姆一邊留意自己的情緒、一邊放下這些情緒去接收那兩個男人的情緒時，他們突然發現，「就在這一刻，語言突然爲我們大家帶來了一種幾乎可以觸摸得到、具有

形體的意義；我們可以用身體感覺到每一個字、每一個眼神和彼此的連結。」然後，「我們大家開始互相敞開胸懷、想把對方擁入其中」[10]；也就是說，在某一種共同感覺中，大家剎那合成了一體。諮商進行到這一刻，某種可稱神祕的事情發生了。佩琪稱它為「意義的壓縮」（compression of meaning）；在我的感覺裡，它是大家同時深刻感知到的一個剎那，滿載著各人的痛苦、恐懼、愛、死亡迫近的感覺，以及破碎的夢想。透過專注參與、對話倫理以及時間的交會（記憶中的故事、過去的聲音、想像中的未來、治療室內的不同聲音、未來的聲音等等），所有在場者此刻都真真實實被他者感動到或觸摸到。就在這令人幾乎無法忍受的壓縮狀態裡，一個詩意的解決之道冒了出來：聲音的循環使案主終於認知到，他們的生命在他們死後仍將不斷延伸下去。

我現在把這循環想像為一個中界、一個讓奇妙之事發生的地方。這個由有效對話製造出來的空間，跟唐納・霍爾在想像好詩的效應時、被他稱為「密室」（Hall，1993）的那個空間非常相似。霍爾認為，好的詩會透過我們的身體把無可言傳的意義傳遞給我們：「在最好的詩裡，無可言傳的意義建造了一個密室……當情感的意義遠大於直白的詮釋時，它就會在我們眼前出現……它是一個我們必須用默許去接納和尊重的空間，是無可言傳之意義匯集的所在」（頁4）。

10　譯註：作者在此引用的文字與佩琪・潘恩的前文有很大差異。

「麥克斯就是這個樣子」：藉對話以循循善誘

"Just Like Max": Leaning in Relation

華特・艾格斯（Walter Eggers）

　　我在這裡要拿這篇討論「藉對話以循循善誘」（relational learning）、根據一個非正式對照實驗（controlled experiment）寫出的短文來加入本書的對話。由於我不僅是個父親、也是個教師和大學副校長，我會根據我的描述來歸納出一些原則，並試著把它們廣泛應用在學校教育上。

　　我的兒子麥克斯在出生前就被賦予了一個角色。他的故事是他外祖母美克芯——他就是依她的名字被命名的——冒險故事的續集。他和山姆是雙胞胎，兩人現在八歲，但打從還在媽媽的子宮內開始，他就在行為上跟山姆截然有別：他喜歡高居上位和踢媽媽的肚子，有一次在大大翻轉身體之際還幾乎使媽媽的妊娠期提早結束。在他出生前，我們就不斷說（最初只是向他的外祖母致敬而已）：「麥克斯就是這個樣子。」直到如今我們仍然還把這句話掛在嘴巴上。對父母來講，雙胞胎提供了很好的機會，可以讓他們用兩個雙胞胎當對照組，來研究人的個性究竟是怎麼一回事或怎麼形成的。很自然的，父母會先辨認兩個小孩的個性，然後再研究其間的差異。然而，一旦他們在小孩身上只看到他們自己想看到的特性

或避看自己害怕看到的，他們就干預了這樣的實驗，甚至會根據自己的期望去形塑小孩的發展。過去和現在、自我和他者、順著內在稟賦發展並同時被外在期望塑造，這就是學習的「關係」本質，無論學習發生在家裡或學校。

麥克斯跟美克芯、山姆以及我們其他人的關係比他的自我認知更早發生，因此也形塑了他的自我認知。事實上，這個自我認知隨時都會隨著這些關係的改變而改變。他知道（有時也很氣憤）兩件事情：他不但會被錯認為另一個人，甚至連家人對他的看法都會因時因地改變。我們很早就發現，比起大多數同年齡的小孩，他和山姆更曉得要用合作協商的方式來達到他們的目的。更特別的是，他們也在學習過程中逐漸發現，他們的自我認知是他人的期望創造出來的、甚至大部分是由「關係」註定的。

大多數人都分不出誰是麥克斯、誰是山姆，但事實上他們兩個人已經把這世界瓜分為二、各為其中之一的領主。麥克斯向上跳躍，山姆（你必須運用你的視覺想像力）則往地面跳下。麥克斯敏捷、意志堅定、理智、遙遠、而且有時候——在他很小的時候——相當無情。山姆滿腔熱情，其中不僅有誠摯的同情心，也有強烈的嫉妒心。麥克斯跳舞，山姆唱歌。根據他們現在的志向，麥克斯將會成為醫生，山姆則會成為廚師。這代表麥克斯非常認同我們的家庭醫師——有一度他還希望用什麼方法來繼承醫師的姓氏、以便取代他。他在另一階段也曾非常認同哥哥羅伯特的朋友麥克斯，模仿後者走路、講話和運籃球的模樣，睡覺時還戴著他借給他的籃球帽。我們的麥克斯有他獨特的、從他稟賦發展出來的個性，並用之定義他自己，自認和山姆以及世上所有別的麥克斯不一樣。但這也顯示，在他成長和學習的過程中，他的自我是由種種認同以及種

種關係組合起來的。

我可以用古典哲學來進一步說明這個出現於人格成長中的矛盾現象（paradox）。如要柏拉圖解釋麥克斯從美克芯繼承了什麼、以及他從我們其他人學到了什麼，他必須先想像一群住在一個充滿抽象理型（pure forms）或抽象概念（pure ideas）的空間裡、而後攜帶這些理型知識降世為人的不朽靈魂。否則，我們人類為何能夠在感官經驗中運用抽象觀念？他認為：無論何時，當我們劃分類別或做出比較時，我們都運用了這種先天知識（prior knowledge）。在兒童學習語言或形容自己的經驗時，顯而易見的一個現象是：他們並沒有透過相似的具體事物尋找抽象概念，而是先運用概念，而後再逐漸區分你我他這些代名詞，或發現某種「馬」跟另一種馬不同而把後者稱為牛。 用實際和描述性的話來講（而非用神祕主義的觀點），學習就像柏拉圖所說的記憶：我們只會認出我們原先已知的事情，而且我們的感官知覺（perception）本身就需要靠抽象概念來理解世界[1]。因此，兒童只會按照其內在稟賦、他們的先天知識、他們的先天所是來成長和發展。但同樣的，他們的學習——學習了解自己和世界——離不開他們所置身的關係和環境。學習是一個指認和區分事物的過程。

史提芬‧品克的著作《語言本能》（*The Language Instinct*，

1　譯註：意譯。原文為 ...and perception itself requires understanding。根據柏拉圖的知識論，在從理型世界降世為人的時候，每個人都攜帶了全套的理型知識。學習的目的就是要把這些埋藏在靈魂深處的理型挖掘出來，而最好的學習方式是對話和論辯。因此，學習是指記憶的被喚起：人透過學習記起原本就知道的抽象理型或概念。另參見第三章譯註 1 對 categories of understanding 一詞的解釋。

1994）證實了這個看法：

> 我們無法用學會認出幾時幾分幾秒的方法、或學會解說聯
> 邦政府如何運作的方法來學會運用語言。相反的……語言
> 的運用是一個複雜的特殊技能，會在兒童身上自然而然發
> 展出來，並不需要刻意的學習或正式的教導。（頁 18）

　　他很有說服力地指出：這個被人類擁有的最佳技能彷彿從天而
降、來自我們的天然稟賦或我們的前世，而每個健康的人都擁有以
獨特方式充分運用它的潛能。他的這個「語言為本能」的觀念足
以啟發我們、讓我們知道如何在兒童身上和文化中開發這個本能。
如果人類文明的這個最高成就也是人人固有的天賦，那麼每一個人
說出的話都非常可貴，因而教導必須始於尊重學生以及樂於向學生
學習的態度。教導的意義就是：在親子或師生關係中把知識誘導出
來。

　　品克（Pinker，1994）引用了奧斯卡・王爾德（Oscar Wilde）
劇本中的一句話，這句話讓我把養育小孩和學校教育連結了起來：
「教育是項值得推崇的工作，但我們最好時時記住：所有值得知道
的事情都是無法被傳授的」（頁 19）。理型知識固有於人心的哲
學信仰並未使蘇格拉底和柏拉圖失掉他們傳道授業解惑的工作。我
認為，他們之所以會以偉大教師的身分著稱於世，是因為他們在誘
導及創造學生的學習時運用了對話作法（relational skills）。我一直
盡我所能來協助麥克斯、山姆和我的其他小孩運用學習所需的對話
精神；同樣的，我也盡我所能去為我的學生和我自己創造一種教學
相長的學習環境。我相信，只要課程的安排能尊重學生的興趣和能

力、只要教師也能以學習者的心態來和學生建立關係，那麼無論大學教育或幼稚園教育都會具有非常顯著的教學成效。

如果這話聽起來很像老生常談，那麼我想用我認為大學行政主管應具備的四個信念來說明一下它的深層意含。

第一：由於「所有值得知道的事情都無法被傳授」，所有教育機構都必須強調學習、而非教學。我在一間所謂的研究型大學裡工作，但這大學也以教學著稱，因為它認為教師的研究應是學生（甚至大學生）的資產。就一個研究型大學來講，它的最終理想就是擁有一群真正傑出、願意跟學生一起分享研究過程和成果的學者。這樣的環境能為學生提供積極學習的機會，並自然而然具有師生合作的形式。我們或許在理工學系研究所的實驗室以及藝術學系的工作室裡最容易看到這種學習。就輔助教學的新科技來講，我希望這些科技將能鼓勵積極的學習和師生合作式的學習，並能在年輕學子的身上培養出真正的思考能力。

第二：由於學習能力是每個人與生俱來的稟賦、甚至連雙胞胎兄弟有時候都會用不同的方式跳躍，因此教育必須以學生為中心並強調開放民主。一方面，這意謂我們必須重新取得社會大眾對教育的支持；另一方面，它也意謂教育機構必須尊重個別學生的需要和興趣，因為他們學習的是他們原已知道的事情。我在學校裡唯一能直接影響的學程是通識學程，並且也一直在通識教育學程開課，因為我定期開授的莎士比亞導讀是許多學生不得不修的必修課。但我要到現在才學會聆聽學生（即使他們已經修畢這門課）對課業要求的不滿：他們覺得這些要求似乎太瑣碎或太膚淺。我知道，某些對大家有益的通識課程，是我們（包括我本人在內）在民主社會裡推動教育時必會納入的知識項目。但好和不好的通識課程基本上

差異甚大，可是我們卻依然沿用空洞的必修學分規定，致使學生無法對七藝課程（liberal arts and sciences）[2] 和通識課程產生興趣。通識教育之所以會出現我的學校裡，是因爲當時校內的教授們都認爲這類課程跟他們所教授的主修課程一樣重要，希望學生透過它們可以主動學習、大量寫作、並透過嚴謹的訓練取得令人滿意的學習成果。

我有位專精十八世紀文學的昔日同事曾在大學部通識教育開了一門音樂欣賞的課程，目的是要給人數合理但不太多的小班學生打氣。我一直認爲他的教學方式非常值得我學習。他班上的學生學會讀懂樂譜、寫作討論奏鳴曲的形式、以及辨認不同時期的音樂風格。柏拉圖可能會如此解釋這樣的成果：他們發現了他們早已擁有的興趣。

每當想起學生對學習生厭的時候，我就想開設新的學程，好讓我的學校更能回應和激發學生已經擁有的興趣。傳統學程已經證明了它們的價值，但如要繼續保持活力，它們必須回應一屆又一屆新生隨身帶來的興趣。固定僵化的人文藝術學程和基礎科學學程都將失去價值，但跨領域學程卻將可能成爲師生交流的新場域、可創造更具功效的教學形式。

第三：由於眞正的學習是理解和發現——發現自己是誰並發現自己已知之事——的積極過程，優良的教學必是蘇格拉底式的、亦即對話式的教學，也就是透過發問、鼓勵、讓學生一時受挫、挑戰學生、誘導其興趣等等方式，使學生最終樂於受教的過程。

最近幾年，我一直從學生那裡學習方法、試圖朝著這個方向修正我教授的莎士比亞導讀。我說過，許多學生之所以會修這門課，是爲了滿足必修學分的規定。他們當中許多人或大多數人都沒有什

麼戲劇、詩或甚至早期文學方面的背景知識，而且由於他們在高中時代只粗略讀過莎士比亞，他們在一開始時尤其缺乏自信。一個很有幫助的作法就是讓他們直接跳進莎士比亞的劇本，因爲這可以讓他們一邊面對自己原先的期望、一邊和我一起討論他們此刻的感受。他們的期望和實際感受便成爲了這門課的最初課題。我接著會提出要求：在我們還沒有在教室討論一個劇本之前，他們必須先閱讀那個劇本並寫出一篇報告。起初，我要求學生用我指定的題目寫報告，但他們隨後就逐漸變得自有主張起來。不過打從一開始，當他們覺得自己根本不知道要如何談論這位被後世學者詳加註釋的文化偉人時，我就要求他們必須用自己的意見和詮釋來寫報告。由於我知道他們的期望——無論他們再怎麼無知或見解錯誤——必會影響他們進一步的學習，因此我要求他們必須先知道他們能爲文本帶來什麼、他們自己是誰、他們能做和不能做什麼。然後我們繼續前往下一個劇本。這時，他們已具備了更豐富的閱讀經驗，而且由於他們學得了新知以及開始有了自信，這經驗也因此變得更受他們歡迎。這就是我把對話哲學應用於教學的方法[3]，在把學生當成我的教學重心之際設法激發他們的學習興趣。

第四：由於學習基本上是一個對話過程，教育機構在本質上就是社會變革的帶動者。這個信念使我重新回到本篇短文的概念架構以及本書的基本主張。在教導學生時，我們希望他們能更充分實現他們自己，而且在這過程中，他們不僅能發現「做」是學習的一

---

2 譯註：包括文法、理則學、修辭、音樂、算數、幾何、天文。

3 譯註：此處原文爲 This is how I try to play relational teacher，在此根據前文意譯。作者意在效法《柏拉圖對話錄》所記述的蘇格拉底對話式教學法。

部分，也能發現他們在這個世界上並不是一個獨立的存有。我們在
「麥克斯就是這個樣子」這句話中會發現另一個雙胞胎山姆的存
在；他們兩人無時無刻不互相影響著對方的生命成長。

　　唯當學校教育所傳授的知識能被應用於學院以外的世界、並
以改進人類關係爲目的時，學校教育才稱得上具有意義。許多中小
學和大學都已經發現，如果它們能結合教學的使命和社會服務的使
命，那會更促進學生的學習。在我的學校裡，我們發現，把課程學
習和社會服務結合在一起的話（例如透過實習的方式），甚至連人
文學院的學生都可以受惠。爲了繳得起大學學費，有越來越多學生
必須把校內的功課和校外的工作結合在一起。我雖然爲他們必須在
校外兼差打工感到不忍，但我也發現，許多學生在如此做的時候採
取了一種積極可取的態度，也就是把兼差當成進一步學習的機會。
要能面對時代變化爲我們帶來的挑戰，教育機構必須在尊重學生學
習的同時，把他們的學習延伸到更廣大的世界那裡。

　　用對話哲學從事教學——這種作法在本質上必會以改善人類關
係爲目的，因爲它使尊重他人和互相分享可貴之事成爲了一種倫理
觀。從本書的主張來看，我們可以認爲「藉對話以循循善誘」也
是人類責任的一部份。這篇短文是我的證詞：當我遵守以上所說的
四個信念時，這方法在我的小孩和我的學生身上都行得通。

第十八章
等待作者
Waiting for the Author

摩里丘・馬查利（Maurizio Marzari）

親愛的席拉和肯尼斯：

能加入這麼一個令人興奮的對話，是我不曾意料到的事情，讓我在覺得非常開心和倍受鼓舞之餘，也覺得受到很大的挑戰。這幾星期以來，我一直試著把你們的文字在我心中激起的若干想法寫下來，但每一次我都對自己所寫的東西感到非常不滿意。我總覺得我的文字少了什麼東西或無法表達什麼東西（但這問題不只跟我的語言「表達力」有關）。我繼續閱讀，直到有一天我突然想起貝特森在論創造力和病理學的那篇著名論文（Bateson，1972）中寫到海豚的那一段。我仍然無法確定這經驗的結果——我的這篇回應——是創造力導致的呢，還是我的精神狀況導致的。但我確定的是，你們和我一樣認為你們也是我這篇回應的一部份。現在……我把這篇被我零雜拼湊成的東西獻給你們！

對我來講，要處理你們的文字在我內心激起的各種聲音，確實相當具有挑戰性。每個出現在我這劇本裡的人物都爭著要發言；我雖然想盡我所能來聆聽現身在這劇情（故事？歷史？）中的每一個聲音，但結果——如你們所見——卻不過是篇拼湊起來的東西；它自相矛盾、不按規則，以致無法如我所願以通順的樣貌展現在你們

279

的眼前。

　　一直以來，我並沒有用意義共創的概念來建立一套理論或知識論。我之所以不曾這麼做，是因為我一直非常欽佩你們在這方面的研究成果。我們大家——我指的是「我們」這些社會建構論者以及「我們」所有自覺對社會負有責任的人——需要找出各種方法，讓凡跟「群體」、「關係」和「共同」這些字眼有關的概念能被文化的不同形制（從經濟到法律，或從環境到醫療保健）察覺、理解和認同。在過去幾十年裡，體系論以及許多社會科學領域對此已經做出了若干貢獻。身為個人和心理學家，我一直認為，如果我們（也就是反個人主義的學者們）能夠合作、避開傳統的二分法（個人和關係）、同等強化這兩者的地位，我們才能夠在這方面取得最大的成功。關係不可能取代個人，反之亦然。關係需要茁實的個體，反之亦然。既此且彼，而不是二選一。

　　你們一直以來都以這一點做為你們的研究方向，並為我們的領域引進了非常有趣、可以搭建文化橋樑和理論橋樑的方法。這是我要再度感謝你們的原因，也是我希望你們繼續為我們的劇本、故事、對話和生命提供新素材的原因。

等待作者：

一場爭相發言的不負責任對話 [1]

人物：Hope Least 太太（HL）

　　　Faith Cagey 太太（FC）

　　　Island Queeny 小姐（IQ）

　　　Silly Fighty 先生（SF）

River Flowy 先生（RF)

Sly Jokey 先生（SJ)

Hide N. Seeky 先生（HNS）[2]

HL：　……此刻的我覺得無法動彈……沒有人告訴我該做什麼、該說什麼……我的台詞一片空白。你們可曾在什麼地方看到我們的作者？他丟下我不管、不讓我有個可以依附的身分；你們能不能告訴他這有多不公平？

IQ：　親愛的，怎麼了？如果你沒台詞可說，就休息一下、等一等、欣賞一下風景、放鬆一下自己吧。我可不需要別人來告訴我我是誰。我只需要注視著鏡子，就能看到我最在乎的所有事情：我的臉孔、我的身體和我的心情。而且我還可以隨時改變我在鏡子裡的模樣。甜心，你的自尊心大概出了問題；你需要的是心理治療師，不是作者。

FC：　女士們，請你們不要玩那些娃娃，好嗎？你們已經不是十幾歲的少女了。你們難道不知道現在有個故事正在發生？我們每個人都對它的結局負有責任。

1　譯註：原文爲 an irreverent diversity of irresponsible participation，在此參考本章第 二段予以意譯。作者在此應想到巴赫金對話哲學所說的「眾聲喧嘩」(heteroglossia)。Irresponsible 與本書的書名 Relational Responsibility 產生對比趣味，指劇中角色並未刻意運用什麼責任感來營造對話。

2　譯註：這些角色的名字都有寓意。Hope Least 悲觀而抱怨連連，Faith Cagey 精明並有防人之心，Island Queeny 孤島女王（以自我爲中心），Silly Fighty 愚笨卻喜歡跟人起爭執，River Flowy 抱持流通開放的態度，Sly Jokey 喜歡嘲謔別人，Hide N. Seeky 玩捉迷藏的遊戲（有如隱形人，最後才現身）。

SJ： Least 太太，順便告訴你一下，我在走來這裡的時候，好像看到我們的作者坐在轉角的咖啡館裡。他一邊看報紙，一邊吸著三倍卡布其諾咖啡，但我不能發誓說那就是他。在他回來之前，我們且把握機會、發揮我們的自主精神、自行決定我們的命運吧。

SF： 你在說笑話嗎？他們付我錢，只是要我當劇中的一角，可不是要我當作者。如果他們不先保證會調漲我的工資，我可不願意為這愚蠢的故事負什麼責任。那會太便宜他們了；故事如果發展的好，一切功勞都是他們的；如果發展的不好，我們卻會在沒接到通知的情況下被解僱。

RF： Fighty 先生，我知道你的意思，謝謝你為我們的對話提供了你的看法。瞧，我們已經在寫另一個故事了。我認為我們應該就這樣繼續下去，用我們的對話來創造我們自己，而不是等作者寫完那個「真實故事」後回來這裡。

RF： Flowy 先生，你是說我們可以用不到作者了？如果沒有作者，我可不知道現在的我是否會存在。不管我將來會變成什麼樣子，我認為我們不應該為了一點自尊心背叛他，更何況他需要我們。他一向很照顧我們；我們很難再找到一個可以給我們那麼多自由（事實上過多自由）的作者了。

SJ： 說得好，在我們獲得自由的時候，他喝咖啡去了。

FC： 你之所以埋怨，不過是因為他不和你一起喝罷了。我相信，一杯瑪格麗特雞尾酒就足以軟化你現在擺出的革命家姿態。

RF： 你怎麼會知道 Jokey 先生喜歡喝瑪格麗特雞尾酒？你們兩人可曾瞞著我們大家私下碰面？如果我們要和平共處，我

們之間就不可以有任何祕密。如果我們開誠布公分享我們的故事，我們就能在這一幕結束的時候找到那罐黃金（the pot）[3]——我的意思是說，發現我們是誰。

SF： 我對任何樂透大獎（jackpot）都不感興趣，Flowy 先生！我甚至從來不買獎券！我知道我是誰，因此我打算繼續照我的台詞演。我有祕密，但我只會跟某些人分享它們。

RF： 沒錯，你有權去做你想做的任何事情，這裡沒有人想強迫你。無論如何，謝謝你告訴我們你有祕密。這算是一條線索，可以幫助我們猜測你是誰之後用適當的方式回應你。

IQ： 你那無聊的談話讓我厭煩透了。我不懂你在講什麼；你講得太高深複雜，把本來非常簡單的事情搞到讓人聽不懂。實際情況是這樣的：你們都妒忌我，因為我一點都不在乎作者、更不在乎你們。我不會每隔五分鐘就經歷一次不知自己是誰的危機！說實在話，我的情況好得很。拜託，不要再用你們的集體愚昧來煩我，可以嗎？這不是團體治療，好嗎？

FC： 你認為你是誰，寶貝？你是真理之聲嗎？你是作者後宮裡最受寵愛的那個嬪妃？你忘了你的鏡子是他買的？畢竟，甜心，你之所以會在這裡，就是因為我們也在這裡！沒有我們的話，你根本什麼都不是！這故事可不是一齣獨白；如果它是，我敢保證，作者絕不會要你做它的詮釋者。我的角色比

<hr>

3 譯註：根據成語 to find the pot of gold at the end of rainbow（實現願望或夢想）翻譯。接話的劇中人物 SF 把 pot 誤釋為 jackpot（樂透大獎）。

你的與時俱進多了，因爲我至少有價值觀和信念，我會維護
我和其他角色的關係，我也知道你對我的重要性。

SJ：　重要到有時候你都想把她殺了，是不是？我常在你眼睛裡
看到殺氣騰騰的眼光呢。畢竟，把戰利品分爲五份，對
大家不是更爲有利？就票房來講，這故事也會變得更吸引
人。想像一下，如果新聞的標題這樣寫「作者待在男廁的
時候，其中五個角色殺了第六個角色並且逃之夭夭」，那會
有什麼效果？

RF：　讓我們暫且做個結論：我們的故事裡有個鏡子女士，有位
與時俱進、有價值觀和信念但很想殺人的小姐，有位革命
家，有個身懷祕密的男士，還有一位「沒有作者就不知道
我是誰」的女士。

SF：　喂，等一下！你是什麼人，竟然拿著標籤貼在每一個人身
上？你就是那個不見蹤影的作者嗎？你是上帝之子嗎？還
是說，你是作者工會派來的密探，打算馴服這些不夠馴服
的劇中角色？沒錯，老弟，我就是一頭上了年紀卻不聽使
喚的動物，早就學會了如何避開你們設下的陷阱！我要求你
們尊重我的權利，包括不成爲你們所說故事之一角的權利。

HL：　你瞧，Fighty 先生，我們終於對一件事情取得了共識。讓我
們把作者找回來吧，他一向都非常尊重我們，而且在他的
生花妙筆下，你生氣時特別顯得可愛。

SF：　他並沒有把我創造成一個怒氣衝天的角色！我之所以會生
氣，是因爲這個傢伙不斷在說教、而且不肯乖乖地像大家
一樣扮演他自己的角色。

FC：　如果 Flowy 先生之所以喜歡說教，是因爲我們的相處方式使

他變成了這個樣子，那他又能怎樣？Fighty 先生，你自己這麼愛生氣，會不會是因為你在這故事中扮演的就是這個角色呢？在作者不見的情況下，這故事正在被我們大家不知不覺地寫了出來。

SJ：　是嗎？如果皮蘭德婁（Luigi Pirandello）[4] 現在還在他位於西西里的古堡內活著，他會怎麼做？他會因為我們侵犯他的版權控告我們！

IQ：　我的老天爺，你們的行為太幼稚了！又踢又喊，跟剛出生的嬰兒一模一樣我可不想理你們；請讓我安安靜靜地把妝化完，可以嗎？今天晚上有人請我吃飯，我可不希望自己看起來跟你這些面貌平凡的角色一樣。我的生命有它自己的使命；我可不願意隨波逐流、加入你們的腦力和情緒競賽、失去我自己的獨特性。

HL：　我們可以問你一個簡單問題嗎？你今晚要跟誰約會，Queeny 小姐？你確定他不是你在鏡子裡看到的一個幻影？

IQ：　我不要告訴你。我也有我的祕密。

SF：　你瞧，Flowy 先生，你該修正你的標籤了。由於在我們面前的這位女士要去跟一個神祕情人、你的情敵幽會，我們很想在旁聽聽你怎麼對她說教。

RF：　我只是我們這些人當中的一份子罷了，和你們同屬於這個地方。你們為什麼始終無法了解，我不過是想盡我所能、

4　譯註：二十世紀獲諾貝爾獎的義大利劇作家、小說家、詩人。他最著名的劇作是 Six Characters in Search of an Author（1921）。

用更和諧的方式把我們每個人的故事串連起來？這就是我在劇中的角色，而這個生命形式是我從上一個有我在內的劇本學得的。但我也相信，你們有權依照你們自己喜歡的方式說話和行事。如果我不曾把話說得夠清楚，我要向你們致歉——這也就是說，我和你們都必須爲現在的情況負責。我一方面必須負全部責任，但另一方面我也不必負任何責任。

IQ：　對不起？我太傳統了，以至於聽不懂你在講什麼。

FC：　Flowy 先生，你是說，我們每個人都有責任，但又都沒有責任？這怎麼可能？但我同意你的一部份說法。我們的確可以在沒有作者的情況下繼續說故事，但我擔心遲早有人必須爲這個挑戰付出代價。到那時候，我們一定會互相指著對方尖叫：「不是我，他或她才是這叛變的帶頭者！」我已經預見了這一幕，而且就在大家對嗆不休的時候，有人出去把作者帶了回來。還是讓我們重新變回不需負任何責任的角色吧。角色不就應該如此？一遇到什麼狀況，大家總是要別人負責，但這時我們眞正需要的人應該是一個具有專業知識的作者；就讓他來幫我們做出最後的仲裁吧。

RF：　Cagey 太太，眞正的問題是這樣的：在某些時候，如果讓別人來爲我們的生命負起重責大任，我們會覺得輕鬆無比。我們用這種方法可以隨時走進「申訴室」，永遠把責難推到別人的身上。

SJ：　你們倆一搭一唱，配合得多麼天衣無縫，就像奶油和果醬一樣。我們大家都會受邀參加你們的婚禮嗎？

FC：　Jokey 先生，這是高級哲學，你該聽一聽、學點東西才對，

而不是一昧用挖苦譏諷的口吻回應別人。你可知道，不斷
譏諷別人，是彼得潘症候群（Peter Pan syndrome）患者的
終極自衛方式？這是我兩天前在報紙上讀到的。在今天這
個時代，隱藏在任何行為背後的問題都可以被診斷出來。
我兒子的朋友被診斷患有注意力不足障礙症，我的妹妹則
患有嚴重的經前症候群。

HL： 我也有經前症候群的問題。我覺得它馬上就要發作了；如
果我開始尖叫或把高跟鞋對準你們眼睛的高度丟過去，請
大家不要擔心；那不是我做的，因為那時我的模樣就像被
神靈附體一樣。

SJ： 哇塞！ 在面對你自己的情緒時，你非得堅強無比才行。你
喜歡自己的情緒愈猛烈愈好，是嗎，Least 太太？

SF： 至於基因這個題目，大家又怎麼看？科學家遲早會找到一
種基因，可以解釋為什麼我喜歡紅酒甚於白酒、以及為什
麼我無法忍受現在流行的東方食物。Flowy 先生，我想聽
聽看你對這種事情的看法。你應該會很高興的，因為一旦
所有責任都歸給了基因，就不會再有任何責任落在你身上
了。用這種方式把世界一分為二，不是會使生活更輕鬆愜
意嗎？再也不會有人受到責難了。

SJ： Fighty 先生，有時候你也蠻喜歡嘲諷別人的。請告訴我，
你是不是打算偷走我的台詞？如果你有這個打算，我一定
會讓你知道：我跟你一樣固執、絕不會退讓一步。大家根
本不必害怕我們會找不到人來追究責任。當然，這情況如
果發生了，社會一定會更充滿同情心、包容和同理心。但
是，如果有例外呢？比如說，如果我們恰巧不巧地在兩、

三個人身上找不到任何基因跟他們的行為有關，那該怎麼辦？不難預測的是，原本包容的、訴諸基因的、去除個人責任的社會將會變成一個大規模獵巫的社會，專挑某些人為其討伐的對象。在逼供之下，你將不得不認罪說：「我犯的罪就是我選擇了我的行為。」這時 Flowy 先生會上前為你辯護說：其實你並沒有選擇你的行為，因為這些行為是你所擁有之種種關係交相作用下的產物。瞧，我不是告訴過你們，角色們應該聯合起來，成立一個工會，然後罷工！我們現在進退維谷，被困在鐵砧和榔槌之間！

IQ：我必須承認，你一鳴驚人，讓人意外發現了你的說教長才。我們方才不正需要有人發表另一個長篇大論？各位，可不可以輕鬆一點？讓我們談論天氣或電視影集 The Bold and the Beautiful 吧！你們難道不認為，以前飾演 Thorne Forrester 的那個男演員要比現在這個取代他的愚蠢肌肉男可愛多了？

FC：Queeny 女士，我了解你一直不想被我們的愚蠢對話污染到，但你應該知道，我們現在必須馬上做出一個重要決定：在作者回來的時候，我們該怎麼做？不管你信不信，我們現在坐在同一條船上。

RF：對不起，女士們，我倒發現 Jokey 和 Fighty 兩位先生剛才的發言非常有趣。如果我沒誤解的話，你們的意思是，我們這些角色可以採取某種「基因姿態」來對作者說：「是你把我們創造成這個樣子的，因此，如果我們現在有點『不同於以往』，你可沒立場表達你的不滿。」我們或者也可以這樣說：「那是我們的選擇，我們跟你不相干，你只是我們的思想審查者而已。」你們看，我們現在已經有了兩個

有趣的選擇。還有人願意提出其他建議嗎？

SJ： 我有一個建議：我們爲何不把作者送走，要他去取代
　　　Forrester、那個讓 Queeny 女士無法忍受的大笨蛋？

FC： Forrester 是一個角色，不是演員，Jokey 先生。這個世界
　　　——我們戲劇界——分成三個部分。作者創造各種角色，
　　　然後演員詮釋他們。你們可以發現，我們正好位居中間，
　　　夾在前者的創造力和後者的詮釋技巧之間。我們還能繼續
　　　忍受這種狀況到什麼時候？我們還願意寄生於他們的傲慢
　　　到哪年哪月？

RF： 我完全贊成你的說法，Cagey 太太。但在我的想像中，作者
　　　們也有同樣的問題。畢竟，他們的故事從何而來？唯一的
　　　差別是，他們可以假裝自己是故事的唯一創造者，但他們
　　　卻因此無法用「這不是我做的」來爲自己辯護。至於演員，
　　　你們難道不認爲，我們這些被作者指派的角色在很大程度
　　　上也限縮了他們的自由？另外，演員無法逾越台詞，也不
　　　可以不聽導演的指導，因此他們和我們也在同一條船上。

SF： 我倒不這麼認爲。我們這群人位在戲劇界的最底層、屬於
　　　賤民階級。除了我們自己之外，沒有人會維護我們的權
　　　利。法律可曾禁止我們使用權力、控制、剝削這些字眼？
　　　Flowy 先生，你難道認爲下面的情形只發生在上古時代：某
　　　些人有權決定另一些人的自由範圍，而後者唯一的自由就
　　　是在這範圍內自由行動？我一定要爲我自己爭取抗爭的自
　　　由、甚至對某人大發雷霆的自由。在我跟作者坐上同一條
　　　船之前，他必須走下來告訴我：他是誰，他憑什麼可以做
　　　他選擇要做的事。我已經受夠了這群滿嘴民主的作者。

HL： Fighty 先生，你是說，你比較喜歡一個專制獨裁的作者？我認為一個民主的作者好應付多了。但我寧可有個專制的作者，也不要沒有作者。畢竟，你有沒有發現作者（authorship）和專制（authoritarianism）這兩個字有相同的字根？

SJ： 當然，就像角色（character）這個字和炭（char）這個字有很多相似處一樣……隨時會燃燒起來……一夜情的情人……上勾後就立刻被甩掉。

HL： 你們有沒有聽到門廳傳來的聲音？終於回來了；這頓咖啡也喝得太久了些，親愛的。

RF： 各位，作者回來了，我們打算怎麼做？我們不能假裝什麼事都沒發生；我們無論如何已經跟以前不一樣了，作者不可能笨到看不出這一點。

SF： 讓我們一起勇敢面對他，問他為什麼這麼做——他為什麼決定創造別人、不再創造我們？如果他給的答案不令我們滿意，我們就叫他滾蛋。

IQ： 噢，各位，那太勞民傷神了。我有個更好的主意。我的約會對象遲到了，但我剛才花了好幾個鐘頭畫睫毛和塗口紅，所以我實在捨不得拋掉浪漫晚餐的念頭。如果我邀請他共享一頓燭光大餐，你們覺得怎樣？

HL： 是嗎？那我們呢？你總是這般貼心地為我們著想。

RF： Queeny 小姐，如果你能從你的原始計畫稍稍退後一小步，何不讓我們邀請他共進晚餐、拿我們的問題去問他、讓他也加入我們的對話？我相信他會發現，成為一個好作者筆下的角色是多麼好玩又有趣。我相信，在他眼裡，我們大家都會是很好的作者，不是嗎？

SF： 如果他激怒我，我仍可朝他的臉孔吐口水嗎？

RF： 如果你想處理你這個角色——你對他知之甚詳——的怒氣，就去做吧。如果我記得不錯，有次在寫一個場景時，作者突然決定把你的姓氏從 Silvester 改為 Silly；從那天開始，你對他就懷恨在心了，不是嗎？

IQ： 我該怎麼處理我的鏡子？我得交還給他或跟他合用？

FC： 親愛的，如果你想或他想這麼做的話。他非常清楚鏡子的事；他就是買鏡子給你的人，你失去記憶了嗎？

IQ： 但沒有了鏡子，我怎麼辦？各位朋友，你們可以在必要時做我的鏡子嗎？

SJ： 甜心，我不是鏡子。但你聞起來香噴噴的；如果你願意的話，今晚我可以當你的約會情人。你抹的是香奈兒，還是阿曼尼？趁現在還來得及，我們何不跟月光餐廳臨時訂兩個座位？哦喲，已經太遲了。

RF： 他來了！Hide N. Seeky 先生，歡迎你回來！請跟我們同桌吃飯，就像在你自己的家裡（或故事裡）一樣。

HNS： 各位，非常謝謝你們邀請我共進晚餐。最重要的，我要謝謝席拉和肯尼提供他們的房子、讓你們舉辦這個驚喜晚宴。我真的很感謝大家，因為你們大大改進了這個你們用無私之心參與的劇本。偶爾擔任劇中一角，還蠻有意思的，但遺憾的是我不能久留。不過，在我回去工作之前，我們倒可以用義大利好酒舉杯慶祝一下。我剛跟出版商簽了一個新約，得去創造新的角色。在你們充滿創意的協助下，我相信我這新的工作會簡單很多。大家乾杯！為你們不負責任的責任乾杯，各位好朋友！

　　意義共創的概念為我們帶來了極大的挑戰。身為社會建構論派的社會科學家、家庭治療師、學者或研究者，我們應能找到一個適當的概念架構，用以解釋：我們的理論及其方法學以及我們的行動和作法如何為我們自己和他人建構了一個獨特的空間。能以共創意義為責任，即意謂我們已能意識到一切事情——包括意義共創的觀念——都是在對話空間中發生的。

　　如果從這個前提出發，我們首先必須面對一個知識論上的問題：在談論共創意義的責任時，我們是站在哪一個位置上？換句話說，這個問題之所以會成為問題——馮福斯特（von Foerster，1982）[5] 可能會這麼說——正是因為我們在談論對話倫理時，會很難避開傳統道德主義的陷阱。

　　在創造上面的劇本、嘗試為這場奇特引人的大對話貢獻我的聲音時，我發現自己也陷入了某種自我矛盾：我在試圖肯定和支持這個概念時，也試圖挑戰它。寫一篇劇本、一篇皮蘭德婁式的喜劇——當這想法出現在我腦海時，我覺得它可以讓我用新奇獨特的、對話的、多元世界觀的方式說出我如下的想法：身為社會建構論者，我們的責任就是盡可能讓更多的人擁有聲音。如果我們也為所謂的不負責任和不可預測性騰出空間，如果我們尊重每個人都擁有免受「必須負責」這四個字束縛的權利，那麼我們將至少可以實現部分目標——不僅因為我們在一起對話，也因為我們能夠分別說出自己的主觀言論。讓我們築起這個音房，這個充滿紛雜聲音的大

5　譯註：Heinz von Foerster（1911-2002），奧地利裔美國物理學家及哲學家，被公認為 second-order cybernetics 學說（參見第十二章譯註 2）的創始者。

劇院。我們分享的就是分享所帶來的快樂；我們的責任就是：在這個由日常對話及生活腳本築構而成、充滿衝突矛盾的喧嘩劇院裡，我們必須不忘展現自己的本色和觀點。這個空間充滿了大家可以分享的神祕和驚奇；在其中，透過各種主觀言詞的交流互動，我們得以變得不同於以往。

第三部

繼續對話

Continuing the Conversation

第十九章
一起創造意義：求同存異以對話[1]
Relational Responsibility: The Converging Conversation

在本書的一開始，我們挑戰傳統的個人責任觀，並提出意義共創的責任觀以取代之。我們認為，對話者為共創意義所做的努力，可以維繫並促進意見的交換，使意義得以持續從這樣的交換過程中產生。因此，如果對話者的言行破壞、限制或凍結了創造意義的過程，或排擠他人、阻礙他人發言、甚至把大家分裂成了敵對的陣營，那麼這樣的言行就是不負責任的言行。我們把重點放在可以促成意義共創的實際作法上。接續下來的各章則是應邀跟我們一起對話的回應，在形式和內容上都沒有設限；每一篇回應都可把對話帶往不同的方向，而且我們非常歡迎各式各樣的討論形式。我們希望，這種方式可以啟發、賦活力於、深化或適當圈範共創意義之責任觀的探討。我們最終的期望是，我們所寫的最初三章在透過他人進一步的回應而衍生意義時，也會成為意義創造的一環。

我們的另一個希望是，這場對話可以直接示範意義是如何共創出來的。的確，學術圈內常見的一個情景是：一個主張（如我們所寫的最初三章）被提出後，作者就有可能——事實上經常如此——受到其對談者的批評。事實上，學術圈內最常見的意見交換形式就是否定他人；新的見解鮮少不被批判得體無完膚的。由於學術論文常被認為是作者心智的產物，這種批判因此象徵了對作者個人的斥

責、糾正、甚至否定——它的指控是：「你這個作者犯了錯誤！」我們這篇提出「共創意義」責任說的論文，有沒有可能在這種傷害關係的對話之外邀請到別種回應？如果批判在回應中佔了絕大多數，我們能怎麼回應？我們可以用什麼方法使共創意義的對話復活起來？這最後一章的目的就是要爲這些問題找到答案。

我們邀請來的回應的確各有不同的探討方向。我們的論文點燃了許多對話，其中每一個都值得我們給予個別回應。但如果我們此時一一做出回應，那又很可能讓我們陷入嘈雜的聲音之中。因此，我們寧可接受另一個挑戰：將這所有頗具挑戰性的回應織成一片更完整的布疋。我們在這些回應中尋找不同的交會點；我們雖無法從這些交會點出發、無所不往，卻可以朝著幾個大方向跨步前進。爲達這個目的，我們之前已把所有回應分成三類；現在，我們首先要回應那些看來跟本書最初三章產生共鳴——雖未必百分之百如此——的對話，然後再回應那些以批評爲主要內容的對話。我們最後要回應的對話僅稍微論及我們的主張——它們雖與之有些相關，但並沒有延伸、也沒有反對這個主張。在本章的結尾，我們要總述一下那些看來最具有發展潛能的重要主題。

共鳴和重述

我們的同事可用許多方式來加強、延伸、擴充和充實我們提出

1　譯註：原文爲 Converging Conversation，請參考 convergence 及 divergence 兩字在溝通學中的用法。

的「共創意義」責任說。在這裡，我們要針對那些似乎跟我們的主張特別起共鳴的回應做出回應。但這些回應並非毫無質疑地對我們說：「你們說得很對……我完全贊同。」這樣的回應只會阻礙對話，因爲大家會就此再也沒有別的話可說、也再也沒有可採取的其他作法。全然贊同雖會使對方心情大好，卻無法充實對方的看法。我們的對話者則不僅肯定了我們，也向我們提出挑戰；雖然分享了我們的看法，但他們的聲音也在同一時間促使我們生出新的想法。在挑戰我們時，他們似乎帶著合作的熱誠、而非敵意。因此，甚至在不表贊同時，他們的表達方式仍然鼓勵了我們，使我們欣然眺望遠方、願意繼續往前探索。

最與我們的主張相似、又能充實它的回應，都出乎我們意料地把共創意義的對話作法延伸到了更廣的領域。舉例來說，參與想像芝加哥試行專案的庫波里德（David L. Cooperidder）和惠特尼（Diana Whitney）讓我們看到，共創意義的對話如何在一個企圖爲七百萬人口的大都會打造社區意識、以創造城市未來的活動中發揮了巨大作用。我們深受這一事例的感動，因而希望能在我們和他們的計劃之間建立一個結盟關係。哈琳·安德生（Harlene Anderson）則發現，合作的學習群組——無論是教室裡的、治療情境中的，或日常生活中的——也都運用到共創意義不可或缺的對話精神。她問了一個問題：我們當如何把共創意義的責任說從學術圈應用在眞實生活上？她然後用實例回答了這個問題。在指出「共創意義」和「追求一致共識」並不相同時，她可以說爲我們的主張做了一個重要的澄清。在擁抱多元聲音所導致的不確定性時，我們努力以赴的目標並不是一致共識，卻是一種迎向「不明確、尚待出現之可能性」（原書頁 68）的開放心態。

　　同時，這些思想交流也讓我們發現，我們必須稍微修正一下我們在第一章中所構想的意義共創說。我們原先的重點——把傳統的究責模式轉變為共同責任的探討——現在必須朝更正面的方向延伸。這些回應對我們發出的結盟邀請讓我們發現，究責範圍（context of blame）應僅是「共創意義」責任說所探討的一個面向而已；我們必須視這種責任意識也會出現在一切導向建設性成果的合作行動中，或所有可建構更美好未來的人際關係內。這個建議非常吸引我們；我們稍後會再回頭討論它。

　　伊恩・柏吉特（Ian Burkitt）也讓我們發現，我們的主張可以應用於帶來正向成果的作法中。他明確指出共創的意義會如何影響個人的道德抉擇（individual ethics）和群體的道德規範（social ethics）。我們特別感謝他做了一件事情：他勇敢地使用意義共創的說法去解釋一件極其兇殘、至今仍讓人無法理解的歷史事件。以下是他針對反猶大屠殺所說的一段話，值得我們在此轉述：

　　　即使了解反猶大屠殺事件是由各種時空因素所導致，我們也不能因此就認為這事件在道德上有任何可取之處，或認為人們不須為之負起責任。企圖從關係的角度獲得了解，意謂的是：我們必須轉移關注點，不再一心執著於譴責，卻想知道是什麼樣的政經文化環境容許了這類罪大惡極之事的發生，而我們每個人都大有可能會在這種環境的形成過程中參上一腳，因而也負有某種比例的責任。因此，我們要問的問題不單是誰該受到譴責，也是我們當如何防止這種關係組態重現於未來？

　　在進一步闡述意義共創說可能帶來的改變時，柏吉特雖然發現權力不對等往往造成種種阻礙，但他依然樂觀地相信，媒體及通訊科技的全球化以及關係網的不斷擴大或許可以降低傳統權力架構的影響力。對此，約翰‧藍納曼（John W. Lannamann）卻不太有信心。他用一種有趣的方式支持我們的說法，但仍把他心中的疑惑說了出來：以共創意義爲責任的人反而會向權力擁有者背後的主流論述讓步。他以電影《神祕約會》中女主角蘿伯塔的困境爲例指出：如果家庭主婦蘿伯塔想循共創意義的途徑來追求獨立自主、擺脫她丈夫大男人主義的掌控，她終會被迫放棄這樣的追求。在藍納曼的眼中，爲共創意義負起責任，其結果不過是繼續受到壓迫而已；也就是說，蘿伯塔仍不得不停留在一個只允許她扮演幼稚無知者角色的婚姻關係裡。同樣的，藍納曼也懷疑，在面對一個不肯妥協的聲音、一個固執己見的同事或一個握有權力的上司時，願意爲共創意義盡一己之力的個人最終會不會屈服。換句話說，願意傾聽其他聲音、相信這些聲音並邀請它們進入對話的個人，是否在冒一種被對方完全否定的風險？

　　我們必須承認，這些也都是我們在實際生活中十分關注的問題。莎莉安‧羅斯（Sallyann Roth）在她的默想中也提到這些問題：「我怎樣才能不讓受傷、無助、憤怒或輕蔑的感覺掌控我？我怎樣才能不認定另一個人或另一群人才是眞正的麻煩製造者？」（見第八章）。我們必須提醒自己：共創意義的責任並不是一種道德呼喚；它出聲邀請個人去做的事情是跟他人共同創造意義。一旦屈從強勢的他者或扮演橡皮圖章的角色，個人將無從參與意義的延伸，反而最終使意義變爲陳腔濫調。同樣的，用挑釁的態度拒絕接受他人的意見，也會使共同創造未來變爲不可能。因此，每一個人——

在我們眼中，每一個人都是一個合成體——或許會用不同的方式為意義的發生創造空間和機會（或阻礙意義的發生），但這一過程並不會製造出個別英雄或個別惡棍。

對我們來講，最重要的問題是：當我們面對令人不悅的他者時（莽撞的人、心胸偏狹的人、卑劣下流的人），除了屈服或衝突外，我們是否還可以訴諸別的溝通方式？我們能否創造出可以擺脫贏者／輸者或強勢／弱勢這些二分法的對話？舉例來講，如果我們能以同理心與他人打交道，那麼我們將會如何重新看待對方的莽撞作為？在聽見反應激烈的聲音時，我們如何能聽出其中的驚慌和恐懼？我們如何能察覺，要求個人扛責的聲音有可能是在邀請我們以共舞者的姿勢做出回應？在對話時，我們能不能發現彼此相倚、或發現世界是由我們共同創造出來的？我們能不能把其他聲音帶進對話中、打開新的對話方向？我們能不能建構一套語言，用以捕捉集體成就所帶來的喜悅、群體間的同步行動、以及我們在合作解決問題及闢出新途徑時感知到的新可能性？提出這些問題確實比回答它們要容易得多。但這些問題對我們來講仍是必須面對的挑戰；我們將在討論權力差異時再來面對這個挑戰。

瑪莉·格根（Mary Gergen）的論文和約翰·藍納曼的論文形成一個對比，但同樣讓我們從中學習到新的東西。她並不擔心我們在拋棄個人責任說時會失去什麼，反而擔心我們的主張仍帶有濃厚的傳統個人主義及本體論色彩。她指出，在沒有明講的情況下，我們仍然在字裡行間請求讀者「負起責任」（只不過現在必須對「關係」負責），並賦予這請求道德訓諭的功能。即使沒被置於本體論的道德哲學內，這個訓諭仍然成為了無止無盡的責任。我們所說的責任意識似乎只會造成一個結果：「加害者與受

害者之間的責任關係永不可能改變……人即使一輩子致力於修復關係，也不可能有任何進展，就像遭到永恆懲罰的西西佛斯一樣」（見第九章）。她希望用「感知和珍惜我們與他人他物之間的連結」（relational appreciation）來取代「為關係創造意義的責任」（relational responsibility）一詞。我們非常重視這個看法，認為它提供了我們新的思索方向。

在做出回應時，我們首先要重申，「為關係創造意義」的呼籲並不是針對任何單一個人發出的。如我們先前已經指出的，這種責任不可能由一個人單獨承擔，而是屬於每一個關係成員。但我們覺得瑪莉的觀察是對的：甚至在解構「責任」一詞之後，我們仍試圖在個人主義及本體論的道德傳統中為自己的新訴求尋找依據。有人會覺得我們的呼籲是針對他們個人而發，並覺得這呼籲的理論依據就是先驗哲學的道德觀（transcendental ethic）[2]。的確，我們並不想立刻拋棄「責任」一詞，反而發現：從關係的角度來探討責任，那會是一個有用、事實上有利於其意義之演變的作法。我們認為，從名詞系統完全抹除「責任」一詞是不可能的事情。就像瑪莉對「離婚」字義之演變所做的描述，我們的建議是：擴充責任一詞的意義。如果責任、扛責、行為自主能力和意圖是我們在共同相處時必須面對的核心議題（如藍納曼在其文章中指出的），那麼對我們來講，從關係角度重新定義這個名詞是值得一試的努力。因此，正由於建構這名詞的傳統如今受到了質疑，它反而可以成為我們對話討論的重點；全新而缺乏字義傳統的名詞是無力帶動對話的。

此外，瑪莉所說的「感知和珍惜我們與他人他物之間的連結」深深吸引了我們。她發現這說法跟我們的關係理論有相通之處，而我們也認為如此。我們也發現自己的這個理論和庫波里德及惠

特尼在他們兩人合寫的文章中、以及安德生在其個人文章中所提到的實際作法有相通之處。在發現我們最初的分析因此變得較為柔和、不再那麼稜角分明，而且新的用語——如「感知和珍惜」（appreciation）——和我們的用語可以結合時，我們感到非常高興，新的重點和新的方向因此受邀加入了對話。但與其說我們打算放棄先前的用詞，不如說我們打算擴大這用詞的實用性。我們覺得保留責任概念是必要的，不僅因為它比「感知和珍惜」這概念更為大家所熟悉、可以讓大家在預知其字義傳統的情況下立即進入對話，也因為它更直接挑戰了社會建構論批判者的說法：社會建構論沒有道德立場或不論是非和責任。然而，在保留這概念時，我們並不會下達禁令、不准它進入能改變其意義的對話討論中——這樣的對話討論只會發生在互相感知和珍惜的同伴之間。

從敵意到理解

在共鳴的聲音直接充實這場對話時，反對的聲音卻在內容和

2　譯註：指德國哲學家康德所說之普遍存於人心的至高道德諭命（categorical imperative）。針對十七、十八世紀的經驗哲學（empiricism）——視每個人出生時都如同一張白板，其一切知識全來自後天的感官經驗——康德的知識論 transcendental idealism 則認為，某些知識源自人心固有的理性，在個人肉體生命形成之初就已存在，是所謂的 a priori knowledge（先驗知識）。至高道德諭命即是此種知識之一，出自康德所說的純粹理性（pure reason）；個人根據這理性、以自由意志採取的行動才稱得上是道德行動，不同於出自利害（後果）考量——康德稱此種考量為現實理性（practical reason）或工具理性（instrumental reason）——的行動。

形式上爲我們帶來雙重挑戰。在受到批判的情況下，身爲作者的我們會「自然而然」擺出防禦的架式以做回應；如果批判之詞十分苛刻，我們會在一怒之下報以充滿敵意的駁斥。這些常見於傳統意見交換場合的回應方式，好像對於意見的交換也會有些益處，因爲批判能指出弱點和侷限，而抗辯則要求我們仔細思考那個批判所提出的論證，除了發現其中的錯誤外，也有必要在其中發現可能的啓發。因此大家都相信批判可以增進了解。但我們卻發現，這樣的意見交換事實上跟譴責個人相去不遠：作者被認爲必須爲其作品中的謬誤負責。作者的抗辯或駁斥會維繫這種意見交換的形式，因爲原先的批判者這時倒過來成爲被譴責的對象。就在戰線變得愈來愈明確之際，我們也愈來愈接近關係破裂的邊緣：「既然我們意見相左，你走你的陽關道，我走我的獨木橋。」雙方的主張壁壘分明，使得接下來的意義共創變成了不可能。因此，雖然我們很想依照傳統、使用言詞交鋒的方式來做出回應，但我們最後決定尋找別的回應方式。最重要的是，我們的主題也要求我們必須找到更符合共創意義之責任觀的回應方式。

讓我們思考一下狄茲（Stanley Deetz）和懷特（William J. White）以及馬山尼克（Michael J. Mazanec）和杜克（Steve Duck）分別合寫的兩篇文章。我們把它們並列在一起的原因是，它們都使用了強烈的譴責語言，而且都認爲我們無視權力、地位和差異所造成的問題。首先讓我們看一看它們類似的修辭形式：狄茲和懷特認爲我們「眼中的世界過於仁慈、〔我們〕的感性太屬於中產階級、〔我們〕的期望太像學者的期望」（見第十章）。我們之所以受到譴責，是因爲我們「對討論（discussion）和對話（dialogue）所做的概念探討缺乏理論基礎而顯得粗略」（見第十章）。我們被告知，我們的

「立場之所以有問題，也是因爲〔我們〕建議的對話機制（dialogue mechanisms）以及〔我們〕致力追求的共識理解都嫌論證不足……在許多文化批評理論學者——如哈伯瑪斯——的身上也〔可以〕看到相同的弱點」（見第十章）。馬山尼克和杜克也用類似的修辭指責我們：「邁可納米和格根提到……使得讀者甚感不解」（見第十一章）；「問題不在分析本身，卻在無法做成完整的分析」（見第十一章）；「邁可納米和格根……所持的反對理由……顯然忽略了……」（見第十一章）。

如果依循先前的對話傳統，我們的正常反應會是在動怒之下予以反擊。我們不僅會試圖表明那些評論不夠公正並混淆重點，而且還會進一步證明它們意圖支持的說法多麼愚不可及。這些都是我們在被指責爲失敗者時常會做出的反應。但如今我們卻必須自問：在回應時，我們能否根據我們在最初幾章提出的論點，用共創意義的心態取代自然產生的敵意？用更明確的話來講，我們的回應方式能否維繫我們跟那些作者的關係、能否降低彼此不願繼續溝通的衝動、讓我們得以繼續對話而共創意義？

讓我們在這裡先討論修辭的形式，然後再討論批判之詞的內容。從一開始，內在他者就可能已然存在。我們會在動怒之下指責我們的批評者，或視他們的曲解及惡意乃出自他們的自主意志而攻擊他們。然而，如此做的話，我們究竟回應了誰的聲音？我們的批評者真的是在此說話的人嗎？還是說，我們或許可以認爲他們的批評來自他們（或我們大家）所參與的文化傳統？舉例來講，在這些批判的聲音裡，我們難道沒聽見父母的斥責、師長的糾正、以及——這是最近才被釀造出來的東西——身分政治運動（identity politics）常使用的謾罵之詞？無疑的，這些都是信仰馬克思主義的

批評家常用的語言，而且有時還流通於學術界各個角落。因此，與其針對作者本人惡言相向，我們是否更應當質疑學術界和整體文化所使用的批評語言？無疑的，這些作者並不希望跟我們進入互相譴責的關係模式、然後永遠分道揚鑣。他們若是知道這種後果是這些特殊語言造成的，他們會不希望跟我們一起尋找其他語言嗎？

如此說服自己之後，我們現在準備用更包容、較不好戰的方式來檢視他們的一個主要不滿：對於權力問題，我們的立場似乎過於軟弱。我們要用兩個部分來回答這個質疑。首先，我們的社會建構論立場要求我們維持一種懷疑的態度：權力必然是詮釋當下發生之事的最佳切入點嗎？我們並不是不用這個名詞，而是對於它的含義可能造成的問題（performative implications）有所疑慮。就現在的討論來講，我們至少想避開下面這個問題：權力的討論常發生在譴責他人的情境中。我們總希望那些擁有權力的人必須爲壓迫他人、剝削他人、違背公平正義等等受到譴責。在這一方面，被用來討論權力的語言跟我們兩人想要擴充的個人主義究責語言非常相似。就其指控的形式來講，被用來討論權力的語言常淪於挑釁和仇恨，並往往導致敵意的深化。當社會如此對立時，共創意義的責任就一定會被拋置一旁。因此，在打出權力牌之前，我們最好還是稍稍遲疑一下；權力牌或能讓人充滿義憤填膺所帶來的快感，但其結果卻很可能是（或常常是）：衝突更加惡化、現狀更難改變。

說完這番話後，就讓我們用更嚴肅的態度來思考那些被我們的批評者視爲權力不平等的對話情境——他們覺得我們的建議在這些情境中是行不通的。說得更具體些，我們打算重新思考一下狄茲和懷特提到的案例，在其中學生們覺得自己沒有權力或聲音來改變教授們的立場。如果我們仍把此種狀況構想爲一場衝突，我們應如何

處置它？在認爲我們的各種說法無法解決問題時，我們的批評者很可能是對的。舉例來說，即使學生們在自己身上發現了內在他者的聲音、或察覺當時的狀況是他們和教授們一起創造出來的，那也不可能改變任何事情。教授們仍會不爲所動、根本不可能改變他們的行事風格。

然而，與其批評我們的主張，難道我們不能把這問題當成進一步思考這主張的跳板？我們在前面曾對藍納曼的一個擔心——爲共創意義負起責任的人往往不得不屈服於不講理的對方——做出回應；現在我們要補充一下我們的回應。如果在這些狀況下我們所主張的責任形式是行不通的，而攻擊權力結構也一樣會造成問題，那麼還有沒有我們或可採取的其他作法？更具體來講，我們能不能把足以促成意義共創的作法擴大運用到被一般人指爲權力不平等的情況中？換言之，我們能不能擴大討論，來涵蓋更多對話場景？這的確是個極具挑戰性、我們只能以集思廣益的方式來求取答案的問題。在面對那些不認爲聆聽有必要、且無意改變現狀的對談者時，我們能用什麼方法啓動可促成改變的對話？要探討這個區塊，我們勢必要爲共創意義之責任的探討愼重其事地加寫另外一章才行。

卡爾·湯穆（Karl Tomm）的文章也反對我們的主張，但它一方面跟上述兩篇文章在修辭上形成對比，一方面也啓發了我們。狄茲和懷特以及馬山尼克和杜克往往用責難的姿態表達意見，但湯穆卻在維護一個顯然跟我們的主張相反的立場時，迴避了那樣的姿態。他擁護個人責任說，並描述那些被他用來增加個人能力、使個人能爲其行爲負起責任——「用更負責任的態度選擇行動之道」（見第十二章）——的治療步驟。這說法顯然與個人主義有密切的關係。然而，他並沒有直接責難我們，反而選擇跟我們對話。他

用挑戰的口吻問：

> 我倒想知道：當共同責任的追溯變得困難重重時，他們會
> 怎麼說？在沒有明確指出或至少提示尋索範疇的情況下，
> 他們是在招募我們加入一個無限逆行、沒有盡頭的尋索，
> 最終要我們落腳在虛無之界嗎？一無立場會如何影響個人
> 的選擇？選擇不固執於定見的人，是否較容易被自認立場
> 有所本的人佔上風？……我們能明確指出尋索中的危險點
> 嗎，例如，當責任共有的觀念竟然為毀滅性的行為找到了
> 脫罪的藉口？（見第十二章）

然後他用比較有點攻擊性的口吻結束他的一連串問題：「我認
為，不經思索且漫無方向地尋找這類解釋和藉口，會給社會和文化
帶來極大問題，是極端不負責任的作法」（見第十二章）。

藉著這些對話動作，湯穆的文字反而促使我們願意和他一起進
一步探討這些問題。湯穆、狄茲、懷特、馬山尼克和杜克都支持譴
責個人的傳統。對他們來講，我們的主張或可適用於一群有教養的
人，然而社會上就是會有一群做出可憎之事的無恥之徒。我們豈能
對之視而不見、不對這些人施以懲罰？也就是說，他們認為責任共
有的說法會讓這些人擺脫責任的羈絆，而這可是他們非常不樂見的
事情。湯穆的文章使我們願意和他一起思索問題，但現在我們要用
什麼方式回應其他人的這些疑慮？我們的確自始至終都認為，設法
拋棄譴責個人的作法是必要的。我們覺得，無論在理論上或在實際
作法上，我們都有很好的理由來追求這個目標。然而，一旦聆聽那
些也存在於我們自己心內的各種聲音，我們就發現，我們自己在內

心深處也能和這些贊成個人責任說的聲音發生共鳴。在聽到希特勒或提摩西‧麥克維（Timothy McVeigh）[3]的冷血行徑時，我們怎可能不感到恐懼？而且，在聽到犯罪者受到懲罰、甚至被處死時，我們不也覺得大快人心？這些傳統的責懲形式是如此根深蒂固，以致人人都認為義憤填膺是再自然也不過的人之常情，甚至認為沒有這種情感的人缺乏人性。這就是我們西方人的生命態度。

我們在此與其說想拋棄這種生命態度，不如說更想了解孕育這態度的時空背景以及它的侷限性。我們想做的是：去除「譴責並懲罰」這種強烈心理傾向所依據的本質主義思維，並盡力探索可促使意義不斷透過對話被建構出來的其他思維和作法。對世上所有的希特勒們發出嚴厲譴責並迅速採取報復手段，這絕對是正確的行動——在這方面，我們跟伊恩‧柏吉特（Ian Burkitt）的想法非常相似。然而，在訴諸這樣的行動時，我們必須清楚知道：我們所採取的報復手段事實上也粗暴無比。如果我們先前——例如在我們疏遠、厭惡或仇視他者的時候——曾試圖用共創意義的方式和他者對話，那些兇殘的事情或許就不會發生。此外，反猶大屠殺和奧克拉荷馬市爆炸案本身就是把譴責加諸他人身上的行徑——由於認定某一群人必須為不義之事負責，這些事件的發動者憤而採取行動、意在毀滅前者。

我們在伊羅‧黎寇能（Eero Riikonen）的評論中發現自己再次受到譴責和反擊之舞的誘惑。他對我們的指責是：「如同我們在本世紀所見到的，凸顯集體之重要性的言語或思考也照樣會帶來極

3　譯註：1995 年奧克拉荷馬市爆炸案的兇手。

其可怕的後果」（見第十三章；他所說的後果是指反猶大屠殺事件）。我們原本很可能會被這指責激怒，尤其因為我們覺得自己對於關係的強調根本和效忠團體或組織無關。而且，在他譴責我們「常喜歡運用反情感後現代社會最重視的抽象思辨和智性思考」（見第十三章）時，我們也覺得自己遭到了莫名其妙的誤解。我們甚至還可以反擊他說：他自己在詳細分析對話時也運用了冷冰冰的抽象思辨。我們不難發現，他的批評漠視我們的文章事實上用了許多篇幅概述有關的作法。因此，我們可以擺出反擊的架式，特別瞄準他的一個問題：在竭力主張「真正對話」的時候，他卻讓我們覺得他的勸誡無法導致真正的對話。但由於我們試圖維繫對話關係，我們能否用別的方式來回應他的文字？

　　很幸運的，黎寇能的文章提供了多樣的觀點，因此也打開了許多可能性。我們發現，他的一個說法特別具有意義——他說：「巴赫金所說的對話事實上就是共創意義之責任意識的呈現」（見第十三章）。我們最初覺得這句話頗有問題，因為：如果——如他所堅持的——所有溝通都具有對話性，那麼我們是不是應該就下結論說，任何人在任何時候都具有共創意義的責任意識？但黎寇能接著用他文章的其餘篇幅修正並以理論闡述了這句話；在這麼做的時候，他把一種特殊的對話形式、也就是他所說的「真正對話」描繪了出來。在他的構想中，真正的對話具有以下特色：對話者願意互相聆聽（mutual curiosity）、不自覺而自然而然對話、字語遊戲（word play）以及幽默。然而我們認為，有許多對話形式雖不具有這些特色，卻仍可被稱為真正且可貴的對話，例如：教師與學生的對話、探索彼此情感的情人對話、跟垂死父母的對話等等。但黎寇能還是打開了一個可能性：共創意義的責任可以被運用到更多作法

上——比我們最初列出的作法要多上很多。當我們把主要重點放在指控性語言所造成的問題時，黎寇能讓我們看到共創意義的責任適用於所有的對話和溝通。在試圖指出他心目中的啓發性對話應含有那些元素時，黎寇能爲另一場新而重要的對話打開了一扇門。

平行的説法

我們最後想回應的文章在探討方向上跟我們的主張並沒有明顯的關連。它們的作者引進了一些似跟我們的關注有關、但又截然不同的主題或作法。在某種意義上，它們是其作者從我們的主張發想寫出的作品，但用最具創意的方式打開了新的離題對話，因而在針對共創意義的責任交換意見時，這些文章爲我們帶來了有趣的挑戰。如果我們對這些嶄新的方向視若無睹，我們必會辜負它們的挑戰；如果不說話或不想回應，我們必會快速終結意義的探討。然而，全心加入這些文章所開啓的嶄新對話，也必然會削弱我們的最初主張。許多新的方向會吸引我們，致使本書的主要目標變得分散而不集中。那麼，我們能用什麼方法把平行的對話轉變成意義的匯流？

首先讓我們來討論蕭特（John Shotter）和卡茲（Arlene M. Katz）合寫的文章。他們的核心想法跟我們的主張不僅十分相似，甚至在闡述對話過程時，還活潑生動地延伸並充實了我們對意義共創所做的分析。他們對出現於對話中的第三方——也就是對話者在意義出現之刹那共同感知到的「滿有生命的我們」（the living we）——所做的討論尤其具有神奇的力量、足使我們的想像力飛揚起

來。但在認爲獨白（monologue）和對話是截然不同的溝通形式時，他們的分析卻和我們的有所分歧。我們並不像他們那樣希望讀者在關係中放棄獨白、改採對話的作法，而是強調意義只會在對話中出現。如果一個人在說話時全然漠視他的聽者、只有在他想利用那聽者時才想到對方，那麼——傳統上——他的行爲當然會被視爲自說自話（Sampson，1993）。然而，只要它能讓人理解，這種行爲依然具有對話性。蕭特和卡茲的回應最引起我們興趣的地方是：他們並沒有針對對話過程做出分析和描述，而是用即時展示（living demonstration）的方式把共創意義的對話過程呈現出來。

我們要如何看待這頗具創意的回應？它的確和我們的主張有相通之處，但它把焦點轉移到了一個我們未曾設想到的方向。這個焦點轉移的動作或許含有批判我們的意味，因爲我們的文字偏重描述和分析、甚於呈現。同時，由於他們大部分的呈現都在描述和解釋對話，我們似乎就無法再用分析的方式回應他們。要和他們的文章建立更有意義的關係，我們在其中找到了一個可助我們達到這目標的關鍵詞：**負責任的回應**（relational responsivity）。這個和 relational responsibility 押頭韻（alliterative）的變詞，讓我們現在可以去探索我們最初的分析有包含、但沒有明白說出的意義。在這方面，它的功能就像瑪莉・格根用以取代 responsibility 的 appreciation（感知和珍惜）很相似。就我們現在的討論來講，「負責任」當然就是指「願意給予回應」，但後者也帶有前者無法傳達的另一些含義。那麼，願意給予回應是指什麼？這個問題讓我們想起黎寇能提出的一個類似方向：在共創意義的責任和眞正的對話之間劃上等號，並以「願意互相聆聽」（mutual curiosity）做爲眞正對話的一個必要條件。一個新的對話方向再次出現在我們的眼前：我們能用

什麼方式思索及展現回應能力、讓我們能夠重視它在共創意義的對話中所發揮的正向作用？

羅伯特・考托爾（Robert Cottor）與莎倫・考托爾（Sharon Cottor）也以巧妙的方式把共創意義之責任的含義做了重要的改變。在許多方面，他們的分析也和我們所說的共創意義十分類似。在強調共創意義、分工（coorperation）及對話（collaboration）、以及「我們」意識的形成時，考托爾夫婦頗有說服力的說法跟我們的主張是同步的。但在他們向其案主提出的許多問題當中，我們卻發現共創意義的責任在含義上發生了微妙的改變。不像我們所主張的，他們並沒有邀請他們的案主僅為共創意義負起責任，反而認為個人也必須為自己與他人之間的緊張關係負起責任。在設計問題時，考托爾夫婦非常強調一點：問題能否促使案主思索自己在關係中對別人可以做或不可以做哪些事情？他們能用什麼方式改善目前的關係？在某些方面，考托爾夫婦的目標跟我們的目標是互相抵觸的，因為他們仍然借用了被我們質疑的個人責任傳統。

但我們認為他們的全篇說法可以帶來的新可能性，因此我們願意把兩種說法混合起來：既不完全使用個人主義的語言，也不完全擁抱我們所提出的「因關係而存有」的理論。在把家庭視為關係網、其中每一個成員都必須為其他成員負責以謀全體利益時，考托爾夫婦超越了傳統的個人主義；他們視家庭成員的關係網為重要的單一關係體，但個人必須為這關係體的福祉負起責任。就其成事的功能（rhetorical impact）[4] 來講，這個「關係網」隱喻頗值得我們

4　譯註：見本書前面討論過的語言成事功能（performativity）。

進一步討論。個人有責的觀念在社會上是如此普及並主導人心，致使我們提出的激進說法——拋棄個人有責的觀念——很可能落到被眾人聽之藐藐的下場。擴充隱喻庫——尤其以納入更多現有的文化用語爲方向——是非常值得我們努力以赴的目標。

佩琪·潘恩（Peggy Penn）和瑪莉琳·法蘭克福（Marilyn Frankfurt）合寫的文章再次把我們帶往一個我們不曾預想到的方向。佩琪就她和湯姆·安德生共同主持的一節治療——案主是兩位愛滋病患者——所寫的那篇感人描述，加上瑪莉琳就意義從聲音循環之間隙（interstices）出現所做的解釋，確實和我們的某些想法有關。然而，我們卻看不出他們的討論跟我們的核心主題——以共創意義爲責任——有什麼直接關係。我們能用什麼負責任的方式回應她們的討論、同時又能進一步探索共創意義之責任可能具有的其他含義？要解答這個問題，我們或可從黎寇能以及蕭特與卡茲文章的角度來理解佩琪和瑪莉琳的文章。在很大程度上，黎寇能、蕭特與卡茲、以及潘恩與法蘭克福分別從不同角度針對對話過程做出討論——黎寇能關注的是互相聆聽和自發性的對話，蕭特和卡茲強調對話者相互回應的能力，而潘恩和法蘭克福則特別強調如何藉身體動作傳遞意義（embodiment）。佩琪的描述讓身爲讀者的我們沉浸在各種視覺意象、聲調、盡在不言中的沉默、以及身體動作之中，使我們強烈感受到對話的身體面向。瑪莉琳在她的回應中也深深感受到這一點，並提到：「湯姆在感同身受中發出的聲音以及他所使用的隱喻語言——這一切都能促成聲音的交流，而他在感同身受中做出的聲音反應何嘗不也是聲音循環中的一環」（見第十六章）。藉著這樣的討論，潘恩和法蘭克福爲我們之前對於共創意義之對話的探討提供了一個非常重要的新方向。如她們再三強調的，我們在此討論的

不僅是言語的使用，也是蘊藏在身體動作中的言語。或者，正如某位治療師曾經說過的（他在針對我們所提的共創意義表達意見）：「你知道，這些或許都是重要的對話方式，但一切都有賴於你怎麼說。」

大學副校長華特・艾格斯（Walter Eggers）根據他的個人經驗、用以討論對話式教育的短文，在討論方向上也顯然跟我們的主張不同。然而，一旦把這短文視爲一位家庭成員寫出的記述，我們便能在它的邀請下走上新的探索之路。如果——如同前面幾章指出的——以共創意義爲責任就是一種願意回應他人的態度，那麼教育工作當然也離不開共創意義的對話。艾格斯的確也用「學習的關係本質」（relational quality of learning；見第十七章）一詞建議了這個方向。於此同時，我們的分析也可以擴充艾格斯的看法。他深受蘇格拉底教育哲學的影響，認爲教師的職責就是在傾聽學生、鼓勵學生，並在跟學生對話之餘挑戰他們，讓他們能夠不斷追求自我成長。但即使在這種關係中，師生雙方依然是各自獨立的生命，前者的責任是爲後者的自我成長安排有利的環境；他是學習的誘導者。然而，從我們的分析來看，我們能否把關係的概念再往前推一步、讓我們可以擺脫一向被人視爲眞理的「獨立」（以及從它發展出來的「互賴」）觀念？用更明確的話來講，我們是否可以發現師生關係本身就是一個單獨的存體，除了透過對應的動作——例如說與聽、注視與注視、指與看——之外不可能擁有意義？

從這立場來看，我們或會發現教育並不是發展學生心智和能力的過程，卻是師生藉對話以共創意義的過程。學習的發生地點並不是個別學生的心靈，而是持續創造意義的師生對話關係。在把共創意義的責任延伸到更多交流形式時，我們或可把對話式學習也納入

考慮。

在許多方面，馬查利（Maurizio Marzari）的回應對這本論文集來講非常具有挑戰性。西方學術研究一向要求論文作者站在單一立場上、並有能力把他的所有論點都歸結到這個立場。結果，作者們最怕被冠以「前言不對後語」和「思考紊亂無章」這些形容詞，而讀者們則被要求必須「知道作者的核心想法是什麼」。然而，在用劇本做出回應時，馬查利的單一立場卻透過不同的角色被折射成了不同的聲音。哪個聲音（如果有的話）代表了馬查利本人的聲音？馬查利有立場嗎？還是說，「一以貫之的立場」這個觀念本身在此受到了挑戰而岌岌可危？身為劇本創作者的馬查利並沒有容許他的作品從單一的立場發聲。就算這作品有這樣的立場，那會是他的立場嗎？會跟他想像出來的那位作者的立場相反？或許，劇中某個角色確實表達了馬查利的立場，但從整體來看，這立場不過是劇本中的另一個聲音而已？或許……我們甚至可以任意詮釋這個劇本？

如果這作品容許讀者任意詮釋它，那麼我們在此想用兩個詮釋來補充它的意義。首先，這篇回應本身就是一個實例，體現了我們所強調的「責任不在個人，而在重重連結的眾關係網」。馬查利在他劇本中所運用的手法，讓我們無法認定他必須為他所做出的回應負責。我們也無法確定哪一個角色——如果有的話——必須為之負責；更確切地說，我們無法確定的是：角色們的意見當中有沒有任何一個應被賦予真實性（authenticity）、讓我們可以「找到作者」？在創造充滿各種聲音的劇本時，馬查利讓我們看到：我們似應克服向個人究責的強烈衝動。

更重要的是，在依照這個思考方向繼續前進時，我們發現：

馬查利的回應也促使我們用更主動、而非反動的方式來思索共創意義的責任。在我們最初提出的每一個案例中，都有自認高人一等的個人指責他人缺失的情形。我們的目標是提供資源、讓關係成員能用共創意義的回應方式來取代破壞關係的回應方式。但在補充馬查利文章的意義時，我們發現，我們也必須把那些在譴責發生前就能啟動共創意義之對話的言行納入考慮。馬查利的文章不就在邀請我們在日常關係中更常運用合乎對話精神的言語、更願接納那些總在我們的關係中對我們發聲的不同意見？我們必須完成的艱鉅任務是：撼動西方人對單整主體（unified subjectivity）、個人行動意志（singular agency）、真實獨特之我（authentic singularity）這些觀念的執著，並根據「我們的個人身份隨時會因他者而改變」的概念來開關對話途徑[5]。

結論：擴充與豐富化

我們用兩種方式做出了以上的回應：第一，在回應我們對話者的所言時，我們希望進一步充實「共創意義」的概念和作法；第二，反思我們當如何做出回應以維繫對話。接下來，我們要摘述一下這場意見交換如何擴大了我們最初提出的主張。我們認為，這場

5　譯註：對照前半句意譯。原文為…and open ways of relating that demonstrate our myriad lodgments in others。Lodgments in others 應和格根所說的「個人因關係而存有」（relational being）有關，也和巴赫金對話哲學的 intersubjectivity 概念相通。

對話為我們打開了重要的新視野，其中最重要者如下：

共創意義是真實生活的一部分

　　前面的所有對話讓我們認知到一件重要的事情：共創意義的概念可以再加以擴充，使它更具有生命力。我們最初的重點是用它來取代怪罪個人的傳統，但庫波里德與惠特尼、安德生、黎寇能、以及蕭特與卡茲都指出這概念可以應用到更廣泛的事務上。我們從他們的文章發現，如果在討論這概念時能把一切對話行為——從最日常的到最嚴肅的——都納入考慮，我們的立論或會更加充實。在對話時，一般對話者常訴諸的回應方式會維繫或阻斷共創意義的對話到什麼程度？爭辯、喋喋不休、或不做回應，不就跟譴責對方一樣會使對話無法進行？我們能否使眾人都充分意識到共創意義——正面意義——的責任？我們能夠的機率看來是非常高的。

　　然而，如我們的對話者同時指出的，共創意義之說的影響範圍不僅止於對話。例如，傳統教育深受個人主義的影響，視個別學生必須為他們自己的成功或失敗負責。而且，教學方法一般都偏重某些聲音（語言或說話風格）而邊緣化其他聲音。一旦從共創意義之說的角度來思考這些作法（安德生和艾格斯都邀請我們這麼做），我們就能看出它們的侷限，而去思索是否還有別的作法。傳統的治療，在強調專家或治療師高人一等（相對於案主而言）的專業知識時，也常有類似的運作方式。在屈服於治療師對問題和解決之道所持的見解時，案主往往必須切斷他們所擁有的其他人際關係。治療師喜歡用案主的童年受虐經歷來解釋後者成年後的問題，也是一個值得我們關注的情況。在用共創意義之說的角度思考傳統

的治療作法時，我們一樣可以啟動一場重要的對話。

屈服於權力或改採其他策略

　　正如柏吉特、藍納曼、狄茲與懷特、以及馬山尼克與杜克指出的，我們最初的主張忽視了所謂的權力不對等關係（power relations）。而且，在我們提出的說法中，我們也往往認定所有對話者都擁有發言和被聆聽的權利。這個問題使得我們必須朝新的方向做出探討：如果一個人想緩解難堪的狀況，而這些狀況有一部份是由另一個因擁有資源而漠視這人聲音的人造成，前者要如何繼續持守共創意義的責任？要回答這個問題，我們也許必須先在架構權力差異的社會語言（power discourse）之外找到其他可被用來建構關係的社會語言。我們發現，信仰權力的人很容易擺出攻擊的姿態，因而往往挑起抗拒和報復，致使共創意義的可能性大大降低。在對話中，願意負起共創意義之責任的人能否在抗拒和報復之外，採取其他態度來促成改變？

　　我們很想知道，珍惜我們維繫對話的能力是否就是這些態度之一？在此，我們談的是能夠帶來改變的對話，而非維持現狀的對話。改變的可能性只會出現在對話者雙方都想改變的情況中，不是嗎？但是，一旦有人想玩權力遊戲，我們要如何跟他繼續對話？當我們覺得對方不肯妥協的聲音刻意誤解或恫嚇我們的時候，我們還能倚賴那些以維繫對話為主的對話策略、希望自己能從那已成常態的權力不對等關係走向其他可能性嗎？這並不是要我們仍然倚賴不成功的對話策略──我們並沒有建議遭受身體或言語暴力的妻子繼續原諒和忘卻丈夫的言行。我們尋求的是那些能讓我們留在對話

中、使我們有機會改變現狀的言談策略。我們希望，這樣的對話或許可以暫時擺脫架構權力差異的社會語言——使權力最終主導所有關係的就是這種語言。

討論權力差異和強弱有別之所以困難重重，大部分的原因跟我們所使用的主流語言（justificatory discourses）——也就是那些在群體生活中主導我們言談和存在意識的思維——有關。由於爭取權力的語言正盛行於如今的身分政治文化中，我們幾乎找不到可以推動另類對話的辦法。當我們為維繫對話所做的努力有可能被其他人視為屈服、軟弱、或無力招架時，我們難道就該因為沒有別的辦法而束手無策嗎？創造新的共同未來有賴共同的努力；如果我們無法互相正向回應、一起建構新的未來，那麼強調權力差異和強弱有別的思維——以及因之產生、講述缺陷和病態的語言——就會繼續和我們同在。

我們認為，這些問題使得我們或有必要擴大這場對話、把經常在這類情況下與人打交道卻獲致成功的人都納進來——他們包括了公務員、社區／社群成員、夫妻等等。一場公共論壇或許有其必要性。

擴大語彙

正如瑪莉・格根以及蕭特和卡茲指出的，「責任」這個用詞尤其有可能導致不幸的後果。他們邀請我們稍微轉移這個焦點、去納入其他與之密切連屬的用詞。例如，如果我們用「感知和珍惜我們與他人他物之間的連結」（瑪莉・格根）和「負責任的回應」（蕭特與卡茲）來取代「以共創意義為責任」，我們就能擁有更多的字義聯想、價值觀以及——最終來講——作法。他們的警告——要我

們不可凝固「以共創意義為責任」的說法──是正確的，因為這麼做只會使人對之麻木無感，就像被凍結的對話使人麻木無感一樣。

同樣的，藍納曼和考托爾夫婦（Robert Cottor & Sharon Cottor）也認為，在探索共創意義的責任時，我們不應對個人主義的正面影響視而不見。他們雖未支持個人主義的傳統，但他們的評論各以不同的方式指出了一個方向：納入那些比我們的主張更貼近一般理解的責任概念，以擴大對話的理論資源和作法資源。藍納曼從理論著手，讓我們發現：**個人扛責**（individual accountability）和**個人自主作為**（agency）是重要的觀念，會在許多情境中牽動關係的發展。他認為，個人行動能夠邀請他人一起進入某種文化表演（cultural performance）[6]中。考托爾夫婦用實例說明我們可如何一方面運用演出者最熟悉的語言、一方面改變那些傳統的表演或作法。對此，描述個人的種種隱喻非常有用──例如把個人想像為相連相倚之圖案中的一小段織線，或認為個人之所以擁有某種思考和情感的能力，是因為他們隸屬某種文化。在他們舉出的案例中，考托爾夫婦雖認為個人必須負責，但他們也充分明白個人行動的起源是關係。

積極對話

正如馬查利和其他人讓我們發現的，在尋求其他選項來取代譴

6　譯註：根據文化表演理論，舉凡政治、經濟、法律、教育、宗教儀式、節慶、大眾媒體，以及個人角色（關係角色、專業角色、種族角色、性別角色、階級角色等等）的擔當都是表演（透過語言和身體動作），把社會或團體文化的思維及價值觀上演出來。

責個人的傳統時，我們太過於反動──也就是說，我們太偏重於譴責這個視譴責爲自然反應的傳統。我們現在知道，我們的討論也應該納入對話者積極對話以共創意義的作法──在這樣的作法中，對話者在譴責他人的衝動出現前就知道問題是從關係產生，因而願意設法維繫對話、共同尋求新的理解方式以改變關係。我們認爲，能夠推動這種對話的理論必須先讓眾人理解：爲何被個人用來理解諸般經驗世界（realities）的一切知識及信念都是經由對話被建構出來的、爲何自主個人及單整主體的概念應該受到質疑，以及爲何個人行動都源自關係或體系。這些理性的論述可使我們更加包容他人的錯誤行爲、因而增加對話的順暢度。然而在思索先發主動的負責任作法時，我們也同時想起了這場對話賜予我們的最後一個提示。

共創意義之責任的身體面向

雖然以上種種回應在充實「共創意義」的概念時爲我們打開了許多嶄新的視野，但潘恩與法蘭克福以及馬查利也指出，單靠言語是不足以成事的。我們最初的主張過分強調言語的交換，卻鮮少談到身體的動作。很明顯的，單靠言語的交換並不能讓我們擺脫孤立、走向眞正的對話。此外，好幾位評論者也指出，全然藉身體動作達成的溝通是無法言傳的──在面對這樣的對話時，分析和描述總會束手無策。這些評論使我們開始展望一個未來方向：視身體動作（performance）[7]不僅是使意義從對話產生的一個重要因素，也是一個體現共創意義之責任意識的重要方式[8]。

如今，我們大家面臨的挑戰是：如何把「表演」（performance）這個隱喻納入「以共創意義爲責任」的說法中。筆者希望：本書

能鼓舞大家進一步探索其他強調責任屬於關係成員的作法、並因此探索其他相關的認知方式。

7 　譯註：即 embodied performance 或 corporeal performance，包括姿勢／手勢、聲調、眼神、表情、輔助物件的使用等等。Performance 一字在此有「動作」和「表演」雙重含義。

8 　譯註：意譯。此處原文為 …in which performance is not only a vital element of relational responsibility but in portraying it as well。Portraying 意指飾演而詮釋某個戲劇角色。

【 附錄一 】
參考書目

Adorno, T. W., Frenkel-Brunswick, E., Levinson, D. J., & Sanford, R. N. (1950). *The authoritarian personality*. New York: Harper & Row.

Albert, H. (1985). *A treatise on critical reason*. Princeton, NJ: Princeton University Press.

Alcoff, L. M. (1995). The problem of speaking for others. In J. Roof & R. Wiegman (Eds.), *Who can speak? Authority and critical identity* (pp. 97-119). Urbana: University of Illinois Press.

Altman, A. (1990). *Critical legal studies: A liberal critique*. Princeton, NJ: Princeton University Press.

Andersen, T. (1991). *The reflecting team: Dialogues and dialogues about the dialogues*. New York: Norton.

Anderson, H. (1997). *Conversation, language, and possibilities: Postmodern approach to therapy*. New York: Basic Books.

Anderson, H., & Goolishian, H. (1988). Human systems as linguistic systems: Evolving ideas about the implications for theory and practice. *Family Process, 27,* 371-93.

Antaki, C. (1981). *The psychology of ordinary explanations*. London: Academic Press.

Anzaldua, G. (1983). LaPrieta. In C. Moraga & G. Anzaldua (Eds.), *This bridge called my back: Writings of radical women of color* (pp. 198-209). New York: Kitchen Table: Women of Color Press.

Apel, K-O. (1979). *Toward a transformation of philosophy*. (G. Adey & D. Frisby, Trans.). London: Routledge & Kegan Paul.

Bachelard, G. (1992). *The poetics of space*. Boston: Beacon.

Bakhtin, M. M. (1981). *The dialogic imagination: Four essays by M. M. Bakhtin* (M. Holquist, Ed.; C. Emerson & M. Holquist, Trans.). Austin: University of Texas Press.

Bakhtin, M. M. (1986). *Speech genres and other late essays*. (V. W. McGee, Trans.). Austin: University of Texas Press.

Bakhtin, M. M. (1993). *The philosophy of the art* (Trans. and notes by V. Leapunov, edited by V. Leapunov & M. Holmquist.) Austin: University of Texas Press.

Bateson, G. (1972). *Steps to an ecology of mind*. New York: Ballantine.

Bateson, G. (1979). *Mind and nature.* New York: Dutton.

Baudrillard, J. (1994). *Pensée radicale.* Paris: Morsure.

Bauman, Z. (1989). *Modernity and the Holocaust.* Ithaca, New York: Cornell University Press.

Bauman, Z. (1993). *Postmodern ethics.* Oxford: Blackwell.

Baxter, L. A. (1990). Dialectical contradictions in relationship development. *Journal of Social and Personal Relationships, 7,* 69-88.

Baxter, L. A., & Montgomery. B. M. (1996). *Relating: Dialogues and dialectics.* New York: Guilford.

Beahrs, J. (1986). *Limits of scientific psychiatry: The role of uncertainty in mental health.* New York: Brunner/Mazel.

Beattie, M. (1989). *Beyond codependency and getting better all the time.* Minnesota: Hazelden Foundation.

Becker, C., Chasin, L., Chasin, R., Herzig, M., & Roth, S. (1995) From stuck debate to new conversation on controversial issues: A report from the Public Conversations Project. *Journal of Feminist Family Therapy, 7*(1 & 2), 143-163.

Bellah, R. N., Madsen, R., Sullivan, W. M., Swidler, A., & Tipton, S. M. (1985). *Habits of the heart.* Berkeley: University of California Press.

Benhabib, S. (1990). Afterward: Communicative ethics and current controversies in practical philosophy. In S. Benhabib & F. Dallmayr (Eds.), *The communicative ethics controversy* (pp. 330-369). Cambridge, MA: MIT Press.

Benhabib, S. (1992). *Situating the self: Gender, community and postmodernism in contemporary ethics.* New York: Routledge.

Berne, E. (1964). *Games people play.* New York: Grove.

Billig, M., Condor, S., Edwards, D., Gane, M., Middleton, D., & Radley, A. R. (1988). *Ideological dilemmas: A social psychology of everyday thinking.* London: Sage.

Boscolo, L., Cecchin, G., Hoffman, L., & Penn, P. (1987). *Milan systemic family therapy.* New York: Basic Books.

Boszormenyi-Nagy, I. (1966). From family therapy to a psychology of relationships: Fictions of the individual and fictions of the family. *Comprehensive Psychiatry, 7,* 408-423.

Bourdieu, P. (1991). *The logic of practice.* Cambridge: Polity.

Bowen, M. (1965). Family psychotherapy with schizophrenia in the hospital and private practice. In I. Boszormenyi-Nagy & J. Framo (Eds.), *Intensive family therapy.* New York: Harper & Row.

Boyd, G. (1996). *The A. R. T. of agape listening: The miracle of mutuality.* Sugarland, TX: Agape House Press.

Bracken, P. J. (1995). Beyond liberation: Michel Foucault and the notion of a critical psychiatry. *Politics, Philosophy, Psychiatry, 2,* 1, 1-13.

Browne, B. (1996). *Imagine Chicago: Executive summary.* Chicago: Imagine Chicago. (For more information, call 312-444-9113).

Bruner, J. (1990). *Acts of meaning.* Cambridge, MA: Harvard University Press.

Buber, M. (1970). *I and thou.* New York: Scribner.

Burke, K. (1966). *Language as symbolic action: Essays on life, literature and method.* Berkeley: University of California Press.

關係的責任：永續對話的資源

Burke, K. (1985). Dramatism as ontology or epistemology: A symposium. *Communication Quarterly, 33,* 17-33.

Burkitt, I. (1991). *Social selves.* London: Sage.

Burr, V. (1995). *An introduction to social constructionism.* London: Routledge.

Callon, M. (1986). The sociology of an actor-network: The case of the electric vehicle. In M. Callon, J. Law, & A. Rip (Eds), *Mapping the dynamics of science and technology.* London: Macmillan.

Campbell, D., Draper, R., & Huffington, C. (1989). *Second thoughts on the theory and practice of the Milan approach to family therapy.* London: Karnac.

Caplow. T. (1968). *Two against one: Coalitions in triads.* Englewood Cliffs, NJ: Prentice Hall.

Cartwright, D., & Zander, A. (1960). *Group dynamics.* Evanston, IL: Row, Peterson.

Chasin, R., & Herzig, M. (1994). Creating systemic interventions for the socio-political arena. In B. Gerger-Gould & D. Demuth (Eds.), *The global family therapist: Integrating the personal, professional and political.* Boston: Allyn & Bacon.

Chasin, R., Herzig, M., Roth, S., Chasin, L., Becker, C., & Stains, R., Jr. (1996, Summer). From diatribe to dialogue on divisive public issues: Approaches drawn from family therapy. *Mediation Quarterly, 13,* 4.

Cooley, C. H. (1922). *Human nature and the social order.* New York: Scribner.

Cooperrider, D. (1990). Positive imagery, positive action: The affirmative basis of organizing. In S. Srivastva, D. Cooperrider, & Associates (Eds.), *Appreciative management and leadership.* San Francisco: Jossey-Bass.

Cooperrider, D. (1996, October). The "child" as agent of inquiry. *The Organizational Practitioner,* 5-11.

Cooperrider, D. L., & Srivastva, S. (1981). Appreciative inquiry into organizational life. In W. A. Pasmore & R. W. Woodman (Eds.), *Research in organization change and development* (Vol. 1, pp. 129-169). Greenwich, CT: JAI.

D'Andrade, R. G. (1987). A folk model of the mind. In D. Holland & N. Quinn (Eds.), *Cultural models in language and thought.* New York: Cambridge University Press.

Deetz, S. (1990). Reclaiming the subject matter as a moral foundation for interpersonal interaction. *Communication Quarterly, 38,* 226-43.

Deetz, S. (1992). *Democracy in the age of corporate colonization: Developments in communication and the politics of everyday life.* Albany: State University of New York Press.

Deetz, S. (1995a). Character, corporate responsibility and the dialogic in the postmodern context. *Organization: The Interdisciplinary Journal of Organization, Theory, and Society, 3,* 217-25.

Deetz, S. (1995b). *Transforming communication, transforming business: Building responsive and responsible workplaces.* Cresskill, NJ: Hampton.

Deetz, S., & Haas, T. (In press). Approaching organizational ethics from feminist perspectives. In P. Buzznell (Ed.), *Feminist perspectives on organizations.* Thousand Oaks, CA: Sage.

Derrida, J. (1976). *Of grammatology.* Baltimore: Johns Hopkins University Press.

Derrida, J. (1991). *Eating well or the calculation of the subject: An interview with Jacques Derrida.* (P. Connor & A. Ronnel, Trans.; E. Cadava, P. Connor, J-L. Nancy, Eds.). New York: Routledge.

Edwards, D., & Mercer, N. (1987). *Common knowledge: The development of understanding in the classroom.* New York: Methuen.

Elam, D. (1994). *Ms. in abyme.* New York: Routledge.

Elam, D. (1995). Speak for yourself. In J. Roof & R. Wiegman (Eds.), *Who can speak? Authority and critical identity* (p. 231-237). Urbana: University of Illinois Press.

Elkaim, M. (1990). *If you love me, don't love me.* New York: Basic Books.

Engel, (1980). The clinical application of the biopsychosocial model. *American Journal of Psychiatry, 137,* 535-544.

Epston, D. (1992). Internalized other questioning with couples: The New Zealand version. In S. Gilligan & R. Price (Eds.), *Therapeutic conversations.* New York: Norton.

Ezrahi, Y. (1990). *The descent of Icarus: Science and the transformation of contemporary democracy.* Cambridge, MA: Harvard University Press.

Fish, S. (1980). *Is there a text in this class? The authority of interpretive communities.* Cambridge, MA: Harvard University Press.

Ford, D. (1987). *Humans as self-constructing living systems.* Hillsdale, NJ: Lawrence Erlbaum.

Foucault, M. (1978). *The history of sexuality. Vol. 1, An Introduction.* New York: Pantheon.

Foucault, M. (1982). The subject and power. In H. L. Dreyfus & P. Rabinow, *Michel Foucault: Beyond Structuralism and Hermeneutics.* Brighton, UK: Harvester.

French, P. A. (1984). *Collective and corporate responsibility.* New York: Columbia University Press.

Fruggeri, L., Telfner, U., Castellucci, A., Marzari, M., & Matteini, M. (1991). *New systemic ideas from the Italian mental health movement.* London: Karnac.

Gadamer, H. (1975). *Truth and Method,* (G. Barden & J. Cumming, Trans.). New York: Seabury.

Gardiner, M. (1994). *Alterity and ethics: A dialogical perspective.* Unpublished manuscript, University of Calgary, Calgary, Alberta, Canada.

Garfinkel, H. (1967). *Studies in ethnomethodology.* Englewood Cliffs, NJ: Prentice Hall.

Gergen, K. J. (1985). Social pragmatics and the origins of psychological discourse. In K. J. Gergen & K. E. Davis (Eds.), *The social construction of the person* (pp. 111-128). New York: Springer-Verlag.

Gergen, K. J. (1991). *The saturated self.* New York: Basic Books.

Gergen, K. J. (1994). *Realities and relationships: Soundings in social construction.* Cambridge, MA: Harvard University Press.

Gergen, K. J., Hepburn, A., & Comer, D. (1986). Hermeneutics of personality description. *Journal of Personality and Social Psychology, 50,*(6), 1261-1270.

Gergen, M. M. (1992). Metaphors of chaos, stories of continuity: Building a new organizational theory. In S. Srivastva & P. Frey (Eds.), *Executive and organizational continuity: Managing the paradoxes of stability and change* (pp. 40-71). San Francisco: Jossey-Bass.

Gergen, M. M. (1995). Post-modern, post-cartesian positionings on the subject of psychology. *Theory and Psychology, 5,* 361- 368.

Gergen, M. M. (In press). *Impious improvisations.* Thousand Oaks, CA: Sage.

Giddens, A. (1979). *Central problems in social theory.* London: Macmillan.

Giddens, A. (1984). *The constitution of society.* Cambridge, MA: Polity.

Giddens, A. (1991). *Modernity and self-identity.* Cambridge, MA: Polity.

Gilligan, C. (1982). *In a different voice.* Cambridge, MA: Harvard University Press.

Giroux, H. (1993). *Ideology, culture and the process of schooling.* Philadelphia: Temple University Press.

Glover, J. (1970). *Responsibility.* London: Routledge Kegan Paul.

Godwin, G. (1994). *The good husband.* New York: Ballantine.

Goffman, E. (1967). *Interaction ritual.* Harmondsworth, UK: Penguin.

Graumann, C. F., & Gergen, K. J. (Eds.). (1996). *Historical dimensions of psychological discourse.* New York: Cambridge University Press.

Gray, J. (1992). *Men are from Mars, women are from Venus.* New York: HarperCollins.

Greenberg, G. (1994). *The self on the shelf: Recovery books and the good life.* Albany: State University of New York Press.

Habermas, J. (1979). *Communication and the evolution of society* (T. McCarthy, Trans.). Boston: Beacon.

Habermas, J. (1984). *The theory of communicative action: Vol. 1. Reason and the rationalization of society.* (T. McCarthy, Trans.). Boston: Beacon.

Habermas, J. (1992). *Autonomy and solidarity: Interviews with Jürgen Habermas* (Rev. ed.; P. Dews, Ed.). London: Verso.

Hall, D. (1993). *Poetry: The unsayable said.* Port Townsend, WA: Copper Canyon.

Hardin, G. (1968). The tragedy of the commons. *Science, 162,* 1243-1248.

Harré, R. (1979). *Social being.* Oxford: Blackwell.

Harris, L., Gergen, K. J., and Lannamann, J. W. (1987). Aggression rituals. *Communication Monographs, 53,* 252-265.

Harvey, J., Orbuch, T., & Weber, A. (Eds.) (1992). *Attributions, accounts and close relationships.* New York: Springer-Verlag.

Heelas, P., & Lock, A. (Eds.). (1981). *Indigenous psychologies.* New York: Academic Press.

Hermans, H., & Kempen, H. (1993). *The dialogical self.* New York: Academic Press.

Hill, J., & Zepeda, O. (1993). Mrs. Patricio's trouble: The distribution of responsibility in an account of personal experience. In J. Hill & J. Irvine (Eds.), *Responsibility and evidence in oral discourse.* Cambridge, UK: Cambridge University Press.

Hoffman, L. (1981). *Foundations of family therapy.* New York: Basic Books.

Huston, M., & Schwartz, P. (1995). The relationships of lesbians and gay men. In J. T. Wood & S. W. Duck (Eds.), *Understanding relationship processes 6: Understudied relationships* (pp. 89-121). Thousand Oaks, CA: Sage.

Jacobs, R. W. (1994). *Real time strategic change.* San Francisco: Berrett-Koehler.

Johnson, M. (1993). *Moral imagination: Implications of cognitive science for ethics.* Chicago: University of Chicago Press.

Jonas, H. (1984). *The imperative of responsibility: In search of an ethics for the technological age.* Chicago: University of Chicago Press.

Katz, A. M., & Shotter, J. (1996). Hearing the patient's 'voice': Toward a social poetics in diagnostic interviews. *Social Science and Medicine, 43*(6), 919-931.

Kohlberg, L. (1981). *The philosophy of moral development: Essays on moral development* (Vol. 1). San Francisco: Harper & Row.

Kuipers, J. (1993). Obligations to the word: Ritual speech, performance, and responsibility among the Weyewa. In J. Hill & J. Irvine (Eds.), *Responsibility and evidence in oral discourse.* Cambridge, UK: Cambridge University Press.

Lasch, C. (1979). *The culture of narcissism.* New York: Norton.

Latour, B., & Woolgar, S. (1979). *Laboratory life: The social construction of scientific facts.* Beverly Hills: Sage.

Laszlo, E. (1973). *Introduction to systems philosophy.* New York: Harper & Row.

Levinas, E. (1989). *The Levinas reader.* Oxford, UK: Blackwell.

Lichtman, R. (1982). *The production of desire.* New York: Free Press.

Lucas, J. R. (1993). *Responsibility.* Oxford, UK: Clarendon.

Lutz, C., & Abu-Lughod, L. (Eds.). (1990). *Language and the politics of emotion.* Cambridge, UK: Cambridge University Press.

MacIntyre, A. (1984). *After virtue: A study in moral theory* (2nd ed.). Notre Dame, IN: University of Notre Dame Press.

Marsh, P., Rosser, E., & Harré, R. (1978). *The rules of disorder.* London: Routledge & Kegan Paul.

Maturana, H., & Varela, F. (1987). *The tree of knowledge: The biological roots of understanding.* Boston: Shambhala.

Maturana, H., & Verden-Zoller, G. (1996). *The origin of humanness.* Manuscript in preparation.

May, L. (1987). *The morality of groups.* Notre Dame, IN: University of Notre Dame Press.

Mead, G. H. (1934). *Mind, self and society.* Chicago: Chicago University Press.

Mellody, P., Miller, A. W., & Miller, J. K. (1989). *Facing codependence: What it is, where it comes from, how it sabotages our lives.* New York: HarperCollins.

Middleton, D., & Edwards, D. (1990). *Collective remembering.* London: Sage.

Moraga, C., & Anzaldua, G. (1983). *This bridge called my back: Writings by radical women of color.* New York: Kitchen Table: Women of Color Press.

Morson, G., & Emerson, C. (1990). *Mikhail Bakhtin: Creation of prosaics.* Stanford, CA: Stanford University Press.

Olds, L. (1992). *Metaphors of interrelatedness.* New York: New York State University Press.

Owen, H. (1992). *Open space technology: A user's guide.* Potomac, MD: Abbott.

Palazzoli, M. S., Boscolo, L., Cecchin, G., & Prate, G. (1978). *Paradox and counterparadox.* New York: Jason Aronson.

Pearce, W. B. (1989). *Communication and the human condition.* Carbondale, IL: Southern Illinois University Press.

Pearce, W. B. (1993). *Interpersonal communication: Making social worlds.* New York: Harper-Collins.

Pearce, W. B., & Cronen, V. E. (1980). *Communication, action and meaning.* New York: Praeger.

Penman, R. (1992). Good theory and good practice: An argument in progress. *Communication Theory, 2*(3), 234-250.

Penn, P. (1985). Feed forward: Future questions, future maps. *Family Process, 24,* 299-311.

Penn, P., & Frankfurt, M. (1994). Creating a participant text: Writing, multiple voices, narrative multiplicity. *Family Process, 33,* 217-232.

Pinker, S. (1994). *The language instinct.* New York: William Morrow.

Pollitt, K. (1994). *Reloading the canon: Multiculturalism in the curriculum.* Talk delivered as part of The Saul O. Sidore Memorial Lecture Series on Civil Rights vs. Civil Liberties, University of New Hampshire.

Posner, R. (1981). *Economics of justice.* Cambridge, MA: Harvard University Press.

Rajchman, J. (1991). *Truth and eros: Foucault, Lacan, and the question of ethics.* New York: Routledge.

Rawlins, W. K. (1989). A dialectical analysis of the tensions, functions, and strategic challenges of communication in young adult friendships. *Communication Yearbook, 12,* 157-189.

Radner, B. (1993). *Core curriculum framework.* Chicago: Joyce Foundation.

Reed, M., & Hughes, M. (Eds.). (1992). *Rethinking organization.* London: Sage.

Reiss, D. (1981). *The family's construction of reality.* Cambridge, MA: Harvard University Press.

Riikonen, E. (1997). *An outline of the INSP Programme, Stakes, Helsinki* (a draft).

Riikonen, E., & Smith, G. (1997). *Re-imagining therapy: Living conversations and relational knowing.* London: Sage.

Risser, J. (1991). Reading the text. In H. Silverman (Ed.), *Gadamer and hermeneutics.* New York: Routledge.

Roberts, M. (1965). *Freedom and practical responsibility.* New York: Cambridge University Press.

Rorty, R. (1979). *Philosophy and the mirror of nature.* Princeton, NJ: Princeton University Press.

Rorty, R. (1989). *Contingency, irony, and solidarity.* Cambridge, UK: Cambridge University Press.

Roth, S. (1993). Speaking the unspoken: A work-group consultation to reopen dialogue. In E. Imber-Black (Ed.), *Secrets in families and family therapy.* New York: Norton.

Roth, S., Chasin, L., Chasin, R., Becker, C., & Herzig, M. (1992). From debate to dialogue: A facilitating role for family therapists in the public forum. *Dulwich Centre Newsletter, 2,* 41-48.

Roth, S., Herzig, M., Chasin, R., Chasin, L., & Becker, C. (1995). Across the chasm. *In Context, 40,* 33-35.

Sampson, E. E. (1977). Psychology and the American ideal. *Journal of Personality and Social Psychology, 35,* 767-782.

Sampson, E. E. (1981). Cognitive psychology as ideology. *American Psychologist, 36,* 730-743.

Sampson, E. E. (1993). *Celebrating the other.* Boulder, CO: Westview.

Sandel, M. J. (1982). *Liberalism and the limits of justice.* Cambridge, UK: Cambridge University Press.

Sarat, A., & Kearns, T. R. (Eds.). (1996). *Legal rights: Historical and philosophical perspectives.* Ann Arbor: University of Michigan Press.

Sarnoff, I., & Sarnoff, S. (1989). *Love-centered marriage in a self-centered world.* New York: Hemisphere.

Saussure, F., de. (1983). *Course in general linguistics* (R. Harris, Trans.). London: Duckworth.

Schegloff, E. A., & Sacks, H. (1973). Opening up closings. *Semiotica, 7,* 289-327.

Seikkula, J., Aaltonen, J., Alakare, B., Haarakangas, K., Keranen, J., & Sutela, M. (1995). Treating psychosis by means of open dialogue. In S. Friedman (Ed.), *The reflecting team in action.* New York: Guilford.

Semin, G. R., & Manstead, A. S. R. (1983). *The accountability of conduct: A social psychological analysis.* New York: Academic Press.

Sennett, R. (1977). *The fall of public man.* New York: Knopf.

Shotter, J. (1980). *Action, joint action, and intentionality.* In M. Brenner (Ed.), *The structure of action.* Oxford: Blackwell.

Shotter, J. (1984). *Social accountability and selfhood.* Oxford, UK: Basil Blackwell.

Shotter, J. (1993a). *Conversational realities: Constructing life through language.* London: Sage.

Shotter, J. (1993b). *Cultural politics of everyday life: Social constructionisms, rhetoric, and knowing of the third kind.* Toronto, Canada: University of Toronto Press.

Shweder, R. A. (1991). Thinking through cultures. Cambridge, MA: Harvard University Press.

Smith, W. C. (1983). Responsibility. In Combs, E. (Ed.). *Modernity and responsibility.* Buffalo, NY: University of Toronto Press.

Sontag, S. (1992). *Against interpretation and other essays.* New York: Delta.

Spector, M., & Kitsuse, J. I. (1977). *Constructing social problems.* Menlo Park, CA: Cummings.

Steiner, G. (1989). *Real presences.* Chicago: University of Chicago Press.

Stone, C. (1987). Unorthodox moral viewpoints. In C. Stone (Ed.), *Earth and other ethics.* New York: Harper & Row.

Tamasese, K., & Waldegrave, C. (1994). Cultural and gender accountability in the "just therapy" approach. *Dulwich Centre Newsletter,* No. 2 & 3, 55-67.

Tannen, D. (1990). *You just don't understand: Women and men in conversation.* New York: William Morrow.

【附錄二】
中英譯名對照表

一劃
一致共識 Consensus
一群被自我內化的他者 Internalized community

二劃
二元哲學 Philosophical dualism
人際溝通分析 Transactional analysis

四劃
文化批評理論 Critical theory
文化的慣行作法 Cultural practice
內在他者 Internal others
內在他者的聲音 Voices of internal others
內在對話 Internal dialogue
分享相同溝通方式的群體 Language community
反思者的位置 Reflecting position
反思過程 Reflection process
互動生意義，意義生行動 Symbolic interaction
心理自助書籍 Self-help books
公眾對話推動專案 Public Conversation Project
心理障礙 Mental disorder
反猶太人大屠殺 Holocaust
互補 Complementarity
互補模式 Pattern of complementarity
不樂見、但又不斷重複的互動模式

Unwanted repetitive patterns
分擔的責任 Shared responsibility
文學理論 Literary theory

五劃
四 D 模型（discovery, dream, design, destiny）（見第四章）Four-D model
正反合辯證 Dialectical
民主 Democracy
正向探討 Appreciative inquiry
以共創意義為方向的對話作法 Performative practices of relational responsibility
正向聲音 Appreciative voice
司法體制 Judicial system
世界村 Global village
正義 Justice
用複數聲音從事探討 Multivocal inquiry
由關係形成的自我 Social selves
另類聲音 Alternative voices
主體行動意志 Subjective agency

六劃
自主之我 Autonomous self
自主行為人 Autonomous actor
自主行為能力 Agency
自由和制約 Freedom and determination
有世界觀的對話模式 Cosmopolitan communication
自由意志 Free agency
共同責任 Joint responsibility
自我的故事 Narrative of self
合作的姿勢 Collaborative position
合作的學習群組 Collaborative learning communities
合作的關係 Collaborative relationships
自我為行動之源 Self as orginary source
扛責 Accountability

向案主的內化他者問話 Interviewing internalized other

行動者關係網理論 Actor network theory

回想起自己在童年時曾遭性侵 Recovered memory

共與的活動 Joint activity

回應能力 Responsiveness

自戀 Narcissism

七劃

把外在群體召喚出來 Group presence

究責的遊戲 Blame game

究責個人 Individual blame

系統協商 Systems consultation

即興行動 Improvisation

八劃

具有成事功能的對話作法 Performative practice

具有啟蒙功能的理論 Emancipatory theory

具有療癒功能的互動模式 Healing interpersonal patterns

兒童性侵事件 Child molestation

社會建構論 Social construction

社會詩學 Social poetics

社會科學的自限 Limits of social science inquiry

九劃

俗民方法論 Ethnomethodology

故事 Narrative

政治學理論 Political theory

致病的互動模式 Pathologizing interaction patterns

相倚關係 Conjoint relations

十劃

個人主義思維 Ideology of individualism

個人作為／作品的共同作者 Joint authorship

個人的自我認知 Personal identity

個人責任 Individual responsibility

個人意圖 Intentionality

個人福祉 Well-being

個人對社會的責任 Social accountability

校方的責任（見第十章） Institutional responsibility

倫理責任 Ethics

真實的對話 Genuine dialogue

病態相倚 Codependence

十一劃

強化自信的對話 Enabling dialogue

從同意到順服 Consent and compliance

「唯你我」關係論 Relational solipsism

理性行為人 Rational actor

理性職責 Practical responsibility

專家 Experts

被祝福的對話 Providential dialogue

連動 Joint action

健康的互動模式 Wellness interpersonal patterns

現象學 Phenomenology

符號學 Semiotics

理論的功能 Functions of theory

強調問題和解決之道的語言思維 Deficit discourse

強調線型因果的責任觀 Causal responsibility

問題之解決 Problem solving

組織的決策模式 Group decision-making

授權 Commissioning

二十二劃

權力 Power
權力關係 Power relations
聽者的倫理責任 Ethics of listening
權益 Rights

二十三劃

體系總論 General systems theory

【附錄三】
編著者及對話者簡介

編著者

席拉・邁可納米博士是新罕布夏大學（University of New Hampshire）溝通學系的教授及系主任。她也是陶斯學院（Taos Institute）的創始者之一，並和肯尼斯・格根共同編輯《翻轉與重建：心理治療與社會建構》（*Therapy as Social Construction*）一書。她曾為期刊及書籍寫過無數討論社會建構論及其實踐的論文。邁可納米也為世界各地的組織機構（包括非政府組織在內）以及心理治療專業人員提供諮詢服務。

肯尼斯・格根博士是斯沃斯摩爾學院（Swarthmore College）的心理學名譽教授。身為社會科學界內社會建構論的主要倡導者，他的重要著作有《關係飽和的自我》（*The Saturated Self*，1991）、《社會科學研究之範型的質變》（*Toward Transformation of Social Knowledge*，第二版，1992）以及《眞實和關係：社會建構論源起》（*Realities and Relationships: Soundings in Social Construction*，1994）。格根是陶斯學院的創建者之一，並為世界各地的組織機構提供諮詢服務。（陶斯學院是由一群致力將社會建構論應用於心理治療及組織諮詢的學術界人士及專業人士組成。）

對話者

哈琳・安德生（**Harlene Anderson**）博士是大休士頓地區蓋維

斯頓學院（Houston Galveston Institute）以及陶斯學院的創始會員
之一。她著述無數，其中包括《對談、語言和可能性：一個後現代
的治療方式》（*Conversation, Language and Possibilities: A Postmodern Approach to Therapy*）。

伊恩·柏吉特（Ian Burkitt）是英國布萊佛大學（University of Bradford）社會及經濟學系的講師，講授社會學及社會心理學。他是《由關係形成的自我》（*Social Selves: Theories of the Social Formation of Personality*）一書的作者，目前正在撰寫的新書以「因不同社會場域而異的自我」（social relations）和「個人生命是文化／社會價值觀的體現」（embodiment）兩個議題做為探討方向。

大衛·庫波里德（David L. Cooperidder）博士是凱斯西部保留地大學（Case Western Reserve University）維勒海德管理學院（Weatherhead School of Management）的副教授，講授組織行為學，並協同主持該學院的 SIGMA 地球變化學程（SIGMA Program on Global Change）。庫波里德博士新近的研究重點是社會如何藉創新作法來因應地球環境的變化（social innovations in global change）。這些作法涉及政策的制定（processes of policy making）、管理（governance）、決策（decision making）、專業團體間的關係（relationships among professional groups）、以及組織設計（organizational design）。他曾為世界各地的組織機構提供諮詢服務，並就「正向探討」（appreciative inquiry）寫過許多期刊論文和書籍論文。

羅伯特·考托爾（Robert Cottor）醫生是家庭／企業圓桌會議公司（Family-Business Roundtable, Inc.）的董事之一。身為家庭治療師及組織顧問，他強調，個人、團體及組織的問題必須在問題發生所在的關係環境中尋求解決。自從一九七一年在鳳凰城執業以來，

他協助過許多家庭以及封閉式的股份有限公司。他是陶斯學院的一個準會員。

莎倫‧考托爾（Sharon Cottor）擁有社工碩士學位，是家庭／企業圓桌會議公司的主要投資者之一以及陶斯學院的準會員。她從一九七一年開始從事顧問諮商的工作，採取各種創新方式來解決大小及類型不一企業所面臨的問題和挑戰。她以創意思考以及有能力在最困難情況下有效促成改變著稱。她相信，我們最強大、最具有再生能力的資源就是我們的想像力。

史坦利‧迪茲（Stanley Deetz）博士是科羅拉多大學巨石城校區（University of Colorado, Boulder）溝通學系的教授，講授組織理論、組織溝通以及溝通理論等課程，著有《改變溝通，改變企業》（*Transforming Communication, Transforming Business: Building Responsive and Responsible Workplaces*）以及《大公司掌控民生的時代和民主制度》（*Democracy in an Age of Corporate Colonization: Developments in Communication and the Politics in Everyday Life*），並是另外八本書及眾多論文的的主編或作者。他曾在美國和歐洲各地講學，並於一九九四年以傅爾布萊特獎助基金會資深學者的身份赴瑞典講學。他曾為好幾個著名大公司提供顧問服務，並在一九九六至一九九七年間擔任國際溝通學會（International Communication Association）的理事長。

史提夫‧杜克（Steve Duck）博士寫過或編輯過三十二本論關係以及一本論電視的書籍。他是《社會關係與個人關係》期刊（*Journal of Social and Personal Relationships*）的創辦人，並曾擔任該期刊主編達十五年之久。他也曾負責編輯兩版《個人關係手冊》（*Handbook of Personal Relationships*），並是國際個人關係研

究學會（International Society for the Study of Personal Relationships）的主要創辦人之一，之後成為國際個人關係研究網（International Network on Personal Relationships）的首任會長。他目前是愛荷華大學溝通學系系主任並為 Daniel and Amy Starch 研究基金教授。

　　華特·艾格斯（Walter Eggers）博士目前是新罕布夏大學（University of New Hampshire）的教務長兼副校長。他是莎士比亞學者，也是五個小孩的父親。這是他第一次在書中寫文章討論父母的責任。他不僅對文學理論有興趣，也對教學有興趣，並曾出書討論教學以及大學行政工作。

　　瑪莉琳·法蘭克福（Marilyn Frankfurt）在寫這篇回應時是艾克曼家庭治療學院（Ackerman Institute for the Family）的資深教師，並和佩琪·潘恩（Peggy Penn）共同主持學院內的書寫治療專案計畫（Writing Project）。她和潘恩合寫過幾篇論文，其中包括刊登在《系統性家庭治療》（*Family Process*）[1] 期刊上的〈共創故事：書寫、多種聲音、故事多元性〉（Creating a Participant Text: Writing, Multiple Voices, Narrative Multiplicity）。

　　瑪莉·格根（Mary Gergen）是賓州州立大學德拉瓦郡校區（Delaware County Campus）心理學及女性研究教授，也是州盟醫學院（Commonwealth College）心理部的主任。她曾和 Sara N. Davis 共同編輯《新性別心理學的探索》（*Toward a New Psychology of Gender*）一書，並和其他人合撰社會心理學、心理學導讀以及統計學方面的教科書。在最近出版的作品中，她把探討的重點放

1　譯註：心理治療師 W. R. Burr 等人在其合寫之論文，〈Symbolic Interaction and the Family〉中以 family process 一詞代稱 interactional family therapy，亦即 systemic family therapy。見 Burr 與其他人合編之 *Contemporary Theories about the Family* (1979) 第二冊。

在敘事心理學和自傳上。她的研究興趣包括女性成年後的身心演變（women's adult development）以及大眾對安全與保障的看法（public notions of safety and security）。她的新書《大不敬的即興隨筆：重新建構女性主義心理學》（*Impious Improvisations: Feminist Reconstructions in Psychology*）即將出版。她在大學部講授心理學，並積極參與美國心理學學會（American Psychological Association）第三十五分會女性心理學協會的會務。身為陶斯學院創始會員之一，她目前正與肯尼斯‧格根合作探討「表演取向心理學」（performative psychology）的各種形式。

阿爾琳‧卡茲（**Arlene M. Katz**）是哈佛醫學院的講師，在全球醫療及社會醫學學系（Department of Global Health and Social Medicine）講授社會醫學。她也是一位從事家庭治療及家庭諮商的心理學家。她曾製作數部影片，其中包括《以病人為師：從不同角度看會談過程》（*The Patient as Teacher: Multiple Perspectives on the Interview Process*）以及一部紀念 Harry Goolishian 的影片。她曾多次在演講中或文章中討論「病人」的「聲音」。她的專業訓練和研究興趣包括：醫病雙方的文化背景與回應疾病的方式（cultural responses to illness）、如何藉對話作法建立病人與醫生的關係（dialogical approach to the patient-doctor relationship）、住院醫師與護士可運用的社區資源（community practices in health care）、以及醫學院學生從執業家庭醫師取得實務指導的過程（process of mentorship）。

約翰‧藍納曼（**John W. Lannamann**）博士是新罕布夏大學溝通學系的副教授。他雖常批判社會科學的研究，但仍樂觀相信溝通學的研究仍可能具有社會用途。他的著作發表在許多跟溝通學和家庭治療有關的期刊上，其中包括《溝通學專論》（*Communication*

Monographs）、《溝通學理論》（*Communication Theory*）、《溝通學期刊》（*The Journal of Communication*）、《系統性家庭治療》（*Family Process*）、以及《策略性及系統性家庭治療期刊》（*The Journal of Strategic and Systemic Therapies*）。

　　邁可‧馬山尼克（**Michael J. Mazanec**）從加州州立大學弗雷斯諾市校區 （California State University, Fresno）取得語言溝通學文科學士以及文科碩士學位，目前是愛荷華大學溝通學系的博士候選人，研究的題目有：從關係產生的個人自主意志（relational agency）以及根據社會規範演出的個人性慾傾向及自我身分（performative practices of sexuality and identity）。

　　摩里丘‧馬查利（**Maurizio Marzari**）是義大利米蘭家庭治療中心（Milan Family Therapy Center）的一位治療師，並在烏汝畢諾大學（University of Urbino）任教。他並是波隆尼亞大都會區衛生局（Bologna Department of Health）的組織發展主任。

　　佩琪‧潘恩（**Peggy Penn**）曾任艾克曼家庭治療學院訓練與教育組主任，目前是該學院心理治療中的語言及書寫（Language and Writing in Psychotherapy）研究計畫主持人。她的著作涉及以下題目：愛與暴力、慢性疾病、預期未來的問題（future questions）、循環發問（circular questions）、諮商模型、愛與語言、以及敘事治療（narrative therapy）。她最出名的著作包括論文〈共創故事：書寫、多種聲音、故事多元性〉（Creating a Participant Text: Writing, Multiple Voices, Narrative Multiplicity），以及與人合著的《米蘭系統性家庭治療：理論與作法的對話》（*Milan Systemic Family Therapy: Conversations in Theory and Practice*）。她也是詩人，曾經出版過詩作。

　　伊羅‧黎寇能（**Eero Riikonen**）是醫師（MD），也是精神

科醫師，並擁有醫學哲學博士學位（MScD），多年以來一直在公立心衛部門工作，並在芬蘭自殺防治中心擔任主管之職，也曾是赫爾辛基復健基金會的發展主任。自一九九六年以來，他是國家社福及衛生研究發展中心的發展主任。他的興趣是為精神醫療研發資源取向的作法。他的工作有幾大方向：擬訂國家心衛工作的推動專案、列出歐洲地區心理衛生工作的行動步驟（European Mental Health Agenda）、以及協調歐洲心衛政策網（European Network of Mental Health Policy）的活動。他最近出版的著作有：《重新想像治療》（*Re-Imagining Therapy*；與 G. Smith 合寫）以及《促進歐洲人心理健康的行動步驟》（*Mental Health Promotion on the European Agenda*；與 V. Lehtinen 及 E. Lahtinen 合寫）。

莎莉安‧羅斯（**Sallyann Roth**）是一位被授證的獨立臨床社工（LICSW），也是公眾對話推動專案（Public Conversations Project）的發起人之一。她常在美國和世界各地演講，講題以敘事治療以及公眾對話推動專案如何調解對立之公眾意見為主。她也曾針對這兩個題目為期刊及書籍寫過不少單篇論文。她在一九九三年被史密斯學院（Smith College）社會工作研究所頒予拉波波特傑出教師獎（Rappoport Distinguished Lecturer），目前協同主持劍橋家庭學院（Family Institute of Cambridge）的敘事治療學程，並協同代理該學院的院務。她並在哈佛大學醫學院劍橋教學醫院講授心理學。

約翰‧蕭特（**John Shotter**）是新罕布夏大學溝通學系人際關係學教授，著有《日常生活的文化政治學：社會建構論、修辭學以及第三種認知方式》（*Cultural Politics of Everyday Life: Social Constructionism, Rhetoric, and Knowing of the Third Kind*）以及《對話的產物：個人心理和社會體制——以語言為建構元素的生命和生活》

（*Conversational Realities: The Construction of Life Through Language*）。他和肯尼斯・格根以及蘇・維迪康姆（Sue Widdicombe）是《社會建構論探討》書籍系列的共同主編。一九九七年他以海外學者（Overseas Fellow）的頭銜前往劍橋大學邱吉爾學院從事研究，並在瑞典國家職業環境研究院（the Swedish National Institute for Working Life；NIWL）斯德哥爾摩本院區擔任訪問教授。

　　卡爾・湯穆（Karl Tomm）醫師是加拿大卡爾加利大學（University of Calgary）的精神醫學教授，並是該校家庭治療中心的創建者和主任。他因在一九八〇年代初期闡釋米蘭系統性家庭治療的作法而備受推崇。除了著述無數外，他也四處演講，並為家庭治療的領域引進許多具有影響力的觀念和作法。目前，針對他提出的「致病互動模式」和「療癒互動模式」之說可如何應用於精神醫療的評估作法，他正試圖擴充並改進他先前提出過的見解。

　　威廉・懷特（William J. White）是羅格斯大學（Rutgers University）溝通、資訊及圖書館學學院的博士候選人。他的研究題目主要是科學研究者的溝通模式（scientific communication）以及科學與社會如何互動（interactions of science and society）。

　　黛安娜・惠特尼（Diana Whitney）博士是惠特尼顧問事務所（Whitney Consulting）的總裁，並是陶斯學院的創始會員之一。她是國際知名的演講者和組織顧問，為公司、非營利組織及政府機構提供以下諮詢服務：組織創新（organizational transformation）、如何配合新政策改變組織文化（strategic culture change）、溝通以及領導技巧。她把社會建構論應用到企業併購、組織發展以及策略規劃上，並用創意和對話方式協助高級主管、經理階層以及企業成員建立團隊精神，以共同建構企業的未來。

【附錄四】
延伸閱讀

- 《當我遇見一個人：薩提爾精選集 1963-1983》（2019），約翰‧貝曼（John Banmen），心靈工坊。
- 《創傷的內在世界：生命中難以承受的重，心靈如何回應》，唐納‧卡爾謝（Donald Kalsched），心靈工坊。
- 《故事‧知識‧權力：敘事治療的力量》【全新修訂版】（2018），麥克‧懷特（Michael White）、大衛‧艾普斯頓（David Epston），心靈工坊。
- 《故事‧解構‧再建構：麥克‧懷特敘事治療精選集》（2018），麥克‧懷特（Michael White），心靈工坊。
- 《翻轉與重建：心理治療與社會建構》（2017），席拉‧邁可納米（Sheila McNamee）、肯尼斯‧格根（Kenneth J. Gergen），心靈工坊。
- 《開放對話‧期待對話：尊重他者當下的他異性》（2016），亞科‧賽科羅（Jaakko Seikkula）、湯姆‧艾瑞克‧昂吉爾（Tom Erik Arnkil），心靈工坊。
- 《敘事治療三幕劇：結合實務、訓練與研究》（2016），吉姆‧度法（Jim Duvall）、蘿拉‧蓓蕊思（Laura Béres），心靈工坊。
- 《關係的存有：超越自我‧超越社群》（2016），肯尼斯‧格根（Kenneth J. Gergen），心靈工坊。
- 《這不是你的錯：對自己慈悲，撫慰受傷的童年》（2016），貝

芙莉・英格爾（Beverly Engel, LMFT），心靈工坊。

- 《逃，生：從創傷中自我救贖》（2015），鮑赫斯・西呂尼克（Boris Cyrulnik），心靈工坊。

- 《醞釀中的變革：社會建構的邀請與實踐》（2014），肯尼斯・格根（Kenneth J. Gergen），心靈工坊。

- 《從故事到療癒：敘事治療入門》（2008），艾莉絲・摩根（Alice Morgan），心靈工坊。

- 《說故事的魔力：兒童與敘事治療》（2008），麥克・懷特（Michael White）、艾莉絲・摩根（Alice Morgan），心靈工坊。

- 《精神疾病製造商：資本社會如何剝奪你的快樂？》（2019/10）伊恩・弗格森（Iain Ferguson），時報出版。

- 《臨床的誕生》（2019/8），米歇爾・傅柯（Michel Foucault），時報出版。

- 《瘋癲文明史：從瘋人院到精神醫學》，一部2000年人類精神生活全史，（2018/8），史考爾（Andrew Scull），貓頭鷹。

- 《瘋狂簡史：誰定義了瘋狂？（新版）》（2018/2），羅伊・波特（Roy Porter），左岸文化。

- 《古典時代瘋狂史〔附導讀別冊〕》（2016），米歇爾・傅柯（Michel Foucault），時報出版。

- 《傅柯考》（2006），費德希克・格霍（Frederic Gros），麥田。

心靈工坊 2 [PsyGarden]

對於人類心理現象的描述與詮釋
有著源遠流長的古典主張，有著素簡華麗的現代議題
構築一座探究心靈活動的殿堂
我們在文字與閱讀中，尋找那奠基的源頭

重讀佛洛伊德

作者：佛洛伊德　選文、翻譯、評註：宋文里　定價：420 元

本書選文呈現《佛洛伊德全集》本身「未完成式」的反覆思想鍛鍊過程。
本書的精選翻譯不僅帶給我們閱讀佛洛伊德文本的全新經驗，透過宋文里
教授的評註與提示，更帶出「未完成式」中可能的「未思」之義，啟發我
們思索當代可以如何回應佛洛伊德思想所拋出的重大問題。的醫療難題。

生命轉化的技藝學

作者—余德慧　定價—450 元

本書由余德慧教授在慈濟大學宗教與人文研究所開設之「宗教與自我轉
化」的課程紀錄整理而成。藉由《流浪者之歌》、《生命告別之旅》、
《凝視太陽》等不同語境文本的閱讀，余教授帶領讀者深入探討改變的機
轉如何可能，並反思、觀照我們一己生命脈絡中的種種轉化機緣。

宗教療癒與身體人文空間

作者：余德慧　定價：480元

本書探討並分析不同的修行實踐，
包括靜坐、覺照、舞動、夢瑜伽等
種種宗教修行的法門，而以最靠近
身體的精神層面「身體的人文空
間」的觀點去研究各種修行之道的
「操作平台」。這本書是余德慧教
授畢生對於宗教療癒的體會及思
索，呈現其獨特的後現代視域修行
觀。

宗教療癒與生命超越經驗

作者：余德慧　定價：360元

余德慧教授對於「療癒」的思索，
從早期的詮釋現象心理學，到後來
的身體轉向，研究思路幾經轉折，
最終是通過法國後現代哲學家德勒
茲「純粹內在性」的思想洗禮，發
展出獨特的宗教療癒論述。其宗教
療癒與生命超越路線，解除教門的
教義視野，穿越不同認識論界線，
以無目的之目的，激發讀者在解疆
域後的遊牧活動，尋找自身的修行
療癒之道。

故事‧知識‧權力【敘事治療的力量】（全新修訂版）

作者：麥克‧懷特、大衛‧艾普斯頓　審閱：吳熙琄　譯者：廖世德　校訂：曾立芳　定價：360元

一九八〇年代，兩位年輕家族治療師懷特與艾普斯頓，嘗試以嶄新思維和手法，克服傳統心理治療的僵化侷限，整理出這名為「敘事治療」的新療法的理論基礎與實作經驗，寫出本書。

故事‧解構‧再建構

【麥克‧懷特敘事治療精選集】

作者：麥克‧懷特　譯者：徐曉珮　審閱：吳熙琄　定價：450元

敘事治療最重要的奠基者，麥克‧懷特過世後，長年的工作夥伴雪莉‧懷特邀請世界各地的敘事治療師推薦心目中懷特最具啟發性的文章，悉心挑選、編輯，集結成本書。

敘事治療三幕劇

【結合實務、訓練與研究】

作者：吉姆‧度法、蘿拉‧蓓蕊思　譯者：黃素菲　定價：450元

本書起始為加拿大社會工作者度法與蓓蕊思的研究計畫，他們深受敘事治療大師麥克‧懷特啟發，延續其敘事治療理念，並融合後現代思潮，提出許多大膽而創新的觀點。

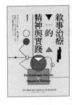

敘事治療的精神與實踐

作者：黃素菲　定價：560元

本書作者黃素菲教授以15年來深耕敘事心理學研究、教學及實務的經驗，爬梳敘事治療大師們的核心思想，並輔以圖表對照、華人案例及東方佛道思想，說明敘事治療的核心世界觀，讓奠基於西方後現代哲學的敘事理論讀來舉重若輕。

醞釀中的變革

【社會建構的邀請與實踐】

作者：肯尼斯‧格根　譯者：許婧　定價：450元

作者站在後現代文化的立場，逐一解構現代文化的核心信念，正反映當代社會的劇烈變革，以及社會科學研究方法論的重大轉向。這本書為我們引進心理學的後現代視野，邀請我們創造一個前景更為光明的世界。

翻轉與重建

【心理治療與社會建構】

作者：席拉‧邁可納米、肯尼斯‧格根　譯者：宋文里　定價：580元

對「社會建構」的反思，使心理治療既有的概念疆域得以不斷消解、重建。本書收錄多篇挑戰傳統知識框架之作，一同看見語言體系如何引導和限制現實、思索文化中的故事如何影響人們對生活的解釋。

關係的存有

【超越自我‧超越社群】

作者：肯尼斯‧格根　譯者：宋文里　定價：800元

主流觀念認為，主體是自我指向的行動智者，但本書對這個啟蒙時代以降的個人主義傳統提出異議，認為我們必須超越將「個體人」視為知識起點的理論傳統，重新認識「關係」的優先性：從本質上來說，關係才是知識建構的場所。

開放對話‧期待對話

【尊重他者當下的他異性】

作者：亞科‧賽科羅、湯姆‧艾瑞克‧昂吉爾　譯者：宋文里　定價：400元

來自心理學與社會科學領域的兩位芬蘭學者，分別以他們人際工作中長期累積經驗，探討對話的各種可能性及實徹對話作法的不同方式。這讓本書展開了一個對話精神的世界，邀請我們虛心等候、接待當下在場的他者。

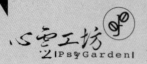

心靈工坊
[PsyGarden]

對於人類心理現象的描述與詮釋
有著源遠流長的古典主張，有著素簡華麗的現代議題
構築一座探究心靈活動的殿堂
我們在文字與閱讀中，尋找那奠基的源頭

青年路德【一個精神分析與歷史的研究】

作者：艾瑞克・艾瑞克森　譯者：康綠島　審訂：丁興祥　定價：600 元

艾瑞克森因提出「認定危機」與「心理社會發展論」名響於世，這本《青年路德》是他的奠基之作，也可謂跨越史學與心理學的開創性鉅作。艾瑞克森用自己開創的理論重新解析十六世紀掀起宗教革命的馬丁・路德，刻畫了一個苦惱於自己「該是什麼樣的人」而瀕於崩潰的青年，如何一步步被心理危機推向世人眼中的偉大。

意義的呼喚【意義治療大師法蘭可自傳】（二十週年紀念版）

作者：維克多・法蘭可　譯者：鄭納無　定價：320 元

本書是意義治療大師法蘭可於九十歲時出版的自傳。法蘭可繼佛洛伊德、阿德勒之後開創「第三維也納治療學派」，而他在集中營飽受摧殘，失去所有，卻在絕境中傾聽天命召喚而重生，進而開創「意義治療」，這一不凡的人生歷程帶給世人的啟發歷久彌新，讓人深深反思自身存在的意義。

逃，生【從創傷中自我救贖】

作者：鮑赫斯・西呂尼克　譯者：謝幸芬、林說俐　定價：380元

法國心理學家西呂尼克回顧二戰期間猶太屠殺帶來的集體創傷，及身為猶太後裔的成長歷程，並以心理學角度看待受創的兒童如何展現驚人的心理韌性，與外在世界重新連結。作者在本書中展現了勇氣的例證、慷慨的精神，任何因遭逢迫害而失語緘默、迴避痛苦、佯裝樂觀的個人或群體，都能從本書中得到啟示和鼓舞。

精神醫學新思維
【多元論的探索與辯證】

作者：納瑟・根米　譯者：陳登義
定價：600元

全書共24章三大部，從部一理論篇、部二實務篇，到部三總結篇，帶領讀者完整探究了精神醫學這門專業的各個面向，並建議大家如何從多元論的角度來更好地瞭解精神疾病的診斷和治療。

榮格心理治療

作者：瑪麗-路薏絲・馮・法蘭茲譯者：易之新　定價：380元

榮格心理實務最重要的著作！作者馮・法蘭茲是榮格最重要的女弟子，就像榮格精神上的女兒，她的作品同樣博學深思，旁徵博引，卻無比輕柔，引人著迷，讓我們自然走進深度心理學的複雜世界。

沙灘上的療癒者【一個家族治療師的蛻變與轉化】

作者：吳就君　定價：320元

《沙灘上的療癒者》是吳就君回首一生助人歷程的真情記錄。全書分為三部分，第一部呈現一位助人工作者不斷反思和蛻變的心路歷程。第二部強調助人工作最重要的核心：與人接觸、一致性、自我實踐。第三部提出家族治療師的全相視野：重視過程、看見系統、同時具備橫向與縱向的發展史觀。

輕舟已過萬重山【四分之三世紀的生命及思想】

作者：李明亮　定價：450元

既是醫生、也是學者，更是推動國家重要醫療政策的官員，走過四分之三個世紀，李明亮卻說自己始終是自由主義的信徒。本書不僅描述了他的成長境遇、人生體悟、教育思想與生命觀念，更侃侃道來他從最初最愛的哲學出發，朝向醫學、生物學、化學，再進入物理、數學，終歸又回到哲學的歷程，淡泊明志中可見其謙沖真性情。

瘋狂與存在【反精神醫學的傳奇名醫R.D. Laing】

作者：安德烈‧連恩　譯者：連芯　定價：420元

集反精神醫學的前衛名醫、叛逆的人道主義者、抽大麻的新時代心靈導師、愛搞怪的瑜伽修士、失職的父親、生活混亂的惡漢與酒鬼於一身，R.D. Laing被譽為繼佛洛伊德、榮格之後最有名的心理醫生，他的反叛意識和人道主義觀點，深深影響了一整個世代的年輕治療師。

品德深度心理學

作者：約翰‧畢比　譯者：魯宓
定價：280元

完善的品德，經得住時間的考驗，也是一種持續而專注的快樂。當個人的品德在醫病關係中發展時，病患與治療師也能在過程中分享與互動。這也是所有深度心理治療的基礎。

大地上的受苦者

作者：弗朗茲‧法農
譯者：楊碧川　定價：400元

弗朗茲‧法農認為種族主義並非偶發事件，而是一種宰制的文化體系，這種體系也在殖民地運作。若是不看清統治文化所帶來的壓迫效應與奴役現象，那麼對於種族主義的抗爭便是徒然。

關係的責任：永續對話的資源

Relational Responsibility: Resources for Sustainable Dialogue

編著者—席拉・邁可納米 Sheila McNamee、肯尼斯・格根 Kenneth J. Gergen
譯者—吳菲菲　合作出版—茵特森創意對話中心

出版者—心靈工坊文化事業股份有限公司
發行人—王浩威　總編輯—王桂花
責任編輯—饒美君
封面設計—兒日　內頁排版—李宜芝
通訊地址—10684台北市大安區信義路四段53巷8號2樓
郵政劃撥—19546215　戶名—心靈工坊文化事業股份有限公司
電話—02）2702-9186　傳真—02）2702-9286
Email—service@psygarden.com.tw　網址—www.psygarden.com.tw

製版・印刷—中茂分色製版印刷股份有限公司
總經銷—大和書報圖書股份有限公司
電話—02）8990-2588　傳真—02）2290-1658
通訊地址—248新北市新莊區五工五路二號
初版一刷—2019年11月　ISBN—978-986-357-165-0　定價—550元

Relational Responsibility:Resources for Sustainable Dialogue
by Sheila McNamee and Kenneth J. Gergen
Originally published in 1999 by Sage Publications, Inc.
Copyright © 1999 by Sage Publications of the United States, United Kingdom, and New Delhi
Chinese Language (Complex Characters for Taiwan, Hong Kong S.A.R. and Macau S.A.R)
rights arranged by Sage Publications, Inc.
Chinese Translation Copyright © 2019 by PsyGarden Publishing Company
ALL RIGHTS RESERVED

國家圖書館出版品預行編目資料

關係的責任：永續對話的資源 / 席拉.邁可納米, 肯尼斯.格根編著 ; 吳菲菲譯. -- 初版. --
臺北市：心靈工坊文化, 2019.11
面；　公分

譯自：Relational Responsibility : Resources for Sustainable Dialogue

ISBN 978-986-357-165-0(平裝)

1.社會心理學　2.責任　3.道德　4.社會價值

541.7　　　　　　　　　　　　　　　　　　　　108019243

心靈工坊 PsyGarden 書香家族 讀友卡

感謝您購買心靈工坊的叢書，為了加強對您的服務，請您詳填本卡，
直接投入郵筒（免貼郵票）或傳真，我們會珍視您的意見，
並提供您最新的活動訊息，共同以書會友，追求身心靈的創意與成長。

書系編號─MA069　　　　　　　書名─關係的責任：永續對話的資源

姓名 _____　是否已加入書香家族？ □是 □現在加入

電話（公司）　　　　　（住家）　　　　　手機

E-mail　　　　　　　　　生日　年　　月　　日

地址 □□□

服務機構／就讀學校　　　　　　　　　　職稱

您的性別─□1.女 □2.男 □3.其他

婚姻狀況─□1.未婚 □2.已婚 □3.離婚 □4.不婚 □5.同志 □6.喪偶 □7.分居

請問您如何得知這本書？
□1.書店 □2.報章雜誌 □3.廣播電視 □4.親友推介 □5.心靈工坊書訊
□6.廣告DM □7.心靈工坊網站 □8.其他網路媒體 □9.其他

您購買本書的方式？
□1.書店 □2.劃撥郵購 □3.團體訂購 □4.網路訂購 □5.其他

您對本書的意見？
封面設計　　　□1.須再改進 □2.尚可 □3.滿意 □4.非常滿意
版面編排　　　□1.須再改進 □2.尚可 □3.滿意 □4.非常滿意
內容　　　　　□1.須再改進 □2.尚可 □3.滿意 □4.非常滿意
文筆／翻譯　　□1.須再改進 □2.尚可 □3.滿意 □4.非常滿意
價格　　　　　□1.須再改進 □2.尚可 □3.滿意 □4.非常滿意

您對我們有何建議？

_____

_____

▲您的意見，我們將轉貼在心靈工坊網站上，www.psygarden.com.tw

廣 告 回 信
台北郵局登記證
台北廣字第I I 43號
免 貼 郵 票

台北市106 信義路四段53巷8號2樓

讀者服務組　收

免　　貼　　郵　　票

（對折線）

加入心靈工坊書香家族會員
共享知識的盛宴，成長的喜悅

請寄回這張回函卡（免貼郵票），
您就成為心靈工坊的書香家族會員，您將可以——

⊙隨時收到新書出版和活動訊息

⊙獲得各項回饋和優惠方案